改訂版

図説 建築構法

南 一誠 編著

池尻隆史・石山央樹・岡路明良・村上 心・山﨑雄介 著

学芸出版社

JN065968

はじめに

　この建築構法に関する教科書は、建築を学ぶ学生を主な対象として、建築物の躯体や仕上げ材を構成する材料、部品等の構成方法について具体的な事例を用いて解説している。「建築構法」という言葉は、建築を初めて学ぶ学生にとっては馴染みがないと思うが、「建築物の各部分の構成方法」と理解すると良いだろう。類似する建築用語に、建築工法という言葉があるが、「工法」は工事現場での施工方法を意味している。

　建築物は柱、梁、床、基礎などの構造躯体と外壁、屋根、床仕上げ、間仕切り壁、設備機器などとが一体となって構成されている。本書は主に現在、日本で建設されている建築物を対象に、建物の主体構法と各部分の構成方法を解説しているが、その対象は木造の戸建て住宅から、超高層建築、大規模なドーム建築など多種多様である。我が国は南北に長く自然環境の差も大きい。建築物が立地する場所によって、求められる断熱性能などが異なるため、外壁や屋根のつくり方、すなわち各部の構成方法も地域によって異なっている。建物用途によっても、たとえば音楽ホールは高い遮音性能が求められるなど、要求される性能も千差万別である。それぞれの建築物に求められる各部位の性能はいかにあるべきかを理解し、その要求性能に応じて、建築物として最も適切な構成方法を設計することが「建築構法」である。

　建築の仕事は新築工事だけではなく、既存建築の改修、増築、模様替え等の工事も多く存在している。歴史的な建造物の保存、活用の仕事もある。したがって、現在、一般的に用いられている建築物の構成方法だけでなく、これまでに使われてきた建築物の構成方法も一定程度、理解しておく必要がある。また海外で設計、施工の仕事に従事する機会も増えているが、海外では日本で一般的に用いられている建材、資材でも入手できないことや、品質が異なることがある。現場で働く技能者の人件費や技術力なども異なる。したがって海外で仕事をする場合は、日本で一般的に用いている構法をそのまま持ち込むのではなく、原点に立ち返って建築物の構成方法について検討することが必要になる。若い読者に期待したいことは、各プロジェクトに最も適切な設計や工事の方法が何かを考える力を身につけることである。本書はそれぞれの建築構法が採用されている背景や条件も含めて、読者が考える力を身につけることを期待している。そのような考える力を身につけていれば、建築に対する新しいニーズや特殊な立地条件、たとえば極地や高い山の上、ひいては宇宙や深海などに建築物を設計することも可能であるはずである。

　建築構法は、建築物の構造体、各部分の仕上げ、設備との取り合いなど、建築の構成方法を総合的に設計する分野である。建築の構成方法や建設手段は、時代とともに変化するため、本書では現在、実際に用いられている設計手法、建設方法に基づき記載をしている。我が国の建設業は高度な技術に支えられており、建築を学び始めたばかりの学生には少し難解な部分があるかもしれないが、学生の皆さんが社会に出て従事する仕事の実態であると理解して、取り組んでいただくことを期待する。

南 一誠

01

建築構法の基礎

1・1 建築構法とは

1 構法とは

「構法」とは、建物および部品・部材の構成方法である。類似用語である「工法」は、建物の組み立て方、施工の方法、と定義することができる。「構法」が、建物の仕組みと計画を含めた、建築学の各分野を統合した総合的手順と考え方を意味するのに対して、「工法」は、具体的な手段を指す。両者は同音であることから、前者を「カマエ」構法、後者を「エ」工法と読んで区別する。

構法を計画する手順は、インプット（要求条件）の抽出と整理から始まる。次に、各々の要求条件を解決する構法を仮定し、仮定した構法を採用した場合の建物性能と生産性を検証・評価する工程を繰り返し、最適な構法を選択・決定する（図1・1・1）。

要求性能の項目としては、形態、大きさ、材質、色彩、空間の配置、光・熱・音、耐久性、安全性、可変性、などが挙げられる。また、要求される生産性の項目は、建築コスト／ライフサイクルコスト、建築期間・寿命、労務量、建築材料、建築技術、道具・機械、材料や機械などの運搬方法、プレファブリケーションや量産の方法などを含む生産手段などがある。

建築は、単品受注生産物であることから大量生産が難しく、結果として産業革命以降の工業化においても他の製造業に比べると生産性が向上しづらかった。要求性能を高く満たしながら、同時にいかにして生産性を高めることができるかを、すなわち、目的に合った建物を合理的に建設する手法、を探求する分野が「構法」なのである。

2 時代・地域性と構法

建築には、時代と敷地の自然条件、社会条件、技術条件、経済条件、文化条件が反映される。建築行為が行われる時代が異なれば、また地域が異なれば、要求される性能条件も異なり、生産性の前提となる技術レベルや材料、道具・機械も異なることになる。結果として、時代によって、また、地域・国によって、異なる解としての建築が生まれる（図1・1・2）。

構法の歴史は、より良い建築を実現する方法の、探求と評価による淘汰の歴史である。ある構法の試行が成功した場合、構法の引用が行われ普及することになる。逆に、その試行が、性能の実現や生産性の向上の面で失敗だと判断されれば、消え去ることになる。成功した構法が、ある時代と地域に大きく採用された結果が、後世において建築の「様式」と呼ばれるとも言える。

未来の建築様式と構法を創造するのは、未来に生きる人々である。構法の役割と原理・考え方を理解し発展させることで、建築の進化に寄与することができる。

3 構法計画の要点

(1)構法のスケール

構法計画は、空間スケールごとに理解・立案するのが一般的である。ものとしての建築は、部品数も多く、非常に複雑な計画・デザイン作業を必要とするからである。空間スケールは、建物単位、室空間単位、部位単位、部品・部材単位に分けることができる。空間ごとに、壁、天井、床、開口部などの部位に対する要求条件を抽出・整理することによって、各部位を構成する部品・部材の性能、形・寸法、生産方法、取り付け方法、施工方法などを具体的に検討することが容易となる。複数の空間が、全体としての建物を構成するのである。各々のスケールは、相互に連携しており、建築計画・構法計画のプロセス中に、何度も検討をフィードバックすることになる。

このような建物のスケール分割をシステムとして捉えると、トータル・システムとしての建物と、サブ・システムとしての部位、という整理が可能である。この整理は、計画・設計を容易にするだけではなく、浴

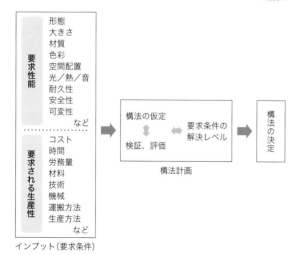

図1・1・1　構法を計画する手順

竪穴式住居（縄文時代／青森県・三内丸山遺跡（復元））

法隆寺（607年／奈良県）1)

神魂神社（1346年／島根県）

松江城天守（1611年／島根県）

桂離宮（17世紀／京都府）2)

軍艦島（端島）（1916年／長崎県）

トゥルッリ・アルベロベッロ（16世紀／イタリア）

山小屋（建設時期不明／スイス）

ドゥオモ・ミラノ（1813年／イタリア）

シェル・タワー（1971年／オランダ）

シドニー・オペラハウス（1973年／オーストラリア）

クンストハウス・グラーツ（2003年／オーストリア）

図1・1・2 時代・地域性を反映した多様な建築の例

室などのサブ・システム単位での「ユニット」の開発、施工段階での工程の分割や作業・職種の割り当て計画の策定などにも寄与する。

（2）ディテール

構法計画の詳細を「ディテール」と呼び、詳細図、矩計図などで表現・伝達される。また、性能的、意匠的評価を含めたディテールを「納まり」という（p.14、122）。建築物の質には、納まりの質が大きく関わっており、「いい納まりがいい建築をつくる」と言っても過言ではない。したがって、いい建築をつくるためには、淘汰を経て定着した構法・ディテールを引用すると同時に、なぜその構法・ディテールが良いとされて普及したのかを思考し理解することが大切である。この思考と理解があれば、異なるインプット・要求条件に対する、適切な構法の引用や創造が可能となる。

（3）建物の層構成

建物・部位は、架構・構造体、下地、仕上げ、という3つの層構造（レイヤ）で捉えることができ、これを層構成と呼ぶ。架構・構造体は部位を支える役割、下地は形と面を構成する役割、仕上げは部位の表層の

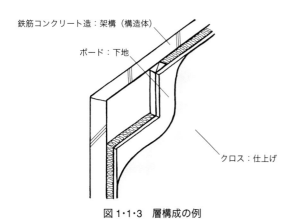

鉄筋コンクリート造：架構（構造体）
ボード：下地
クロス：仕上げ

図1・1・3　層構成の例

意匠性能、耐久性能などを担保する役割を有している。たとえば、鉄筋コンクリート壁・ボード下地・クロス張り（断熱材入り）（図1・1・3）の場合、鉄筋コンクリート壁が架構・構造体、ボードが下地、クロスが仕上げということになる。また、鉄筋コンクリート打ち放し壁は、1枚の鉄筋コンクリート壁が架構・構造体、下地、仕上げを兼ねている例として考えることができる。一般的に、架構・構造体、下地、仕上げは、後者ほど寿命が短いので、寿命が短い部品・部材の取り替え工事時に、寿命が長い部品・部材が壊れたり傷んだりしないように計画する必要がある。この原則は、同じレイヤの部品・部材同士においても同様である。

（4）建築のフローと構法

建築をつくるフローの各フェーズは、企画、基本設計、実施設計、部品生産、施工、維持管理（アフター・メンテナンス）、再生・更新、に分けることができる。このうち、維持管理、再生・更新は、建物が取り壊されるまで繰り返される。建物の規模にもよるが、企画から施工完了（竣工）までの期間が数か月から数年という時間スケールであるのに対して、建物の寿命は数十年から数百年という時間スケールであるから、維持管理、再生・更新のフェーズを考慮して構法を計画しておくことは重要であり、維持管理のしやすさや未来の社会の変化に対応できる再生・更新しやすい適応性・可変性を考慮する必要がある。コストについても、建設時のコストだけではなく、エネルギー費用などを含めた維持管理費を考えた、建物の取り壊しまでのトータルコストであるLCC（ライフサイクルコスト）を考慮して構法計画を行う。

各フェーズに関連する構法計画の項目例を図1・1・4に示す。

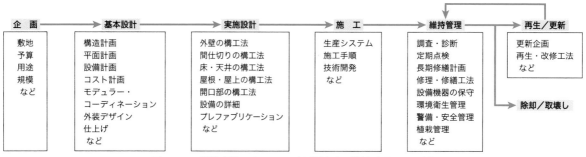

企　画	基本設計	実施設計	施　工	維持管理	再生／更新
敷地 予算 用途 規模 など	構造計画 平面計画 設備計画 コスト計画 モデュラー・ コーディネーション 外装デザイン 仕上げ など	外壁の構工法 間仕切りの構工法 床・天井の構工法 屋根・屋上の構工法 開口部の構工法 設備の詳細 プレファブリケーション など	生産システム 施工手順 技術開発 など	調査・診断 定期点検 長期修繕計画 修理・修繕工法 設備機器の保守 環境衛生管理 警備・安全管理 植栽管理 など	更新企画 再生・改修工法 など

除却／取壊し

図1・1・4　建築行為の各フェーズに関連する構法計画の項目例

1・2 構法関連用語の定義

1　部位とその名称

どのような建築物も複数の材料が組み合わされて構成されている。構法とは、建築物におけるこのような材料や部品の組み合わせの体系であり、図面上に表現された建築を現実のものとする際、必ず検討しなければならない。建築の構想に対して、構法を考える際には便宜上建築物をいくつかの部分に分けて考える。このような建築物の部分のことを部位と呼ぶ。建築物の部位を図1・2・1に示す。

よく知られている部位の名称としてはまず空間を仕切るものがあり、屋根、床、壁、天井などが例として挙げられる。ただし、これらは物理的な仕切りそのものを指す言葉であり、さまざまな空間を仕切る用語としては不十分である。このため、建築用語としては場所や面の属性を含めた名称が用いられている。壁を例

にとる。壁は建築物のあらゆるところに出現する部位であり、壁という名称だけではその正確な位置や機能を表現できない。図中に示された外周壁や間仕切り壁は壁の配置される場所で細分化した名称である。面の属性について考えた場合、間仕切り壁は常に内面壁となる。外周壁は外部に面した側が外面壁となる。

建築用語は生活全般に浸透しており、一般の用語として定着しているものも多い。外壁という言葉は一般的であるが、これだけでは外周壁を指すのか外面壁を指すのか特定できない。一般的な捉え方とその用語のズレには注意が必要である。床や天井といった水平方向を構成する部位は層の上下で異なる名称となる場合がある。たとえば、建物2階の床を構成する部位の、1階に面した表面は天井ということになる。

2　主体構法と各部構法

構法においては、ものや部品の組み合わせをわかりやすくするために、機能の側面でも建築物を分けて考える。主体構法とは建築物を支える部分の構法である。躯体を構成する部位には、柱、梁、床組、小屋組などが挙げられ、おおむね建物の骨組みの部分に相当する。

主体構法は柱と梁を使ったフレームで空間をつくる柱梁構造（軸組構造）と壁自体が構造となって柱を持たない壁式構造に代表される（図1・2・2）。柱梁構造は柱梁の接合方式から、これを剛接合するラーメン構造と、ピンで接合しブレース（筋かい）を併用するピン・ブレース構造に分けられる。壁式構造でも床面の構成に

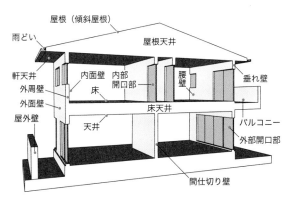

図1・2・1　建築物の部位の名称

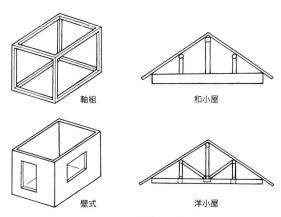

図1・2・2　主体構法（軸組と壁式、小屋組）

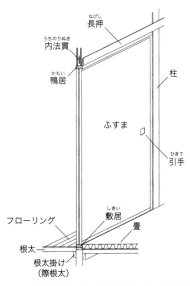

図1・2・3　各部構法（和室内部開口部の納まり）[1]

おいては梁を採用する。一方、柱梁構造においても、可能な範囲で耐力壁を設置することで壁を構造体とする例も多い。建築物において、主体構法は明確に判別できる場合もあるが、他の材料によって包み隠されていて明確に見えない状態に仕上げられている場合も多い。

一方、建築物の各部位の構法は各部構法と呼ばれる。たとえば窓は外周壁に穴を穿つことで得られる。ただし、単に穴を穿つだけでは構造的にも機能的にも不十分で、壁の補強やサッシの取り付けなどの構成を考える必要がある。このように建築物は主体構法だけではなく各部構法も検討しなければ成立しない。先に述べたとおり、細部におけるモノとモノの接合部分の詳細を納まりと呼ぶが、各部構法ではその計画が特に重要となる。たとえば、和室の出入口においては開口を成り立たせるために上下に長押と敷居、左右に柱や戸当たりを設け、その上で多くの場合は間仕切りの機能を持たせるために建具を入れる。また、床面においては仕上げ材としての厚さが異なる畳とフローリングの段差をなくすために根太掛けを取りつけるなどの調整を要する場合がある（図1・2・3）。

このように各部構法はさまざまな納まりが集まって成立している。それぞれの納まりとその組み合わせには定石があり、設計においてはそれぞれを参照しつつ最適な状況を計画する必要がある。

建築物の内外において我々が目にする部分を仕上げ面と呼ぶ。前述の窓の例に示した通り、躯体だけで建築物が求められる性能を確保するのは困難であり、仕上げ面に至るまでにさまざまな機能を有する部材が配置される。一般的な建物の室内を例に考えてみよう。我々が目にしている壁はあくまで壁の表面であり、壁紙等で整えられている。壁紙を張るためには下地として何らかのボードが必要であるし、快適な室内に求められる断熱性を得るためにはその下に断熱材などを配置する必要がある。このような機能を確保する観点で整えられた、躯体から仕上げ面に至る部材の組み合わせを層構成と呼ぶ（図1・2・4）。

3 単位と寸法

建築設計や施工に関わる単位は国際基準によるSI単位系に基づいて表現する。寸法はメートル法を採用し、表記はミリメートル（mm）を常用する。荷重や外力などの力の表記にはニュートン（N）を用いる。

木造建築物においては、我が国の伝統的な単位系である尺貫法がメートルの単位系に変換されて用いられている。1尺は303mm、1間は6尺（1818mm）であるが数字を丸めて1820mmとして扱う。半間である910mmは在来木造建築における基本的なグリッドの単位である。1間四方は1坪となる。10尺は1丈であり、1丈四方は方丈と称される（図1・2・5）。一方、尺の下の単位は寸であり、10寸が1尺に相当する。尺貫法に基づく寸法体系は建築空間だけではなく、これを構成する部材の大きさも規定している。柱材によく使われる120mm角の木材は尺貫法で換算するとちょうど4寸角であり、我が国では910mmグリッドに対応したボード類など尺貫法に基づく単位の製品体系が成立している。単位系は明治期に一斉に変更されたが、一方で建築分野においてはものづくりのサブシステムがすでに形成されており、尺貫法の寸法をメートル法に読み替えて使用せざるを得なかった。このため複雑な寸法体系が現在も引き継がれている。近年ではバリアフリーの観点で伝統的な910mmグリッドでは対応が難しく、1mグリッドに拡張して設計することもある。

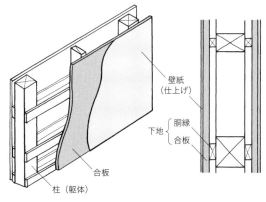

図1・2・4 部位の構成における層構成の例

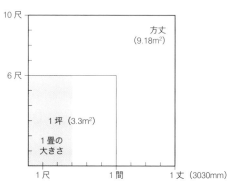

図1・2・5 尺貫法に基づく寸法の体系

1・3 要求性能と構法

1　建築物と性能

　建築物の利用においては、大小さまざまな要求がある。たとえば「台風に遭っても安全であること」も「室内に十分な自然光を取り入れること」も同じ建物に対する要求である。これらの要求を実現することが建築物の性能である。ここでは要求を種類やレベルで整理して、性能との関係を示したい。

　基本的な要求はおおむね次の3つに分類できるだろう。

　①生命や財産の保護

　②快適性の確保

　③長期的に安定した利用の実現

　これらの要求は日常と災害などに直面した非常時とでは内容が大きく異なる。建築物の最も基本的な構成要素として骨組みである構造が挙げられる。①の要求に対して日常的には人や家具などのモノが乗っても揺れやたわみがないこと、すなわち安定性が対応する性能となるが、非常時である地震に直面した際は揺れに対して壊れないこと、すなわち耐震性が対応する性能となる。（A）日常と（B）非日常に分けると、①～③の要求に対応する性能は表1・3・1のように整理できる。住宅については、2000年に施行された「住宅の品質確保の促進等に関する法律（品確法）」でこれらの性能に対応した住宅性能表示制度が定められ、具体的な10の性能項目（図1・3・1の青字箇所）について性能の水準を示す等級が表示される仕組みがつくられている。

　建築物には常にさまざまな現象やエネルギーが作用し、大小いろいろなレベルで影響を与えている。この外部の現象やエネルギーの原因となる因子を制御することが建築物の基本的な機能であり、その制御のレベル設定が性能となる。図1・3・1の通り、建物の外部は日射、雨、風、音などにさらされている。これらのうち、好ましいものを取り入れ、好ましくないものを遮ることによって、建築物の内部に目的に合った空間を実現する。

表 1・3・1　建築物に対する要求とそれに対応する性能

要求	（A）日常時	（B）非日常時
①生命や財産の保護	防犯、バリアフリー（高齢者への配慮）	耐震、台風（構造の安全性）、耐火（火災時の安全）
②快適性の確保	防水、断熱（温熱）、通風（空気環境）、遮音（音環境）、遮光、採光、プライバシーの確保（光・視環境）	破損に対する冗長性、パッシブ制御設備によるバックアップ
③長期的に安定した利用の実現	耐久性、劣化の軽減	維持管理への配慮、修復の容易さ

※青字は住宅性能表示制度の評価項目に対応

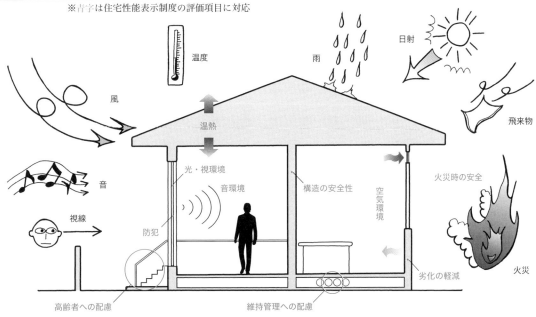

図1・3・1　外部からの作用因子と求められる性能（住宅性能表示制度）

2 構法と性能

　建築物の外部から作用する因子（以下、作用因子と呼ぶ）に対しては、通常、建築物の各部位の物理的な構成によって制御することを目指す。たとえば、作用因子として雨を取り上げ、これを建築物の部位である屋根で制御することを考えよう。原理的には大きな板状の材料があれば、雨から建築物を守ることができる。しかし室レベルの空間を覆う1枚板は入手が難しく、複数の板を用いた場合はその継ぎ目から水が浸入する。このため、屋根面は板類で下葺をし、その上に防水層を設けて水を遮断する。耐久性の観点から、通常はその上に瓦などの丈夫な葺き材を設けて、雨水の多くを処理し、すり抜けた水を防水層で防ぐ構成を取っている（図1・3・2）。このように建築物の性能を確保する上で構法（＝モノの組み合わせ）は重要な役割を持っており、多くの場合は作用因子の特性に対応できるようさまざまな材料を複合させた構成をとる。

　作用因子の制御において難しい点は、複数の作用因子が建築物の部位に影響を与える点にある。今度は建築物の外壁を例にとってみよう。外壁は雨水や熱、音の制御の観点から言えばまったく窓を設けず、完全な壁とするのが望ましい。一方、建物の使用者にとっては、採光や通風は当然求められる性能である。窓を設けた場合、ここから雨水の浸入や熱の授受が起こることになる。つまり前者と後者の制御目的は相反するが、性能については両方の目的に対応することが必要とされる。このように相反する要素を調整するのも構法の重要な役割である。図1・3・3は通風と遮光を調整して実現する機構の例である。多くの場合、窓はただ壁面に開口を穿つだけではなく、サッシやガラスなどの納まりに止水や断熱など複雑な機構を持たせて多様な作用因子の制御を図っている。

3 性能の捉え方

　建築物に対する作用因子とその挙動は大変複雑である。作用因子は単独ではなく複数の要素が複合して建築物に影響を与えることも考慮しなければならない（図1・3・4）。たとえば水の制御についてはいくつかの定石があるが、その水が止められた先で部位に影響を与えることがある。部材に水が付着し、吸収されることにより断熱性能が落ちたり腐朽したりすることもある。また、部位の耐久性を考慮すると因子の時間の推移に応じた変化と因子間の影響関係についても考慮しなくてはならない。突き詰めると建築物に求められる性能は無限に拡張され、把握することは容易ではない。設計者に求められるのは、作用因子とその挙動を幅広く理解し、要求される性能に応じて最適な手法を選択・調整する能力である。この選択の善し悪しが建築物の評価を決める重要な要素となる。我が国には四季があり高温多湿で降水量も多い。地震や台風さらには豪雪などの自然災害も多く、自然条件が厳しいため、建築物には諸外国に比べて高いレベルの性能が要求されることが多い。

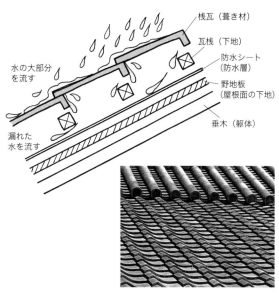

図1・3・2　性能の実現方法（瓦屋根）

図1・3・3　ブリーズソレイユ（アーメダバード綿業会館）

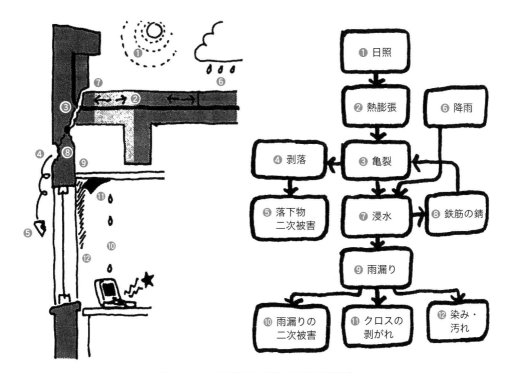

図1・3・4　作用因子と建物の被害の連鎖[1]

4　構法と法的基準

　安全性や環境への配慮など重要な性能への対応については、設計者の判断だけに委ねられているわけではなく法的な基準も存在する。法規として基本となるものは建築基準法である。ただし、建築基準法は建築に求められる最低水準の性能を定めるものであることに留意する必要がある。

　建築基準法に加えて、日常的な安全性を規定するものとしては「高齢者、障害者等の移動等の円滑化の促進に関する法律（バリアフリー法）」、省エネルギーについては「エネルギーの使用の合理化等に関する法律（省エネ法）」があり、関連する義務や努力義務が課せられている。また住宅の性能について項目ごとに等級を定める「住宅の品質確保の促進等に関する法律（品確法）」がある。等級については最低基準から高品質なものまで複数のレベルがあり、設計者には最適な性能を実現する能力が求められる。

1・4 構法の歴史

1　木造

(1)我が国の木造構法

　我が国の木造構法は、掘立柱を使用した竪穴式住居や高床式倉庫などが源流となっている。当時の建築は遺構を残すのみであるが、古来の木造建築様式は神社建築における神明造り、大社造り、春日造りにその痕跡を見ることができる。特に伊勢神宮の神明造は式年造営によって定期的に建て替えられ、古来の様式を現代に伝えている。

　我が国の木造構法は仏教の伝来に伴って6世紀に中国から伝わった技術によって大きく発展した。現存する寺社建築のうち、最も古いものは法隆寺の五重塔とされる。寺社建築は飛鳥時代から平安時代にかけて技術が導入され、それが定着して成立した和様、鎌倉時代に成立した大仏様、同じ時期に禅宗とともに伝来した禅宗様がある。大仏様において和様の長押に代わって用いられるようになった貫は大空間の実現を可能にした。禅宗様においてはそれまでの斗栱に代わる桔木が導入され、架構方法の発展により表現の多様化が進んだ。鎌倉時代後期になると、これらの様式は混じり合い、洗練されて折衷様と呼ばれる形式に発展した。この頃になると、庶民への仏教の広まりや封建的政治体制の拡大から各地で建築需要が高まり、寺社建築の様式は地方においても定着した。戦国時代から江戸時代に入ると、寺社の建築様式は民家に応用され、現在の在来構法につながる技術体系の基礎が形成された。

　我が国の伝統的木造構法は柱と梁で構成される軸組構造の形式を取るが、その特色は貫を使用することにある。貫は力学的に不完全なところもあるがラーメン構造に近い構造を形成するもので、筋かいを用いる現在の一般的な木造軸組の構造形式とは異なる。江戸時代以降は都市部における町屋の建設が盛んとなり、2階建て木造建築などにおいて胴差が成立するなど軸組の合理化や洗練が進んだ。

　我が国では、大工を中心とした職人集団が技術を伝承し建築にあたっていた。設計手法の核となったのは規矩術と木割書である。規矩術は図学のことであり、これを用いて継手・仕口をはじめとした建物の各部位の形状がつくられる。木割は部材や空間のモデュールを基礎とした寸法設計体系であり、これをもとに建物の規模に応じた架構方法を導くことができる。木割の知識は木割書という秘伝書の形式で伝えられており、江戸時代初期にまとめられた匠明が名高い。

(2)在来軸組構法の成立

　明治維新の後、西洋の建築技術が本格的に導入された。西洋の木造建築は斜材を積極的に用いる点に特徴がある。伝統的木造建築ではあまり用いられなかった筋かいや火打ち材が多用されるようになり、比較的細い木材で大規模な架構を実現できるようになった。この技術を用いて学校や工場などの新しいビルディングタイプの木造洋風建築が各地に建設されるようになる。

薬師寺東塔[1]

東大寺大仏殿

武家屋敷（佐倉城址）

戦前の在来木造
（愛新覚羅溥傑邸）

トラスによる架構もこの頃導入されたもので、洋小屋組などの新たな架構形式も定着した。代表的な事例としては富岡製糸場の建築群などが挙げられる。

斜材の概念は国内の一般的な木造建築にも取り入れられ、次第に一般化して木造軸組構法の基本的な要素として定着した。それまで主体構造においては柱が大きな要素となっていたが、水平荷重を壁で支える形式が一般化し、構造形式における大きな変化となった。斜材の普及にともない、和風真壁の採用は徐々に減り、大壁が定着していった。

(3)木造軸組構法の発展

戦後の建築需要の高まりによって、木造構法は大量供給を主眼に改良が進んだ。前川國男らによるプレハブ住宅である「プレモス」は住宅不足を背景に部材をパネル化して生産効率を上げ、大量生産を意図した工業化住宅の嚆矢である。続く高度成長期になると、住宅メーカーの設立が相次ぎ、アメリカから導入した枠組壁工法を用いた住宅の開発も進んだ。

一方で、在来軸組構法においても大量生産や効率化が進んだ。部材の製作においてはプレカットが定着し、コンピュータを利用したCAD・CAM[注1]制御により継手・仕口の加工を含めてほぼ自動化されている。加えて接合部には金物が多用されるようになり、高度な技能が必要であった継手・仕口の形状も機械化にともない簡略化が進んでいる。材料においてはエンジニアド・ウッドの導入が進んだ。エンジニアド・ウッドは設計に応じた断面の大きさや形状を実現することができ、また工業製品としての性格も併せ持つことから性能把握がしやすく、さまざまな用途に使えるため市場に評価された。現在ではこのようなエンジニアド・ウッドを利用することで無垢材では難しい大きなスパンの架構を経済的に実現することが可能となっている。

(4)現代の木造構法

木造の建築物は長らく法規上小規模・低層のものに限定されており、住宅以外の建物での採用は困難な状況にあった。しかし、1987年に高さ制限が緩和され、2000年やその後の建築基準法改正によって耐火要件や規模や用途の制限が見直されたため、それまでよりも多様な木造建築の実現が可能となっている。3階建て木造住宅はすでに一般化しており、学校建築でも木造の採用が増加している。3階建て以上の建築については、鉄骨やRCなどの他の構造と組み合わせた複合構造の採用によって木造を実現する例が増えている。また主要な構造体を他の構造とし、部位や内装を木造とする例もある。近年では建築物における木材の利用促進の動きが活発で、新たな木質系材料の開発が続いている。

たとえばCLT（クロス・ラミネーテッド・ティンバー、Cross Laminated Timber）[注2]はひき板（ラミナ）を繊維方向が直交するように積層接着したもので厚みのある大判の板材である。積層接着により高い強度を持つと同時に、その厚みによって断熱性や耐火性を確保しており、主要構造にCLTを使用した高層の建物も実現している。なお、欧米では早くから木材の高度利用が盛んであり、ツーバイフォー構法による学校や中低層集合住宅など我が国と比べて大規模な木造建築の建設が普及している。

＊注
1 CADはComputer Aided Designの略語で計算機を使った設計方法、あるいは設計ソフトウェアを指す。一方のCAMはComputer Aided Manufacturingのことで、製造を計算機によって制御すること、あるいはその制御機器を指す。
2 我が国では2013年12月に製造規格となるJAS（日本農林規格）が制定され、2016年4月にCLT関連の建築基準法告示が公布・施行されることにより一般使用が可能になった。

富岡製糸場 2)

プレモス 3)

大阪木材仲買会館

CoCo CLT（CLTつくば実験棟）

2　鉄骨造

(1)鉄骨造の始まり

　建築における鉄の使用には長い歴史があるが、技術面ならびにコスト面から、もともとは装飾用に用いられていた。本格的に鉄材が建築に用いられるようになったのは17世紀半ばの産業革命以降である。ブライトンのロイヤル・パビリオン（1823）は鋳鉄で繊細な建築空間を実現した例である。さらに製鉄技術が発展し、鉄の大量生産が可能になってからは、構造用材としての利用が試みられるようになる。大空間の架構を実現できることから、水晶宮（クリスタル・パレス、1851）やパリ万博機械館（1889）などの博覧会建築、あるいは駅舎の大屋根や長大橋などの鉄道施設に使用された。イギリスのパディントン駅の大屋根（1854）やフォース橋（1890）はその実例である。これらの鋼材による構造物はその規模や架構の斬新な構成において人々に強い印象を与えたものの、鉄骨造は従来の石造による建築の素材感や部材のプロポーションを実現するのが困難であるため、当初は様式的建築物の用材とは見なされず、一般的の建築への使用はなかなか進まなかった。

(2)初期の鉄骨造建築の発展

　19世紀の後期になって鉄骨造は徐々に建築にも用いられるようになった。発展の潮流は大きく2つに分けられる。1つはアメリカ合衆国での展開である。中西部の経済的発展によりオフィス建築の需要が急速に拡大したが、これに対応する合理的構法として鉄骨造の採用が進んだ。シカゴはその中心地であり、ここでカーテンウォールと鉄骨の柱梁の組み合わせによる鉄骨ラーメン造の基本的構成が確立された。合理的な鉄骨造の考えは新しいビルディングタイプである工場建築においても発展がみられ、アルバート・カーン（1869～1942）による様式的要素を一切廃した自動車工場（フォード・ハイランドパーク工場、1908）などが建てられた。また、バックミンスター・フラー（1895～1983）などは建築生産方式の工業化を試みた。ニューヨークではスカイ・スクレーパーと呼ばれる鉄骨造の高層オフィス建築が次々に建設された。クライスラービル（1930）やエンパイアステートビル（1931）はその代表例である。ただし、鋼材はレンガによって被覆されており、様式的には組積造の伝統によるものであった。もう1つの潮流として、ヨーロッパでは造形的アプローチを中心とした発展がみられた。ヴィクトール・オルタ（1861～1947）やエクトール・ギマール（1867～1942）らはアールヌーヴォーの有機的形態に鉄材を積極的に使用した。オットー・ワーグナー（1841～1918）によるウィーン郵便貯金局営業ホール（1906）は鋼材とガラスを組み合わせた新しい様式の例である。一方、ペーター・ベーレンス（1868～1940）のAEGタービン工場（1910）は鉄骨造による従来の様式建築の感覚に近いデザインを実現した例である。

　鉄骨造はその後のモダニズム建築に多く用いられたが、機能主義の流れにあって鉄骨造の美学的側面を追求したのがミース・ファン・デル・ローエ（1886～1969）である。バルセロナ・パビリオン（1929）やチューゲントハット邸（1930）に見られる鋼材柱のディテールには表面の被覆や床目地との取り合いなどにおいて明快な視覚的操作が施されている。ミース独自の鉄骨造のデザインはレイクショアドライブ・アパート（1951）やファンズワース邸（同）、シーグラムビル（1958）を経て新ナショナルギャラリー（1968）に至り、独自の表現を確立した。

(3)我が国における鉄骨造

　我が国では明治維新以降、レンガによる組積造が定着し、その延長で垂直部材に鉄骨を用いる建築が建設されるようになった。初めての本格的な鉄骨造の事例は秀英舎印刷工場（1895）とされる。初期の本格的な鉄骨造の建築としては三井銀行（1902）、日本橋丸善（1909）が挙げられる。丸ノ内ビルヂング（1923）は大規模なオフィス建築の代表例である。以降、一般の建築でも鉄骨造の採用が進んだが、ほどなくこの傾向は急速に変化することになる。転機となったのは1923年の関東大震災であった。この時の大火災の発生により熱に弱い鉄骨造の建築の多くが被災し、以降は鉄筋コンクリート造に注目が集まるようになった。

(4)第2次世界大戦以降の発展

　第2次世界大戦の後、工業生産の回復とともに鉄骨造の建築が世界的に大量に建設されるようになった。構法の一般化には工業化による大量生産が大きな意味を持つ。この工業化の基礎的概念においてはジャン・プ

ルーヴェによる一連のプロジェクトが重要であった。前出のフラーもダイマキシオン居住機械（ウィチタ・ハウス、1945）などで生産体制を含めた野心的な提案をしており、工業化構法のあり方に大きな影響を与えている。鉄骨造建築の一般化はイームズ夫妻によるケーススタディハウス（1949）、スミッソン夫妻によるハンスタントンの学校（1954）に見ることができる。これらの建築はプロポーションや質感など鋼材の性質を積極的にデザインに取り入れ、構法とデザイン、さらには生産を含めて鉄骨造の可能性を示した先駆的な例と位置づけられる。

　構造的な試みについてはその後、大空間の架構やさらなる高層化において大きな進展があった。前者についてはスペースフレームによる大阪万博のお祭り広場（1970）や吊り構造によるミュンヘン・オリンピック競技場（1972）が代表例として位置づけられる。後者はジョン・ハンコック・センター（1970）やシアーズ・タワー（現ウィリス・タワー、1973）が事例として挙げられる。我が国でも柔構造理論が確立され、霞が関ビル（1968）を皮切りに鉄骨造の超高層建築が建設されるようになった。

　ハイテックと呼ばれる一連の鉄骨造の建築群は、構造や機能を建築の内外に表現するもので、その最初期の例はポンピドー・センター（1977）とされる。ノーマン・フォスター（1935 〜）やリチャード・ロジャース（1933 〜）、レンゾ・ピアノ（1937 〜）による建築の多くがこれに該当する。香港上海銀行（1986）は吊り構造を用いた構造システムがデザインに取り入れられている。

(5)現代の鉄骨造

　現代に至るまでの過程で鉄骨造は RC 造や SRC 造と併用して使われる例も多くなっており、技術の複合化が進んでいる（2・11 節参照）。我が国は地震国であるため、基壇部分を強固な SRC 造とし、高層部を鉄骨造とする構成が超高層ビルの基本的構成の 1 つとなっている。また、デザインの背景の大きな変化としてコンピュータによる設計技術の進展がある。これによりビルバオ・グッゲンハイム美術館（1997）のような複雑な形状やせんだいメディアテーク（2001）のような高度な解析を必要とする構造システムが可能となった。

　今日では、鉄骨を含む金属系材料の構法開発は建物の外皮を構成し内外環境の境界面となるファサードに集中しており、ファサード・エンジニアリングと呼ばれ独自の分野を形成している。DPG（Dot Point Glazing）などに代表される全面ガラスファサード（旧長銀ビル（1993）が最初とされる）やプラダ ブティック青山店（2003）のような複合的なファサードの実現においては、柱梁などの主体構造の他に外装部位を成立させるための 2 次的構造物の検討が重要になっている。ここではメーカーや技術コンサルタントの果たす役割が大きい。現在は環境性能も大きな評価軸となっている。ダブルスキンや全面ガラスなど現代的な建築のファサードにおいて、製造や組み立ての面で汎用性の高い鋼材を含む金属系材料の利用は重要な要素技術であり、技術的な検討が行われている。

表 1・4・1　鉄骨造の歴史

竣工年	名称（設計者）	備考
1851	水晶宮（ジョゼフ・パクストン）	初期の本格的な鉄骨建築物
1854	パディントン駅（イサンバード・ブルネル）	初期の鉄骨による大空間の実例
1889	エッフェル塔（ギュスターブ・エッフェル）	鉄骨造による高層建築物の初期事例
1889	オーディトリアム・ビルディング（アドラー＋サリヴァン）	鉄骨造による初期の複合施設
1895	リライアンスビルディング（ダニエル・バーナム）	鉄骨造におけるカーテンウォールの成立
1899	パリ地下鉄駅入口（エクトール・ギマール）	鋼材を用いた造形の試み（アールヌーヴォー）
1902	三井銀行（横河民輔）	我が国における初期の鉄骨建築
1906	ウィーン郵便貯金局営業ホール（オットー・ワーグナー）	鋼材による表現の新展開
1910	AEG タービン工場（ペーター・ベーレンス）	鉄骨造による建築様式の模索
1914	ガラスの工芸館（ブルーノ・タウト）	鉄骨造による表現主義の造形
1923	丸ノ内ビルヂング（三菱合資会社地所部）	戦前の大規模鉄骨造の代表例
1930	クライスラービル（ウィリアム・V・アレン）	技術普及によるスカイスクレイパーの実現
1944	クリシーの人民の家（ジャン・プルーヴェ）	鉄骨造における構工法計画の試み
1949	ケーススタディハウス #8（チャールズ＋レイ・イームズ）	鉄骨造による工業化構法のアプローチ
1951	レイクショアドライブ・アパートメント（ミース・ファン・デル・ローエ）	鉄骨造とマリオン・カーテンウォールによる現代建築の表現
1951	ファンズワース邸（同上）	鋼材による新たな建築様式の表現
1954	ハンスタントンの学校（ピーター＋アリソン・スミッソン）	鉄骨造における工業化構法の試み
1956	イリノイ工科大学クラウンホール（ミース・ファン・デル・ローエ）	鉄骨造とカーテンウォールによる大空間の実現
1967	モントリオール万博・アメリカ館（バックミンスター・フラー）	大規模なフラードームの実例
1970	大阪万国博覧会お祭り広場（丹下健三）	スペースフレームによる大空間の実現
1972	ミュンヘン・オリンピック競技場（フライ・オットー）	吊り構造による大空間の実現
1977	ポンピドー・センター（レンゾ・ピアノ＋リチャード・ロジャース）	金属系材料を多用したハイテック様式の実例
1986	香港上海銀行（ノーマン・フォスター）	吊り構造による大規模オフィスの実現例
1993	旧長銀ビル（日建設計）	DPG を用いた全面ガラスファサードの実例（一部、SRC 造）
2001	せんだいメディアテーク（伊東豊雄）	鋼材による新しい構造方式の模索
2003	プラダ ブティック青山店（ヘルツォーク・ド・ムーロン）	金属とガラスによる複雑な構成のファサードの実現例

パディントン駅
（イサンバード・ブルネル）

ウィーン郵便貯金局営業ホール
（オットー・ワーグナー）

ケーススタディハウス #8[4]
（チャールズ＋レイ・イームズ）

ファンズワース邸
（ミース・ファン・デル・ローエ）

イリノイ工科大学クラウンホール
（ミース・ファン・デル・ローエ）

ポンピドー・センター[5]
（レンゾ・ピアノ＋リチャード・ロジャース）

せんだいメディアテーク
（伊東豊雄）

プラダ ブティック青山店
（ヘルツォーク・ド・ムーロン）

3　鉄筋コンクリート造

(1)鉄筋コンクリート造の始まり

　鉄筋コンクリートは非常に汎用性が高く、規模を問わずさまざまな建築の構法として不可欠な建築材料である。鉄筋コンクリートは文字通り鉄筋とコンクリートを合わせて用いるもので、その製作技術が確立されたのは19世紀末のことである。コンクリートは古来より建築材料として用いられてきた。ローマ帝国時代のコロッセウムやパンテオンはその代表例であるが、いずれも組積造の建築物であり、壁や柱などの部位の形成は容易である一方、床面や屋根組などの水平面を造ることが難しいため汎用化するには限界があった。鉄筋をコンクリートの中に埋め込むことで補強することを考案したのはフランスのジャック・モニエ（1823〜1906）とされる。当初彼が発明したのは植木鉢であったが、すぐに建築に応用された。

　初期の鉄筋コンクリート造において、その表現や構法のあり方を示した建築家としてオーギュスト・ペレ（1874〜1954）が挙げられる。フランクリン街のアパート（1903）は柱梁と外装タイル貼りの壁を備え、現代に通じる鉄筋コンクリート造の基本的な構成を示している。ノートルダム・デュ・ランシー教会（1923）は他の材料では実現が難しい形態を実現し、コンクリートの持つ造形的な自由度の高さを示した。　鉄筋コンクリート造は石材による組積造に比べて壁を薄くできること、また造形的に自由なことに大きな特徴があるが、鋼材に比べてコストが安い点も高く評価され、一般化が急速に進んだ。ヨーロッパにおいて鉄筋コンクリートによる建築が本格化するのは20世紀に入ってからだが、その普及のスピードは速く、当時の植民地開発を通じてインドなどアジア地域においてもほぼ同時期に技術が伝わり、建設が始まっている。

(2)鉄筋コンクリート構法の発展

　鉄筋コンクリート造は、当初組積造の代替手法として捉えられていたが、構造的な合理性や自由な造形の可能性があるため構法の洗練が進んだ。鉄筋コンクリートの基本的な構法として定着したのは柱梁によるラーメン構造とカーテンウォールの組み合わせである。組積造では荷重を支える壁体が必須であるが、鉄筋コンクリートによるラーメン構造は広い開口と自由なフ

ァサードによる合理的なデザインを可能にした。このようなデザインの完成形の1つとしてはヴァルター・グロピウス（1883〜1969）によるバウハウス校舎（1926）が挙げられる。その後も構造的合理性を高める手法の発展は顕著で、フラットスラブを採用したファン・ネレ工場（1931）などはその代表例である。

　鉄筋コンクリート造では構造計算を前提に、配筋や型枠設置といった生産手法の許す範囲で自由な造形が可能である。このため、鉄筋コンクリート造においては普及の当初から造形的な可能性を追求する作品が多く見られる。厚みを抑えた二重らせんのスラブを実現したバーソルド・リュベトキン（1901〜1990）によるロンドン動物園のペンギンプール（1934）や、エドゥアルド・トロハ（1899〜1961）による印象的な大屋根を持つサルスエラ競馬場（1935）は、その代表例である。これらの実現においては新たな職能である構造エンジニアの寄与も大きく、現代的な建築設計・生産方式の成立という側面においても特徴がある。造形的挑戦という点ではル・コルビュジエによる一連の作品も重要である。ロンシャンの礼拝堂（1955）やラ・トゥーレット修道院（1959）などは、大胆な造形の可能性や素材の持つマッシブな質感を前面に出し、鉄筋コンクリート造ならではの表現を実現している。

(3)我が国における鉄筋コンクリート造の発展

　我が国においては、19世紀末の国鉄旧長浜駅の駅舎建築において無筋のコンクリートが用いられた記録があるが、鉄筋コンクリートについては1905年の旧海軍関係施設が最初の例とされる。軍艦島とも呼ばれる端島（長崎県）では炭鉱労働者向け住宅として鉄筋コンクリート造が初めて集合住宅に採用された（1916）。ただし、初期の鉄筋コンクリート造の建築は学校や官公庁などの公共建築、あるいは軍や産業用途の建築群などが中心であり、その用途は限定されていた。鉄筋コンクリート造が民間の一般建築において本格的に普及したのは1923年の関東大震災以降である。関東大震災は都市部の建築に大きな被害を与えたが、鉄筋コンクリート造の被災状況は比較的軽く、その耐震性ならびに耐火性は大きな注目を集めた。このため震災の翌年には早くも構造強度の計算基準が示され、社会的な要請に応じた鉄筋コンクリート造普及の環境が整えられている。こうして震災復興事業においては多くの

鉄筋コンクリート造の建築が建設されることになった。現在も使用されている泰明小学校（1929）はその代表例である。また同潤会は都内の各地に鉄筋コンクリート造の集合住宅を供給した。震災で鉄骨造の建築が大きな被害を受けたこともあり、その後のオフィス建築においては鉄筋コンクリート造の採用が進んだ。旧東京中央郵便局（1931、鉄骨鉄筋コンクリート造）や大阪瓦斯ビルヂング（1933）などはその代表例と位置づけられる。

(4)第2次世界大戦後の発展

　第2次世界大戦以降、戦災からの復興や植民地の独立などの社会的な変化は建築需要の増加をもたらし、これを背景として鉄筋コンクリート造は世界各地で急速に普及した。折板構造やシェル構造など壁式構造やラーメン構造に代わる構造方式の検討も進み、鉄筋コンクリート造による建築の多様化も進んだ。エーロ・サーリネン（1910〜1961）によるTWAターミナル（1962）やヨーン・ウツソン（1918〜2008）によるシドニー・オペラハウス（1973）はその代表例で、鉄筋コンクリート造による新たな造形の可能性を示した作品である。

　我が国においては、地震国であることから構造性能に関する検討が多くなされた。コア部分の耐震壁によってラーメン構造を補完するオフィスビルの基本形態は1950年代までに確立されている。実例としては丹下健三（1913〜2005）による旧東京都庁舎（1957）や香川県庁舎（1958）が挙げられる。菊竹清訓（1928〜2011）による出雲大社庁の舎（1963）はプレストレストコンクリートを使った初期の事例で、あらかじめ圧縮力をかけたコンクリート梁によって大空間を実現している。

　鉄筋コンクリート造の構法においては、構造的合理性の他に需要の増大を反映して生産方式についても顕著な発展が見られる。高度成長期に大量に建設された住宅団地は1970年代頃には、あらかじめ鉄筋コンクリートのパネル等をつくり、これを現場で組み立てるプレキャストコンクリート構法（PCa構法）を採用しており、現場での作業を減らし、効率的かつ高品質な建物の生産を実現している。そのほか新しい構法の試みとしては前川國男（1905〜1986）による晴海の高層アパート（1958）が重要である。これは鉄筋コンク

リート造の特性を活かしたメガストラクチャーによってスキップ形式のアクセスを持つ住戸部分を支える形式で、将来的な住戸内の改変を意識した構成を実現しており、後の建築に大きな影響を与えた。

(5)現代の鉄筋コンクリート構法

　現代はCADの発展により設計が高度化し、複雑な形態を持つ建築が多く実現している。伊東豊雄（1941〜）によるTOD'S表参道ビル（2004）は従来の柱梁構造とは異なり、外皮の網状の鉄筋コンクリートの構造が全体の荷重を支えており、デザイン上の要求に応える複雑な構成が実現されている。同じく台中国家歌劇院（2016）は内部の壁面全体を鉄筋コンクリートによる3次元曲面によって形成しており、建物内外に強い印象をもたらしている。SANAAによるロレックス・ラーニング・センター（2010）では通常は平板である床スラブをうねるように造形しており、内部を高低差によって分節するとともに特徴的な空間を生み出している。

　鉄筋コンクリート造は一般化の進んだ技術であるが、今日でも生産を含めた構工法分野において多くの検討が行われている。構法の乾式化は、PCaと現場施工を併用する複合化構法に収斂しており、ICTを活用した建設ロボットの導入など生産の自動化なども含めた施工の効率化に対応する構法開発が大きな目標の1つとなっている。PCa材やプレストレストコンクリートなどの構造技術の発展とあわせて、鉄筋コンクリート造は高層あるいは超高層建築においても採用例が増えており、特に集合住宅でこの傾向は顕著である。

表 1・4・2 　鉄筋コンクリート造の歴史

竣工年	名　称（設計者）	備　考
79	コロッセウム	ローマンコンクリートの事例
1867	鉄筋コンクリートの特許認定（ジョセフ・モニエ）	鉄筋コンクリートの概念の確立
1882	旧長浜駅・駅舎	我が国における初めてのコンクリート造（無筋コンクリート）の事例
1903	フランクリン街のアパート（オーギュスト・ペレ）	初期の鉄筋コンクリート造の事例
1911	BIT チョール（ボンベイ都市改善トラスト）	鉄筋コンクリート造の世界的な拡散
1916	軍艦島 30 号棟住宅	我が国における最初期の鉄筋コンクリート造による集合住宅
1923	ノートルダム・デュ・ランシー教会（オーギュスト・ペレ）	鉄筋コンクリート造による空間構成が高い評価を得る
1924	旧歌舞伎座（岡田信一郎）	鉄筋コンクリート造による和風様式の試み
1926	デッサウのバウハウス校舎（ヴァルター・グロピウス）	鉄筋コンクリート造によるインターナショナル・スタイルの確立
1929	泰明小学校（旧東京市）	震災復興事業(関東大震災)における鉄筋コンクリート造建築の採用
1931	ファン・ネレ・タバコ工場（ブリンクマン＋フルフト）	鉄筋コンクリートによるフラットスラブの採用
1931	東京中央郵便局（吉田鉄郎）	戦前の鉄筋コンクリート造オフィス建築の代表例
1932	サヴォア邸（ル・コルビュジエ）	鉄筋コンクリートによる近代建築五原則の表現
1934	ロンドン動物園のペンギンプール（リュベトキン＋テクトン）	鉄筋コンクリート・スラブによる薄いスロープの特徴的な造形
1935	サルスエラ競馬場（エドゥアルド・トロハ＋アラップ）	鉄筋コンクリート・シェルによる大屋根の実現
1952	マルセイユのユニテ・ダビタシオン（ル・コルビュジエ）	後の事例に大きな影響を与えた鉄筋コンクリート造の集合住宅
1955	ロンシャンの礼拝堂（ル・コルビュジエ）	鉄筋コンクリートによる独自の造形
1958	晴海高層アパート（前川國男）	鉄筋コンクリートのスーパーストラクチャーによる構成
1959	ラ・トゥーレット修道院（ル・コルビュジエ）	コンクリート独自の素材感を前面に出した作品
1963	出雲大社庁の舎（菊竹清訓）	プレストレストコンクリートの採用
1966	花見川団地（日本住宅公団）	PCa（プレキャストコンクリート）の本格的採用
1973	シドニー・オペラハウス（ヨーン・ウツソン）	鉄筋コンクリートによるシェル構造
2004	TOD'S 表参道ビル（伊東豊雄）	鉄筋コンクリートによる網状の構造体による構成
2016	台中国家歌劇院（伊東豊雄）	鉄筋コンクリートによる曲面を多用した構成

フランクリン街のアパート
（オーギュスト・ペレ）

ノートルダム・デュ・ランシー教会 6)
（オーギュスト・ペレ）

デッサウのバウハウス校舎 7)
（ヴァルター・グロピウス）

ロンドン動物園のペンギンプール 8)
（リュベトキン＋テクトン）

香川県庁舎
（丹下健三）

出雲大社庁の舎
（菊竹清訓）

シドニー・オペラハウス
（ヨーン・ウツソン）

台中国家歌劇院
（伊東豊雄）

02

構造体の構法

2・1 建築を構成する材料

　建築は本来、建設地の付近で容易に入手可能な限られた材料を用いてつくられるものであった。しかしながら、輸送網や素材生産技術の発達した現代ではこれに限らず、さまざまな材料を用いることが可能である。また、建築に要求される条件は時代を経るとともに多岐にわたってきており、それらの要求条件を満たすためにはさまざまな材料を適切に組み合わせて使用することが必要となってきている。したがって、さまざまな材料の特性を理解しておくことは建築技術者に求められる資質として極めて重要なことの1つである。

1　鉄（鋼）

　鉄は地殻中に含まれている金属元素の中では質量比率として2番目に多い（1位はアルミニウム）元素であり、古代より人類に利用されてきた（図2・1・1）。中世にはドイツで高炉法による製鉄技術が発明され、鉄の大量生産が可能となったが、炭素や不純物含有率が高く、質の低いものであった。1855年にベッセマーによりベッセマー転炉が発明されると、強靭な鋼材が製造可能となり、鋼材の利用が本格化していった。

　現代において通常、建築材料として使用されている「鉄」は厳密に言えば「鋼」である。「鋼」とは鉄に微量の炭素を添加したものである。純鉄では柔らかすぎて建築には使用しにくいが、炭素を化合して鋼とすることにより、建築としての使用に耐えうる材料となる。表2・1・1に建築で使用される主な鋼材を示す。以下に鋼の代表的な特徴を述べる。

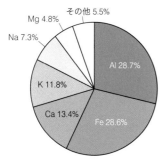

図2・1・1　大陸地殻中の金属元素[1]

①展性・延性

　鋼は建築材料の中では比較的粘り強く変形性能の高い材料である。このため、さまざまな形状に加工される。各取り合い部の防水のための板金として利用されたり、プレス成型によってさまざまな形状の木質構造用接合金物として利用されたりする。

②合金による性能向上

　鋼は鉄に微量な炭素を添加することにより建築材料に耐えうる強度を得たものである。炭素の量を多くすると硬さは向上する。鉄に約0.45%の炭素を混入した機械構造用炭素鋼S45Cはその代表的なもので、熱処理（焼き入れ、焼き戻し、焼きならし）によって耐力が大幅に向上するため、高力ボルトなどに使用される。炭素の添加は一方で粘り（靱性）の低下、溶接性の低下、耐腐食性の低下等の原因となるので注意を要する。その他にも代表的な合金鋼として、クロムやモリブデンを添加して焼き入れ性[注1]を高めたクロムモリブデン鋼、クロムやニッケルなどを添加して耐腐食性を高めたステンレス鋼、リン、銅、ニッケルなどを添加して保護性の錆を形成するように設計された高耐候性鋼などが挙げられる（表2・1・2）。また、逆に添加元素を極力低減して純鉄に近くし、低強度、高延性とした低降伏点鋼などがある。

表2・1・1　JIS等に規定される鋼材の種類

記号	名称	特徴
SS400 など	一般構造用圧延鋼材	最も一般的な構造用鋼材
SM400A など	溶接構造用圧延鋼材	溶接性がSSよりも改善されている
SN400A など	建築構造用圧延鋼材	塑性変形能力、溶接性、板厚方向の性能等がSSよりも改善されている
STKN400W など	建築構造用炭素鋼鋼管	塑性変形能力、溶接性等が一般構造用炭素鋼鋼管よりも改善されている
BCR295	建築構造用冷間ロール成形角形鋼管	塑性変形能力、溶接性等が一般構造用角型鋼管よりも改善されている

表2・1・2　主な合金鋼の添加元素と特徴

名称	主な添加元素	特徴
炭素鋼	C	高強度
クロムモリブデン鋼	Cr、Mo	高強度
ステンレス鋼	Cr、Ni	高耐食
高耐候性鋼	P、Cu、Ni	保護性錆の形成

③導電性

鉄は高い導電性を有するため、鉄骨や鉄筋を避雷針からの引き下げ導線として利用することができる。一方、異種金属と接触使用すると腐食電池を形成し、異種金属接触腐食（電食）を生じることがある。

④酸化

鉄は自然界では通常、そのほとんどが酸素と結びついた状態である酸化鉄（Fe_2O_3、Fe_3O_4 など）として存在しており、われわれはこれを還元して利用している。鉄をそのまま利用すると腐食（鉄の酸化）が進み、美観や構造耐力などに影響を及ぼすため、さび止めの塗装やめっきを施して利用するのが一般的である。近年は前述したように緻密な錆（保護性錆）を表面に発生させることで腐食の進行を止め、塗装を不要とした高耐候性鋼なども開発され、構造物のメンテナンスコストの低減に寄与している。

⑤機械的性質

一般的な鋼材の応力度−ひずみ度曲線を示す（図 2・1・2）。鉄は添加される炭素量によって異なる強度を示すと前述したが、強度は変わってもヤング係数（応力度（単位面積あたりの応力）とひずみ度（単位長さあたりの伸び）との比例定数）は変化せず、約 2.05×10^5 N/mm^2 を示す。

2　コンクリート

セメント、砂、砂利、水を混合して硬化させたものがコンクリートである。火山灰、石灰、砕石などを混合させたものが水中で硬化することに気づいたローマ人が構造物に利用したのが始まりと言われるが、現在一般的に利用されているコンクリートには 19 世紀初めに開発されたポルトランドセメントが使用されている。

①ポルトランドセメント

広義の「セメント」とは水和反応により硬化する材料のことを言い、アスファルトや膠、石膏、一部の接着剤などがある。建築材料としての「セメント」は通常、ポルトランドセメントのことを指すことが多い。ポルトランドセメントは石灰石、ケイ石、粘土などを原料として製造され、その主成分はケイ酸三カルシウム、ケイ酸二カルシウムなどである。ポルトランドセメントは水和反応で徐々に硬化するため、養生中に水分が欠乏しないようにしなければならない。

②機械的性質

コンクリートは圧縮に強く、引張に弱い（図 2・1・3）。引張に弱い点を補強（reinforced）した、すなわち、引張応力を鉄筋に負担させるように構成した部材が鉄筋コンクリートである。引張応力を負担できることで、曲げ材とすることができる。また、コンクリートは脆性的な材料であるが、鉄筋コンクリートとすることにより、構造形式によっては靱性を確保することも可能である。

コンクリートの強度およびヤング係数は構成材料の混合比率に左右される。コンクリートのヤング係数は強度に関係し、次の式で算定される。

$$3.35 \times 10^4 \times \left(\frac{\gamma}{24}\right)^2 \times \left(\frac{F_C}{60}\right)^{\frac{1}{3}}$$

　γ：コンクリートの気乾単位体積重量（kN/m^3）

　F_C：設計基準強度（N/mm^2）

③化学的性質

鉄筋コンクリートの鉄筋は塗装やめっきを施さない。鉄は通常、大気中や水中で腐食するが、強アルカリ下では腐食しない。すなわち、鉄筋コンクリート中の鉄筋はコンクリートの強アルカリ性によって腐食現象から守られているといえる。

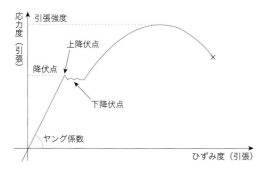

図 2・1・2　一般的な鋼材の応力度−ひずみ度曲線

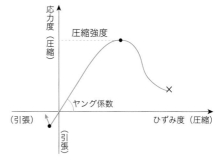

図 2・1・3　コンクリートの荷重変形特性

④組成

　一般的に水セメント比が小さいほうが収縮が小さく強度が高いが、流動性が低くなることによりワーカビリティー（施工性）は低下する。ワーカビリティーやその他諸性質を改善するために、AE 剤（Air Entraining Agent）や減水剤などの混和剤が用いられることがある。AE 剤は微細な空気泡をセメント中に導入することでワーカビリティーや耐凍害性を向上させる。減水剤はセメントに対して界面活性剤的な作用をおよぼすため、その使用によってワーカビリティーを向上させて単位水量を下げることができる。

3　木材

　森林資源は世界に広く分布している。冒頭で述べたように、「建築は本来、建設地の付近で容易に入手可能な限られた材料を用いてつくられるものである」から、特に建築用材となり得る樹木の分布地域にあっては、木材は人間にとって最も身近な建築用材料の 1 つといえる。古代から使用されている建築材料としては石、土、木材があるが、木材はその中でも曲げ抵抗可能な材料で、比較的大きなスパンを飛ばすことができるという特徴を持つ。このため、壁は石やブロックの組積造で構成し、床梁や小屋組を木材で構成する例が多い。

　木材は天然材料であり、ストローを束ねたような多孔質である（図 2・1・4）。この構造が次に挙げる特徴の一因となっている。

　建築材料としての木材の諸性質については 2・5 節（p.46）で詳述するので、ここでは概略を述べる。

①比重

　建築材料の中では比較的軽量であり、我が国で建築

材料として頻繁に使用されるスギやヒノキの比重は 0.3 ～ 0.4 程度である（表 2・1・3）。

②機械的性質

　木材の機械的性質は直交異方性（p.47）を示し、繊維方向に対して最も高い強度を示す。スギ、ヒノキの強度は約 20 ～ 40 N/mm²、ヤング係数は約 1 ～ 2 × 10⁴ N/mm² であり、強度はおおむね鋼の 1/20 程度でコンクリートと同程度、ヤング係数はおおむね鋼の 1/40 程度でコンクリートの 1/2 程度である。また、鋼に比較して脆性的（脆く粘りがないこと）である（図 2・1・5）。

③吸湿性

　木材は前述した通り多孔質であるため、吸放湿性を有する。高湿度中では木材は吸湿し、低湿度中では木材は放湿するため、ある程度の調湿性を持つといえる。

④加工性

　木材が人類によって古くから活用されてきた理由の 1 つに、加工の容易さが挙げられる。特に針葉樹は加工が容易であり、高度な継手・仕口が考案された。

⑤耐久性

　木材は酸化や中性化等の化学的劣化は受けにくいが、他の材料と比較して、生物劣化（主に腐朽や蟻害、虫害）が大きな問題になりやすい。

4　鉄（鋼）、コンクリート、木材の機械的性質

　単位面積当たりの耐力を強度と呼び、単位は N/mm² などである。同様に単位密度当たりの耐力を比強度と呼び、単位は N·m/kg ［＝（N/m²)/(kg/m³)］ である。鋼、コンクリート、木材の中で、強度は鋼が最も高いが、比強度は木材が最も高い。

 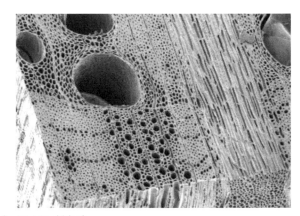

図 2・1・4　スギ（左）、コナラ（右）[2]

5 その他の建築材料

(1)ガラス

人類がガラスの利用を始めたのは紀元前4000年頃と言われている。陶器に利用される釉薬もガラス質である。板ガラスの製造は5世紀頃に円盤から必要寸法を切り出す方法から始まり、18世紀には円筒形の吹きガラスを開いて板ガラスを得る方法が開発された。さらに20世紀中頃には溶融スズの上に溶融ガラスを浮かべて製造するフロート板ガラスが実用化された。

①透明性

ガラスの最も重要な性質の1つであり、透明ガラスは可視光のほぼ全域を透過する。ガラスが透明である理由は、主成分である二酸化ケイ素が可視光を吸収しないこと、非晶体（結晶とは異なり、原子や分子が乱れた配列をしている物質）であるため結晶境界での光の散乱が起きないことによる。

②耐水性、化学的安定性

実用レベルでは高い耐水性を示すとともに、酸に対しても一般的に変質しにくい。ただし、アルカリに対しては弱いため、注意を要する。

③機械的性質

きわめて脆性的であり、もろく割れやすい。構造要素として使用することは稀である。ガラスは引張力に対して弱いが、急冷することで最終的に表面に圧縮応力を生じさせて強度を高めた強化ガラスは一般的なフロートガラスの数倍の強度を有する。

(2)プラスチック

一般的には合成樹脂製品を指し、さまざまな機能が付与されたものがある。たとえばプラスチックは一般的に密実な状態でも熱伝導率が低いが、発泡成形することにより、より熱伝達率を低くすることができ、発泡プラスチック系断熱材は繊維系断熱材とともに建築物に多く利用されている。

(3)ゴム

大きな変形性能、反発性を有し、免震ゴムやドアストッパーなどに利用されている。

(4)非鉄金属

・アルミニウム

地殻に含まれる主な元素であるが、精錬に大量の電力を必要とすること、化学反応を起こしやすく、ほとんど単体で存在しないことなどから、工業原料としての利用の歴史は新しい。現代ではさまざまな合金としての利用が進んでいる。建築用としてはマグネシウムーケイ素合金がサッシとして多く利用されている。

①機械的性質

密度$2.7g/cm^3$、ヤング係数は約$70000N/mm^2$、引張強さ$70 \sim 160N/mm^2$程度を示し、鉄（鋼）よりも柔らかく弱いが、軽いため、比強度として考えれば鉄（鋼）と同等である。

②耐食性

活性が高く、大気中では表面に不動態被膜を生じることで高い耐食性を示す。アルカリ環境下では著しく腐食するため、コンクリート中での使用には注意を要する。

・銅

自然界に純銅として存在し、金などに比べると産出量も多いため、金属の中では最も古くから利用されている。耐食性が高いため、屋根葺き材として利用されるほか、高い導電性のために電線としても利用される。鉄と接触して利用すると異種金属接触腐食によって鉄の腐食速度が速くなるため、銅板の留めつけには銅釘を使用する。また、銅と亜鉛の合金である真鍮（黄銅）

表2・1・3 代表的な樹種の性質

樹種	気乾比重 g/cm³	圧縮強度 N/mm²	曲げヤング係数 N/mm³
スギ	0.38	34	8000
ヒノキ	0.42	40	9000
カラマツ	0.53	45	10500
アカマツ	0.53	45	11500
ツガ	0.51	43	8000
ケヤキ	0.62	47	12000
ベイマツ	0.55	42	13000

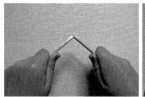 

割りばし　　　　　　　針金

図2・1・5　割りばしを折った様子と針金を折り曲げた様子

は展延性、耐食性が高いため、建築部品として利用されることが多い。

(5)その他の材料

・土

土は地球上に普遍的に存在するため、古くから広く世界中で建築に利用されている。土を適当な大きさに整形して乾燥させた日干し煉瓦は紀元前4000年頃から、同様のものを焼き固めた焼成煉瓦は紀元前3000年頃から使用されていた。また、陶器や瓦なども土を原料とした建築部材である。

・石

石は古くから組積造の構造材料として利用されている。高い圧縮強度に対して引張強度は1/10程度と低いため、曲げ部材として利用することは難しい。このため、大きなスパンをかけ渡すにはアーチやドーム、ヴォールトとする必要がある。意匠部材としてさまざまな石材が使用されるほか、コンクリートの構成原料としても利用されている。

・砂

砂はコンクリートの構成原料として使用されるほか、砂壁などの仕上げ材料として使用されることがある。

・竹

竹は二次肥大成長（茎や根が太さ方向に大きく成長していくこと）しないという草本（いわゆる草）の特徴を持つが、茎が木質化するという木本（いわゆる木）の特徴も持つ。竹の繊維は非常に強靭で、木材の繊維の引張性能を大きく上回り、350N/mm²を超えるという報告もある[注2]。竹材はアジア地域で広く産出し、建材としても多く利用されている。我が国では土壁下地の竹小舞、鉄鋼が不足した時代に鉄筋の代わりにコンクリート中に利用した竹筋コンクリートなどの利用が見られる。

＊注
1　焼き入れした時の硬化しやすさ。鉄鋼製品を熱した状態から急冷して硬化させることを焼き入れという。
2　張敏 他「天然ファイバーの引張強度と寸法との関係」『木材研究・資料』vol. 30、pp.32〜39、1994

2・2 荷重・外力と構造の基本

1　建築に作用する荷重・外力

建築基準法施行令36条の3には「建築物全体が、これに作用する自重、積載荷重、積雪荷重、風圧、土圧および水圧、並びに地震その他の震動や衝撃に対して、一様に構造耐力上安全であるようにすべきものとする」とある。

建築にはさまざまな外力から内部空間や建築そのものを守る性能が要求される。我が国では1891年の濃尾地震をきっかけに耐震工学、1934年の室戸台風をきっかけに耐風工学が始まり、発展を続けてきている。建築に作用する外力の特徴を知ることは、安全な建築を設計する上で極めて重要である。

(1)荷重・外力の種類

建築物に作用する荷重をその向きと継続時間について整理すると図2・2・1のようになる。荷重継続時間によって部材の許容応力度が異なるので（p.35）、荷重継続時間は構造計画上重要な概念であり、長期荷重、短期荷重などに区別している。

・固定荷重

建築物そのものの自重を指す。建物の供用期間中、継続的に作用するため、長期荷重として扱う。建築物を実際に構成する部材の質量を積算するのが原則であるが、一般的な仕様であれば、法令によって仕様ごとに定められた単位面積当たりの荷重を利用して算出しても良い（表2・2・1）。

・積載荷重

建築物の内部に置かれる家具などや内部で活動する人間などの荷重を指す。建物の供用期間中、継続して作用するため、長期荷重として扱う。建物に実際に設置される物品や収容される人数などを想定して積算するのが原則であるが、法令によって室の用途に応じて示された単位面積当たりの荷重を利用して算出してもよい（表2・2・2）。将来用途変更の可能性がある場合や、既存建築物の用途を変更する際は注意を要する。

積載荷重は構造計算対象となる部位によって異なる値が用意されている。これは次のような考え方に基づ

いている。すなわち、局所的な荷重を支持する部位の検討を行う場合は、その荷重が作用する確率が低くとも厳しい条件に備えなければならないが、より広い部位からの荷重を支持する部位の検討を行う場合は、それぞれの局所に同時に厳しい条件が作用する確率は極めて低いと考え、平均化して考えても良いということである。言い換えれば、後述する力の流れのうち、上流にある部位は厳しい条件（大きな荷重）で設計し、下流にある部位はより平均化された条件(小さな荷重)で設計して良いということである。

積雪荷重は、積雪の単位荷重に屋根の水平投影面積およびその地方の垂直積雪深を乗じて算出する。

$$S = \rho \cdot A \cdot d$$

S：積雪荷重（N）
ρ：積雪の単位荷重（N/cm・m^2）
　　※一般地域では20N/cm・m^{2}とする。多雪区域は別に定められていることがある。
D：垂直積雪深
　　※特定行政庁が過去の記録などをもとに定める。屋根形状が急な場合や雪下ろしを行う慣習のある地方では低減することができる。

・風荷重

風荷重は、速度圧に風力係数を乗じて算出した風圧力に、計算する部分の面積を乗じて算出する。風圧力は建築物の部位によって異なるので、風荷重はそれぞれの部位ごとに算出する。

$$P = q \cdot Cf \cdot A$$

P：風荷重（N）
q：速度圧（N/m^2）
Cf：風力係数
　　※建築物の形状や部位によって受ける風圧力の度合いを表したもの（図2・2・2）。
A：計算する部分の面積

速度圧は風速の2乗に比例する。

$$q = 0.6 E V_0^2$$

E：屋根の高さや周辺状況に応じて定められた数値
V_0：その地方における過去の風害や風の性状に応じて定められた風速（m/sec）

・地震力

我が国は地震国であり、古くから地震被害が発生している。

地球内部で岩盤のずれが発生すると、そのエネルギーが地表面まで伝搬して地震動となる。地震波は震源から地表面に到達するまでに地層の境界面で屈折を重ね、地表面に到達する時には地震波の進行方向はおおむね地表面に垂直になる。地震波には粗密波（P波）とせん断波（S波）が含まれるが、一般的にせん断波のほうが大きく、せん断波は進行方向に直交する方向への揺れであるので、地震動は水平方向への揺れが大

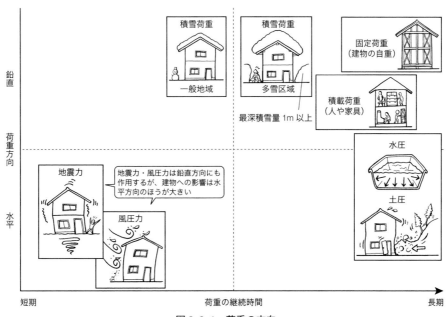

図2・2・1　荷重の方向

表 2・2・1　固定荷重（建築基準法施行令第 84 条）

建築物の部分	種別			単位面積当たり荷重（単位：N/m²）		備考
屋根	瓦葺	葺き土がない場合		屋根面につき	640	下地及び垂木を含み、もやを含まない。
		葺き土がある場合			980	下地及び垂木を含み、もやを含まない。
	波形鉄板葺	もやに直接葺く場合			50	もやを含まない。
	薄鉄板葺				200	下地及び垂木を含み、もやを含まない。
	ガラス屋根				290	鉄製枠を含み、もやを含まない。
	厚形スレート葺				440	下地及び垂木を含み、もやを含まない。
木造のもや	もやの支点間の距離が 2m 以下の場合			屋根面につき	50	
	もやの支点間の距離が 4m 以下の場合				100	
天井	さお縁			天井面につき	100	吊り木、受け木及びその他の下地を含む。
	繊維板張り、打上げ板張り、合板張りまたは金属板張り				150	
	木毛セメント板張り				200	
	格縁				290	
	しっくい塗り				390	
	モルタル塗り				590	
床	木造の床	板張り		床面につき	150	根太を含む。
		畳敷			340	床板及び根太を含む。
		床梁	張り間が 4m 以下の場合		100	
			張り間が 6m 以下の場合		170	
			張り間が 8m 以下の場合		250	
	コンクリート造の床の仕上げ	板張り			200	根太及び大引を含む。
		フロアリングブロック張り			150	仕上げ厚さ 1cm ごとに、そのセンチメートルの数値を乗ずるものとする。
		モルタル塗り、人造石塗り及びタイル張り			200	
		アスファルト防水層			150	厚さ 1cm ごとに、そのセンチメートルの数値を乗ずるものとする。
壁	木造の建築物の壁の軸組			壁面につき	150	柱、間柱及び筋かいを含む。
	木造の建築物の壁の仕上げ	下見板張り、羽目板張りまたは繊維板張り			100	下地を含み、軸組を含まない。
		木ずりしっくい塗り			340	
		鉄網モルタル塗り			640	
	木造の建築物の小舞壁				830	軸組を含む。
	コンクリート造の壁の仕上げ	しっくい塗り			170	仕上げ厚さ 1cm ごとに、そのセンチメートルの数値を乗ずるものとする。
		モルタル塗り及び人造石塗り			200	
		タイル張り			200	

表 2・2・2　積載荷重（単位：N/m²）（建築基準法施行令第 85 条）

	室の種類		床の構造計算をする場合	大ばり、柱または基礎の構造計算をする場合	地震力を計算する場合
(1)	住宅の居室、住宅以外の建築物		1800	1300	600
(2)	事務室		2900	1800	800
(3)	教室		2300	2100	1100
(4)	百貨店または店舗の売場、学校または百貨店の屋上広場、バルコニー		2900	2400	1300
(5)	劇場、映画館、演芸場、観覧場、公会堂、集会場	固定席の場合	2900	2600	1600
		その他の場合、廊下、玄関、階段	3500	3200	2100
(6)	自動車車庫及び自動車通路		5400	3900	2000
(7)	廊下、玄関または階段		(3)から(5)までに掲げる室に連絡するものにあっては、(5)の「その他の場合」の数値による。		
(8)	屋上広場またはバルコニー		(1)の数値による。ただし、学校または百貨店の用途に供する建築物にあっては、(4)の数値による。		

きいことが多い。

地震力は建築物の質量に対する慣性力であるので、日本における耐震設計において、以前は水平震度 0.2 を用いてきた。

$$F = m \cdot a = \frac{W}{g} \times a = \frac{a}{g} \times W = k \cdot W$$

F：地震力

m：建築物の質量

W：建築物の重量

a：加速度

g：重力加速度

k：水平震度

　　※重力加速度に対する地震による加速度の比で、0.2 が用いられてきた。

その後、1981 年に耐震規定に大きな改定（新耐震設計法の導入）があり、水平震度を一律に用いるのではなく、地震の発生リスク、建物の振動に関する特性、上階における地震力の増幅などを考慮するようになった。

$$C_i = Z \cdot R_t \cdot A_i \cdot C_0$$
$$Q_i = C_i \cdot \sum W_i$$

i：計算する階数

C_i：i 階の地震層せん断力係数

Z：地震地域係数

　　※その地方における過去の地震の記録に基づく震害の程度および地震活動の状況その他地震の性状に応じて定められる数値

R_t：振動特性係数

　　※建築物の振動特性と地盤の性状に応じて定められる数値

A_i：地震層せん断力係数の高さ方向の分布を表す係数

C_0：標準層せん断力係数

　　※1 次設計では 0.2 以上、2 次設計（p.38）では 1.0 以上とする

Q_i：i 階の設計用地震力

$\sum W_i$：i 階から最上階までの重量の和

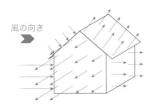

風の向き

図 2・2・2　風力係数の一例（平成 12 年建設省告示第 1454 号）
形状や部位によって受ける風圧が異なる

・水圧・土圧

前述した荷重、外力のほか、地下部分に作用する水圧や土圧など、建築物が実際に受ける外力を想定して安全性を確認しなければならない。

(2)荷重の方向

荷重が作用する向きで分類すると、鉛直方向と水平方向に分類され、鉛直方向に作用する荷重としては建物の自重、積載荷重、積雪荷重などがある。水平方向の荷重には風圧力や地震力などがある。地震力は鉛直方向にも作用するが、建物への影響は水平方向のほうが一般的に大きく、構造設計上は水平力として扱う。

(3)許容応力度と荷重継続時間

建築物の構造的安全性は、応力と変形の確認によって行う。すなわち、荷重・外力が作用した時に建築物の各部に生じる応力が部材の耐力を超えないこと、生じる変形が有害でないことを確認する。各部に生じた応力を単位面積当たりの大きさで表したものを応力度と呼ぶ。これに対して、部材の耐力を単位面積当たりの大きさで表したものを基準強度と呼び、さらに余裕度を考慮したものを許容応力度と呼ぶ。

物質はそれに作用する力の継続時間（荷重継続時間と呼ぶ）に応じて、破壊する力の大きさが異なる。すなわち、荷重継続時間が短いほど破壊荷重は大きく、荷重継続時間が長いほど破壊荷重は小さい。このため、建築に作用する荷重・外力をそれらの荷重継続時間ごとに分類しておくことが必要である（図 2・2・1）。また、許容応力度も長期、短期に分けて考える（木材はさらに中長期、中短期に分けて考える）。長期許容応力度は基準強度の $\frac{1.1}{3} \sim \frac{1}{1.5}$ として定められており、短期許容応力度は長期許容応力度の 1.5 〜 2 倍として定められている。

図 2・2・3 はマジソンカーブと呼ばれるもので、ウッドらにより行われた木材の載荷試験結果から荷重継続期間と強度比（10 分破壊荷重を 100 とした時の破壊荷重比率）の関係をまとめたものである。

荷重・外力のうち、地震力や風圧力はその荷重継続時間が 10 分程度と考え、これを短期荷重と呼ぶ。一方、自重や積載荷重などのように、建物の供用期間中（一般的に 50 年程度と考える）継続して作用する荷重を長期荷重という。積雪は多雪区域の根雪のような、

冬の間積もっているものを中長期（3か月）、短期的な大雪を中短期（3日）と呼ぶ。

応力が繰り返し作用する時はその繰り返し数に応じて破壊荷重が異なることにも注意が必要である。応力と破断までの繰り返し数を表したものをSN曲線（図2・2・4）と呼ぶ[注1]。グラフは右下がりであり、繰り返し数が多くなるほど、より小さな応力で物体は破壊に達することがわかる。しかしながら、一般的にはある一定の応力以下であれば、繰り返し数を無限にしても破壊しない応力が存在し、これを疲労限度と呼ぶ。

(4)荷重の組み合わせ （表2・2・3）

建築物には常時、固定荷重と積載荷重が作用しているほか、地震時には地震力が、暴風時には風荷重が、積雪時には積雪荷重が作用する。地震と暴風が同時に起こる可能性は低いと考え、地震力と風荷重を同時に考慮することはしない。積雪荷重は一般地域では地震力や風荷重とは組み合わせないが、多雪区域では適宜低減して組み合わせる。ただし、暴風時における積雪荷重は建築物にとって有利に働く場合と不利に働く場合があるので、積雪荷重を考慮した場合と考慮しない場合の両方について検討を行う。

2 力の流れ

建築物に作用する荷重・外力は各部位を伝わって最終的には地盤が支えている。たとえば、梁は固定荷重、積載荷重などを支持し、柱による反力で支持されている。柱はさらに下階の柱に支持され、最下階の柱は基礎によって支持される。基礎は最終的に地盤に支持されている（図2・2・5）。この力の伝達メカニズムを「力の流れ」と呼ぶことが多い。力の流れを理解することは、構造計画上極めて重要である。

3 部材と応力

部材には引張力、圧縮力(以上2つを合わせて軸力と呼ぶ)、せん断力、曲げモーメントが作用する。作用する応力度(単位面積あたりに働く力)に対して部材が耐えられる応力度(許容応力度と呼ぶ)が十分に大きいこと、生じる変形が使用上問題ないことを確認するのが構造計算である。このうち、曲げモーメントを考えてみる。作用する力はその部材の縦横比に応じて増幅され、さらに、増幅された応力によって生じた変形は縦横比に応じて増幅される。すなわち、応力的にも変形的にも、曲げという力は部材にとって影響が大きいということができる。曲げに対して十分な安全性を確保するためには、部材の断面を十分に大きくする必要がある。特に、曲げモーメントが生じる時、断面内の応力は一様ではなく、中立軸(伸びも縮みもしない、軸方向応力が0である軸)から離れるほど大きな応力が作用する。したがって、中立軸から離れた位置の断面

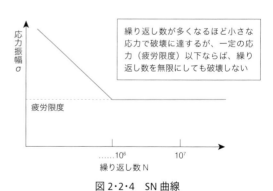

図2・2・4　SN曲線

表2・2・3　荷重の組み合わせ （建築基準法施行令第82条）

力の種類	状態	一般地域	多雪区域
長期に生ずる力	常　時	G＋P	G＋P
	積雪時		G＋P＋0.7S
短期に生ずる力	積雪時	G＋P＋S	G＋P＋S
	暴風時	G＋P＋W	G＋P＋W
			G＋P＋0.35S＋W
	地震時	G＋P＋K	G＋P＋0.35S＋K

G:固定荷重　P:積載荷重　S:積雪荷重　W:風荷重　K:地震力

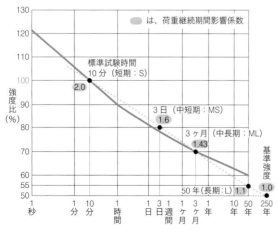

図2・2・3　マジソンカーブ [1]

を大きくするほうが曲げに対して応力や変形を小さくするための効率が良いといえる（図2・2・6）。

4　ラーメン構造と壁式構造

　地震荷重や風荷重などの水平荷重に抵抗する構造形式としては、柱と梁を剛に接合し、柱梁の曲げによって水平力に抵抗するラーメン構造と、筋かいの軸力や耐力壁のせん断によって水平力に抵抗する壁式構造がある。一般的にラーメン構造は剛性（変形しにくさを表す指標）が低く、変形能力が高い。また、壁式構造は変形能力は低いが、剛性が高い。

5　トラス

　三角形は3辺の長さが決まれば形が決まる。この性質を利用して接合部をピン接合として三角形を構成し、これを組み合わせて構成した架構をトラスという。トラスを構成する部材には曲げモーメントが作用せず、軸力のみが作用する。前述のように曲げモーメントは

部材にとって厳しい力であり、軸力のみで応力を処理するトラスは応力的に合理的な構造ということができる。筋かい（p.54）もトラスの一種である。

6　水平構面と接合部の耐力

　地震力は建築物の各部分の質量に対して作用するため、その合力は重心位置に作用する。これに対してラーメンや耐力壁（水平抵抗要素）が抵抗するが、各部に配置された水平抵抗要素がまんべんなく一体的に働くためには、水平構面（床や屋根）の剛性が十分に高くなければならない。また、抵抗要素の配置に偏りがあると剛心（抵抗力の合力作用位置）と重心にずれが生じ、建物全体がねじれるおそれがある。

　接合部の破壊は脆性的であることが多いため、極力避けなければならない。水平抵抗要素が確実に働くことができるように接合部には十分な耐力を持たせ、荷重作用時に破壊しないように留意する必要がある。

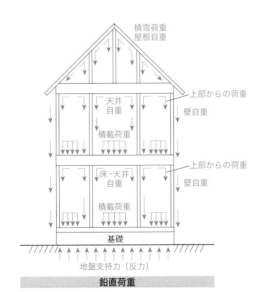
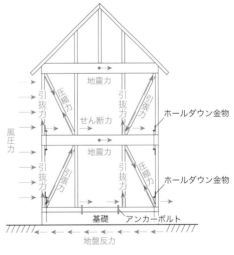

図2・2・5　力の流れ

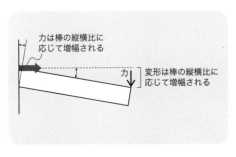
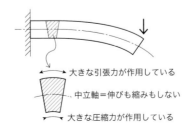
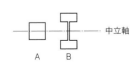

図2・2・6　部材と縦横比の関係、中立軸との関係

7　2次設計

　きわめてまれに起こる極大地震に対して各部を弾性範囲内にとどめるためには、部材を多く用いたり、断面を大きくしたり、強度の高い部材を用いるなどの必要があり、不経済である。そこで、建物の供用期間中に遭遇する可能性の高い中小地震に対しては弾性範囲内にとどめて継続利用可能とし、建物の供用期間中に遭遇する可能性の低い極大地震に対しては部材が塑性域に達しても、人命や財産を守ることができれば良いとする考え方をすることで安全性と経済性を両立することができる。この、中小地震に対して安全性を確認する手続きを1次設計、きわめてまれな極大地震に対して直接的に安全性を確認する[注2]手続きを2次設計と呼ぶ。

8　耐震・免震・制振

　地震に対して安全な建築物とするのに最も原始的な方法は部材を強固につくり、耐震性能を高めることである。きわめてまれな極大地震に対しては一般的に部材は損傷を免れないが、地震に対して建築物が損傷を受けない究極の方法は建築物を浮かせることである。擬似的に建築物を浮かせて（建築物を地面から絶縁して）地震力の入力を防ぐ方法を免震と呼ぶ。建築物を免震化することにより、建築物が損傷を免れるだけでなく、入力地震動が軽減されるため、内部の人や財産を損なう可能性が低くなる。免震構造を実現するため

には、絶縁するための絶縁機能、エネルギーを吸収するための減衰機能、建築物をもとの位置に戻すための復元機能が必要になり、その分建築コストは上昇するが、建築物の規模が大きい場合は免震化にかかるコストの割合は比較的小さくなる。免震は集合住宅、病院、美術館などに用いられている。また、建築物の振動を制御する技術が制振[注3]であり、マスダンパーやオイルダンパーなどの利用によって実現されている（図2・2・7）。

＊注
1　SN曲線のSはStress、すなわち繰り返す負荷を指し、NはNumber of cycles to failure、すなわち破断までの繰り返し数を指す。
2　壁量計算や許容応力度計算では、中小地震時を想定した検定時に安全率を充分にとることで、大地震時の安全性を間接的に検証している。
3　表記は「制振」「制震」ともに使われることがあり、本書では執筆者により使い分けられている。

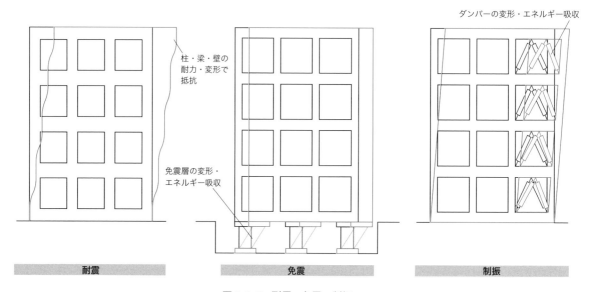

ダンパーの変形・エネルギー吸収

柱・梁・壁の耐力・変形で抵抗

免震層の変形・エネルギー吸収

耐震　　　免震　　　制振

図2・2・7　耐震、免震、制振

2・3 さまざまな架構形式

意匠、プランニング、コストなどの要求条件を実現するために最適な主体構造方式を選択するためには、さまざまな種類の架構、すなわち架構のボキャブラリの特徴を習得している必要がある。各々の架構を構成する部材が、線材か、面材か、あるいはその両者の組み合わせか、また構造部材への応力は圧縮・引張の軸方向力か、せん断力か、曲げ応力か、それらの複合か、といったことを理解した上で、設計する建物の意匠上のモジュールやスパンの要求などを考慮し、構造や材料の特性を踏まえて、主体構造方式が決定される。

(1)梁と柱

梁は、建物の水平方向に架けられる線材で、主として曲げ応力を負担する部材である。柱は、建物の鉛直方向に用いられて、主として圧縮力と曲げ応力を負担する。柱に両端を支えられている梁を大梁、大梁を両端の支点とする梁を小梁と呼ぶ。

たとえば、梁に上から鉛直方向の外力が働くと、梁は下に凸の変形をする(図2・3・1)。その時、梁内部には、中心からみて上部は圧縮応力、下部は引張応力が作用しており、各々の応力は縁部ほど大きくなる。中心部には、どちらの応力も働かないが、これを中立軸と呼ぶ。

(2)トラス

トラスは、すべての接合部がピンであり、線状の部材が三角形を構成する構造方式である。結果として、部材に働く応力は軸方向力(圧縮力と引張力)のみであるため(図2・3・2)、部材を細くすることができる。大スパンを実現しやすいため、橋などの構造物に用いられる(図2・3・2写真)。建築の骨組みとしては、筋かいや洋風小屋組などで用いられている。

パルテノン(紀元前438年、ギリシャ)

ハイブリッジ(1932年、オーストラリア)

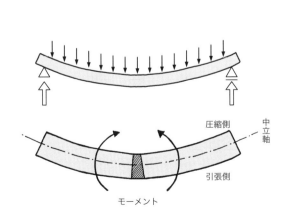

図2・3・1 梁と柱

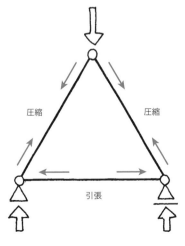

図2・3・2 トラス

(3) ラーメン構造

ラーメンとは、ドイツ語で「額縁」という意味である。多くの場合、線状部材を長方形に組み合わせて、接合部を剛接合とした、不静定構造方式で、接合部に高い強度が必要である。したがって、外力が加わっても接合部は原則として角度が変わらないので（図2・3・3）、部材には、主として曲げ応力が作用することになる。鉄筋コンクリート造、鉄骨造、鉄骨鉄筋コンクリート造の建物の大半は、ラーメン構造が採用されている。ラーメン構造が建築物に対して一般的に用いられるようになったのは、19世紀後半以降のことであり、これは、第1次産業革命による鉄の大量生産を背景とした、上記の主体構造材料の普及と密接に関連している。

(4) 壁式構造

レンガ造、石造などの組積造や、鉄筋コンクリートの壁構造、木を用いたログハウス（丸太組構法）などが、代表的な壁式構造の例である（図2・3・4）。内部応

シカゴ高層ビル群（20世紀後半、アメリカ合衆国）

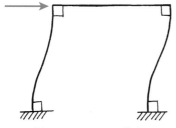

図2・3・3　ラーメン構造

力は複雑である。一定間隔で壁が必要となるため、壁の配置と空間機能の整合性、開口部の制限など計画面で種々の制約が生じる。

(5) アーチ／ヴォールト

アーチは、レンガや石などのブロック形状の部材を用いて、徐々にずらし（迫り出し）ながら組積し、中央部が上に凸形となる曲線・曲面を構成する構造方式である。部材の内部応力は、圧縮力である。古代エジプト時代からすでに利用されており、古代ローマ時代には技術的に確立していたが、ゴシック時代に飛躍的な理論と実践の進歩があり、組積造の建物に開口部を

アンコールワット（12世紀、カンボジア、組積造）

スロバキアの民家（ログハウス）

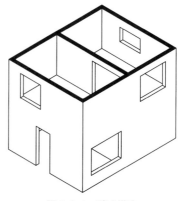

図2・3・4　壁式構造

大きくとることができるようになった。アーチは、外側へ足を開く方向への推力（スラスト）により崩壊が起こる性質を有しているので、外側からアーチを押す「バットレス（控え壁）」や、内側から崩壊方向とは逆にアーチを引っ張る「タイ」（引張材）などの補助的な構造物を用いることがある。アーチに一方向の奥行きを与えた空間・構造方式をヴォールトと呼ぶ（図2・3・5）。

(6)ドーム

ドームは、アーチの頂点を中心に水平回転させた半球形状の構造形式である。構造的弱点は、アーチとほ

ぼ同様である。内部空間に、高さがある荘厳な中心性を有する意匠を実現することから、宗教建築に多く用いられてきた。四角形の部屋の上部にドームを設置する「スクィンチ（入隅迫持）」が、ドームの荷重を足元の4隅の柱に集中させる「ペンデンティブ（穹隅）」形式に進化して、開口部を足元に取れるようになり、アヤソフィア（トルコ）を始めとする多くの宗教建築で採用された（図2・3・6）。

(7)シェル

貝殻や鳥の卵などと構造原理が一致していることに

通潤橋（熊本県）1)

国際芸術センター青森、四季のアーケード（2001年、青森県）

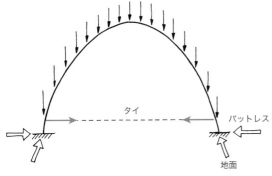

図2・3・5　アーチ／ヴォールト

サンピエトロ大聖堂クーポラ（1593年、バチカン帝国）

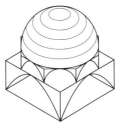

スクィンチ

ペンデンティブ

図2・3・6　ドーム

ソチミルコのレストラン（1957年、メキシコ）
図2・3・7　シェル

由来するシェル（貝殻）構造は、比較的薄い構造板を用いて、外力を圧縮応力へ転換することで、広い無柱空間を実現することができる（図2・3・7）。折板、曲面、球面、双曲放物面（HPシェル）などの種類を有する。

(8)立体トラス（スペースフレーム）

　トラスを立体的に組み合わせて、平面、曲面など、多様な形態を実現する構造方式である。部材に軸方向力だけが作用するのは、トラス構造と同様である。接合部には、線状部材をつなぐための接合部材が設計・制作される（図2・3・8）。

椙山女学園大学オブジェ（1995年、愛知県）

図2・3・8　立体トラスの接合部材

(9)ケーブル構造

　ロープなどの引張力に強い部材を主として利用し、圧縮力を負担する柱などと組み合わせて構成する（図2・3・9）。ロープなどの自重と、たとえば通路などを構成するロープにぶら下がった部材による荷重が、ロープの引張力に転換される。大スパンの実現が可能であることから、橋や大規模な集会施設などに用いられる。

(10)膜構造、空気膜構造

　代表的な膜構造は、古くから用いられているテント構造である。非常に軽くて薄い面状の部材を引っ張って、空間を構成する。近年は、内部空間の気圧を外部より高くして膜を膨らませる方式や膨らませた部材を屋根や壁に用いる方式などの空気膜構造もある（図2・3・10）。

ブルックリン橋（1883年、アメリカ合衆国）

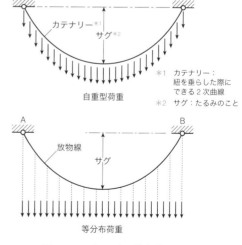

＊1　カテナリー：
　　紐を垂らした際にできる2次曲線
＊2　サグ：たるみのこと

図2・3・9　ケーブル構造 [2]

(11) タワー（塔）

　より背が高い建物を建設することは、古代から人類の夢であり続けた。各時代と各地域において、通常の建築物に比較して飛び抜けて高層の建築物は、タワーと呼ばれる。多くの場合、繁栄、権力や富、権威の象徴として建設された。結果として、地域のバナキュラーな素材を用いて、各時代の「最先端」の技術を注ぎ込む建築物であり続けた。第1次産業革命以降は、工業化技術の成果である「鉄」などの新素材や、「クレーン」などの道具が現代のタワー型建造物を可能としたのである（図2・3・11）。

(12) さまざまな架構形式のバリエーション

　さまざまな架構形式を建築物に適用したバリエーションの例を、図2・3・12（次頁）に示す。

マーチャーシュ聖堂（13世紀、ハンガリー／ブダペスト）

エッフェル・タワー（1889年、フランス／パリ）

ミュンヘン・オリンピック・スタジアム（1972年、ドイツ）

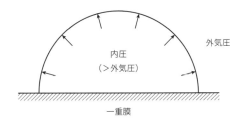

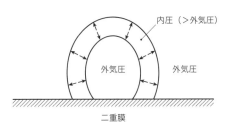

トランプ・タワー（2009年、アメリカ合衆国／シカゴ）
図2・3・11　タワー

図2・3・10　膜構造

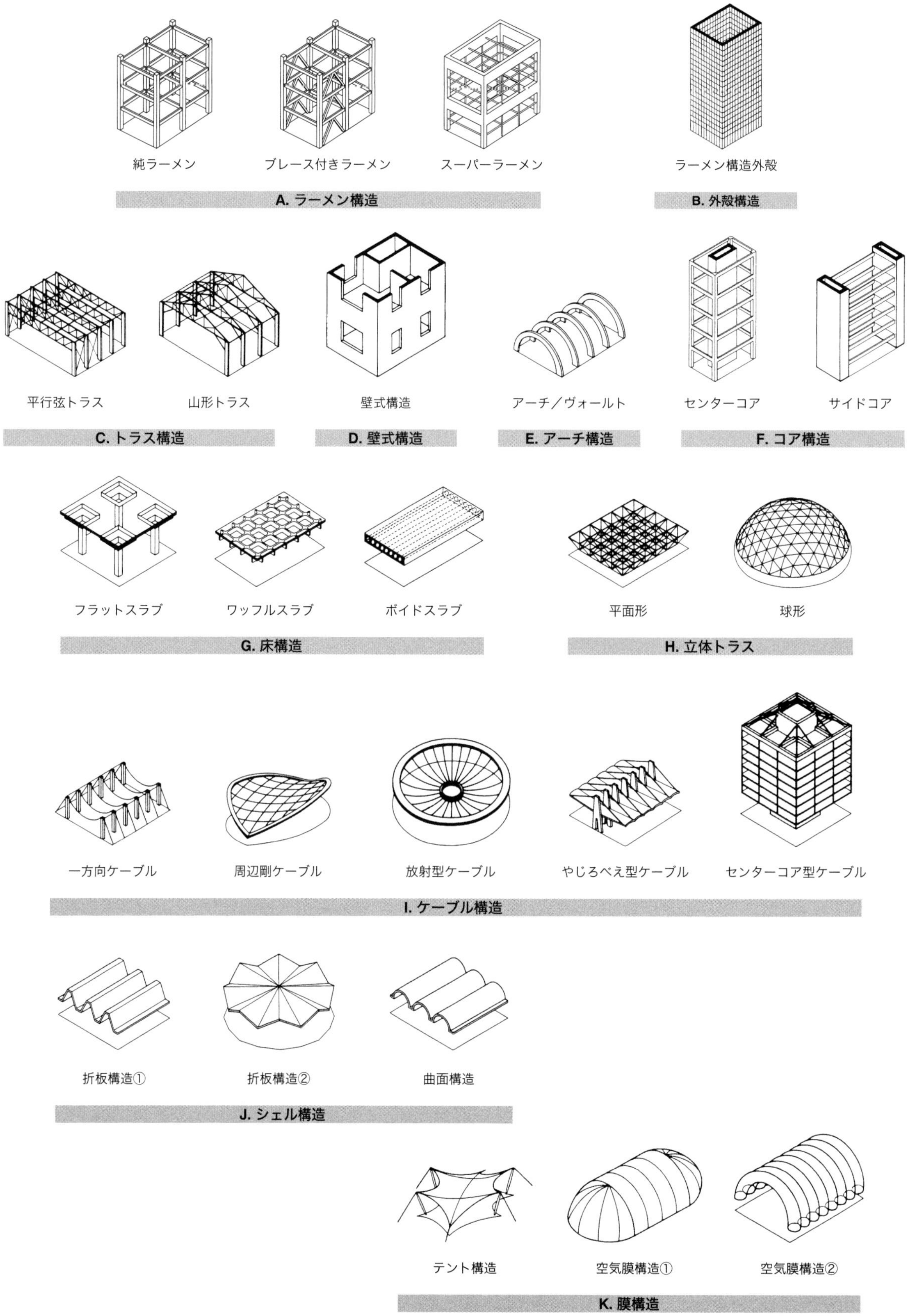

純ラーメン　　　ブレース付きラーメン　　スーパーラーメン

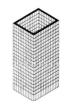

ラーメン構造外殻

A. ラーメン構造　　　　　　　　　　　　　　**B. 外殻構造**

平行弦トラス　　　　　山形トラス

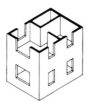

壁式構造

アーチ／ヴォールト

センターコア　　　サイドコア

C. トラス構造　　　　**D. 壁式構造**　　　**E. アーチ構造**　　　**F. コア構造**

フラットスラブ　　　ワッフルスラブ　　　ボイドスラブ

平面形　　　　　　　球形

G. 床構造　　　　　　　　　　　　　　　　**H. 立体トラス**

    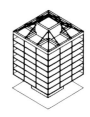

一方向ケーブル　　　周辺剛ケーブル　　　放射型ケーブル　　　やじろべえ型ケーブル　　センターコア型ケーブル

I. ケーブル構造

折板構造①　　　　　折板構造②　　　　　曲面構造

J. シェル構造

テント構造　　　　　空気膜構造①　　　　空気膜構造②

K. 膜構造

図 2・3・12　さまざまな架構形式 [3)]

2・4 素材による構造分類

2・3 節で見たように、建築物の構造形式にはラーメン構造、壁式構造をはじめとしてさまざまなものがある。ここでは 2・5 節以降で説明する木造、鉄骨造、鉄筋コンクリート造等の素材ごとに、構造形式を概説する。

(1)木質構造（2・5 節）

木材を利用した建築は古代より存在するが、森林資源の量や種類、建築地の気候風土、加工技術等により、構築方法はいくつかの形態が存在する。

・丸太組構法

丸太組構法は森林資源の比較的豊かな地域に見られる構法である。井楼組と呼ぶこともある。木材による組積造であり、木材の加工度は低い。鉛直力に対しては木材の材軸直交方向に全面圧縮（部材全面にわたる圧縮力）を受ける。木材の材軸直交方向の耐力は材軸方向に比べ、著しく低いが、応力伝達面積が広いため、問題にならない。水平力に対しては材同士の摩擦力、材同士をつなぐボルトやダボのせん断力等で抵抗する。

・軸組構法

曲げに対する抵抗力があるという木材の特徴を活かして梁組を構成し、鉛直方向の力の伝達は柱を用いることで壁の開口度を上げた構法である。木材は材軸方向には強度が高いので、力学的に合理的な骨組といえる。木材は天然材料由来の軸材料であり、接合部を剛にすることが難しいため、柱梁接合部はピン接合として水平力には壁や筋かいで抵抗する。継手や仕口に比較的高度な加工を要する。

・枠組壁工法[注1]

ツーバイフォー構法とも呼ばれる。2 インチ× 4 インチ断面の製材と合板を多用して壁を構成し、鉛直力、水平力に対しては壁で抵抗する。

・ラーメン構造

集成材の発明により、木造でも大断面材料や湾曲材の使用が可能となった。湾曲材の使用により、3 ヒンジラーメン（図 2・4・1）の実現が可能となり、体育館や工場などの大空間に使用されている。さらに、金物やボルト、接着剤を利用することにより、木造でも剛に近い接合が可能となり、木質ラーメン構造が実現した。住宅や中規模建築などに使用されている。

・マッシブホルツ構法

ドイツ語で「マッシブ」とは大きい、重厚感があることを指し、「ホルツ」とは木材のことを指す。CLT（p.52 参照）などのように木材を大量に使用した「かたまり」のような建材を床や壁に使用した構法である。2000 年代から増え始めている比較的新しい構法で、構造形式としては壁式構造とするのが一般的である。

(2)鉄骨造（2・6 節）

・ラーメン構造

鉄（鋼）は木材、コンクリートに比べると粘り強い材料であり、部材の曲げによって水平力に抵抗するラーメン構造に適している。剛性は壁式構造に比べて一般的に低いが、高い変形能力と高いエネルギー吸収能力を有する。鉄（鋼）は溶接によって母材と同等の耐力を有した接合が可能である。この特徴を活かし、あらかじめ工場で溶接によって型鋼から柱梁接合部をつくっておき、現場ではこれらを応力の小さな部分で接合することにより、ラーメン構造を実現する。

・ブレース構造

鉄（鋼）は木材やコンクリートに比べ、単位面積当たりの材料強度が大きいため、小さな断面で設計することができる。前述のように、一般的に曲げという力は応力と変形の増幅があるため部材にとっては厳しい力であるが、骨組をトラスで構成することにより部材には主に軸力のみが働き、断面を小さくすることに寄与する。水平力に対してはブレースに引張力を負担させることで抵抗する。中小規模の鉄骨造に多くみられる。

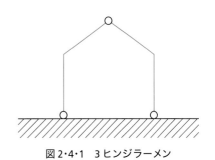

図 2・4・1　3 ヒンジラーメン

(3)鉄筋コンクリート造（2・7節）

・ラーメン構造

鉄筋コンクリートは現場で配筋、型枠、コンクリート打設を行うため、適切に管理すれば「部材」という概念がなく、一体化した構造体を構成することが可能であり、その意味では最もラーメン構造に適した構造といえる。ただし、ラーメン構造は曲げによって抵抗する構法であり、部材には場所によって引張力が作用するため、引張力を負担する鉄筋の設計が重要となる。また、ラーメン構造には柱梁の靱性が必要であり、せん断破壊を防止し、引張側に配置された鉄筋で降伏させるための適切な設計が必要である。

・壁式構造

鉄筋コンクリートによる壁式構造は比較的小規模の建築物に見られる。地震力に対しては変形しながらエネルギーを吸収するのではなく、強度を高くすることで抵抗する。ラーメン構造と異なり柱型や梁型がないので、内部を使用するにあたって都合が良いことが多い。

(4)石造、れんが造（2・10節）

・壁式構造

石材やれんがは世界的に古くから用いられている材料であり、組積造として利用される。水平力に対しては自重による摩擦力、目地材のせん断力、素材のせん断力等によって抵抗するが、変形能力が乏しく、一般的に耐震性は低い。

(5)複合構造（2・11節）

鉄筋コンクリート造の耐震性をさらに高め、また、鉄骨造の耐火性を高めたともいえる構造が鉄骨鉄筋コンクリート造であり、日本で独自に発達した構法である。構造形式としてはラーメン構造とするのが一般的である。鉄骨鉄筋コンクリート造は鉄骨をコンクリートで被覆したものであるが、鋼管にコンクリートを充填したものをコンクリート充填鋼管柱構造（CFT；Concrete Filled Steel Tube）と呼ぶ。鋼管にコンクリートを充填することでコンクリートの圧縮抵抗力を向上させ、鋼管の局部座屈を防止できるというメリットがある。

＊注
1　枠組壁構法と表記する場合もあるが、我が国では枠組壁工法という呼称が定着しているため、本書ではこの呼称を採用している。

2・5 木造

1　木材の材料特性

(1)樹木のなりたち

木材の主要成分はセルロース、ヘミセルロース、リグニンであり、これら3成分が木材の90％以上を占めている。

・セルロース：$(C_6H_{10}O_5)_n$

いわば木材の骨格とも言える成分であり、重量の約50％を占める。セルロースはグルコース（ブドウ糖）が多数結合した高分子で、木材の繊維（厳密に言えば、木材の細胞壁を構成する繊維であるミクロフィブリル）を構成している。

・ヘミセルロース：$(C_5H_8O_4)_n$、$(C_6H_{12}O_6)_n$ など

セルロースとともに木材の繊維を構成する成分で、「セルロース以外の糖」を指す。木材の重量の約20〜30％を占める。

・リグニン

セルロース、ヘミセルロースからなる木材の繊維を強固に結びつけるとともに、細胞壁どうしも固定化す

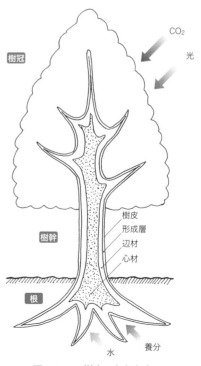

図2・5・1　樹木のなりたち

る、いわば接着剤のような役割を果たしている。木材の重量の約20〜30%を占める。

　それぞれの成分の化学式が示すように、木材はそのほとんどが炭素（C）、酸素（O）、水素（H）で構成されている。植物の光合成と同様、樹木は空気中の二酸化炭素（CO_2）と土中の水分（H_2O）を太陽からの光エネルギーを利用して、その組織をつくっている。

　建築では樹木の樹幹を製材して利用している。樹幹は外側から樹皮、形成層、辺材、心材で構成される（図2・5・1）。このうち、細胞として生命活動を行っているのは形成層のみである（辺材も、形成層から変化してから少しの間は生きている）。辺材部と心材部は細胞壁が残ったものである。これらは樹幹を支えるための骨格となると同時に、針葉樹では仮導管として水の通り道となる。形成層は細胞数層分からなる層で、これが内側と外側に細胞分裂することにより樹木は肥大成長する（外側に分裂した分はやがて樹皮になり、剥がれ落ちるので、外側には肥大成長しない）。春〜夏には活発に細胞分裂する一方、秋には不活発になり、冬になると細胞分裂しなくなる。この細胞分裂の多寡によって年輪が形成される。辺材にはやがて防虫成分などが蓄えられ、心材化する。心材は一般的に高い耐朽性を有する。

(2)含水率 （図2・5・2）

　材の全乾質量に対するその木材が含む水分質量の比を含水率と呼ぶ。水分は木材成分との結合の仕方によってそれぞれ結合水、自由水と呼ばれる状態で存在する。含水率が低い領域では水分は木材成分と化学的に結合し、木材の機械的性質や膨潤収縮に影響を及ぼす。この状態を結合水と呼ぶ。さらに水分が供給されると木材成分はそれ以上水分と化学的に結合されない状態に達する。この状態を繊維飽和点と呼ぶ。さらに水分が供給されると水分は細胞間や細胞内に自由水として存在するようになる。これらの水分は木材の性質にはほとんど影響しないが、腐朽菌やシロアリが水分を利用することができるため、自由水が存在すると腐朽や蟻害のリスクが高くなる。

(3)直交異方性 （図2・5・3）

　2・1節でも示した通り、木材はストローを集成したような構成をしているため、繊維方向の力には強く、繊維直交方向の力には弱い。このように方向によって強度などが異なる性質を直交異方性と呼ぶ。一方、方向によらず一定の性質を示すことを等方性と呼ぶ。木材は強度のほか、吸放湿による膨潤収縮に対しても直交異方性を示す。

　強度については、繊維方向（L方向）に対して最も強く、次いで半径方向（R方向）、接線方向（T方向）が最も弱い。吸放湿にともなう膨潤収縮については、接線方向が最も大きく、次いで半径方向、繊維方向が最も変化しにくい。これらの膨潤収縮によって木材は反ったりねじれたりするため、注意を要する。このため板目板は木表側に反りやすく、また、心持ち材は放射状に干割れを生じやすい。干割れが思わぬ方向に生じることを防ぐため、背割りが行われることがある。

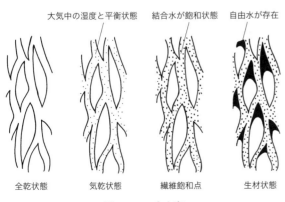

全乾状態　　　気乾状態　　　繊維飽和点　　　生材状態

大気中の湿度と平衡状態　　結合水が飽和状態　　自由水が存在

図2・5・2　含水率

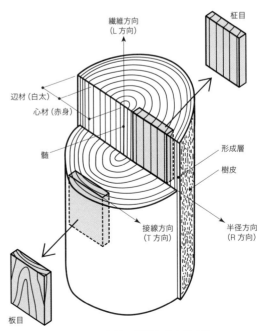

図2・5・3　木材の組織と直交異方性

背割りとは、円周方向（T方向）への歪みを背割り部分に集中させて他の部分の干割れを防ぐ方法で、真壁柱などでは背割り面を壁体内に納めてしまえば、表し面の割れを抑えることができる（図2・5・4）。

（4）板目、柾目

板材を切り出した時、髄に近い側の木材は木取りの仕方によって表面に板目か柾目が現れる（図2・5・5）。髄を含む面で板材を取り出すと表面にはほぼ平行な美しい木目が現れる。これを柾目という。一方、髄を含まない面で取り出すと、板材には湾曲した線が現れる。これを板目という。柾目材は板目材に比べて反りにくく、板目材は乾燥すると木表側に凹になるように反りやすい（図2・5・6）。

（5）機械的性質

一般的な木材の繊維方向の応力度－ひずみ度曲線を示す（図2・5・7）。ひずみ度が小さな領域では線形性を示す（応力度とひずみ度は比例関係を示す）が、一定の応力度（降伏点）を超えると線形性を示さなくなり、さらに応力度が増加すると脆性的に破断する。一方、同じ木材でも繊維直交方向の力に対しては大きな変形性能を有する。すなわち、繊維直交方向の力に対してはストロー状の細胞が押しつぶされる「めり込み」という現象がみられる。ただし、いったんめり込んだ木材は回復しにくいため、繰り返し変形によるエネルギー吸収注1［→p.68］は期待できない。

木材は天然材料であるため、強度にはばらつきがある（表2・5・1）。ばらつきのある材料を区分せずに使用すると、設計強度は弱いものに合わせなければならないので不合理である。そこで、日本農林規格では目視によって欠点を確認して区分したり、機械によって弾性係数を直接的に測定して区分したりすることとしている。設計に使用する許容応力度は、長期は基準強度の$\frac{1.1}{3}$、短期は$\frac{2}{3}$の値とする。

図2・5・4　背割り

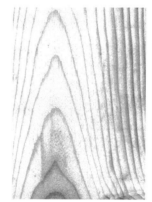

図2・5・5　板目（左）と柾目（右）

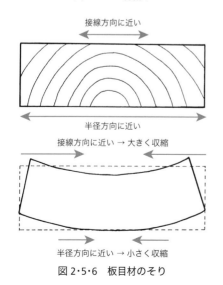

図2・5・6　板目材のそり

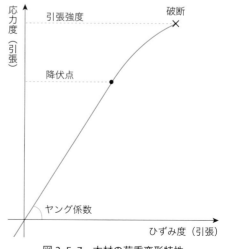

図2・5・7　木材の荷重変形特性

(6) 欠点

樹木の枝は木材に節として現れ、これは木材強度上欠点となる。特に周囲の組織と一体化していないものを死節と呼び、大きな欠点となる。節、腐れ、繊維の傾斜、丸身（製材後に丸太の時の外周部の曲線が残ってしまった材）（図2・5・8）は木材の強度に影響を与えるため、構造耐力上主要な部分には使用してはならない。

(7) 耐火性

木材は可燃性材料であるが、一方でストロー上の繊維の空隙により熱伝導率は低いため、内部まで一度に燃えてしまうことはない。また、表面は炭化して燃焼の進行を抑制し、外部が炭化しても内部は構造的に健全である。この性質を利用して、構造耐力上必要な断面の外側に「燃えしろ」と呼ばれる厚みを確保しておけば、一定時間の火災に耐えることができる。この考え方を「燃えしろ設計」と呼び、1987年に大規模木造建築物の柱、梁を対象として位置づけられ、1993年に準耐火構造、2004年には構造用製材、構造用単板積層材（LVL）が対象として追加された。表2・5・2にはそれぞれ対象となる建築物の区分ごとに必要とされる燃えしろ寸法を記載した。集成材やLVLに比べて製材のほうが大きいのは、製材のほうが燃えやすいわけではなく、集成材やLVLに比べて欠点がある可能性が高いため、安全率を大きめにとっていることによる。

(8) 防火性上の措置

我が国では木造の火災被害に悩まされてきた。木材の防耐火措置は重要であり、従来は石膏ボードやモルタル等による被覆による対策が一般的であったが、他の材料を複合させて燃え止まりを実現するなど、新しい部材が開発されてきている（図2・5・9）。

(9) 耐久性

木材の劣化現象は物理劣化と生物劣化に分けられる。物理劣化は紫外線劣化、熱劣化、風化、凍結融解などを指し、大きな問題になることは少ない。生物劣化は腐朽、シロアリによる食害、虫害などを指し、特に腐朽やシロアリ食害は木造建築物に大きな被害をもたらすことが多い。

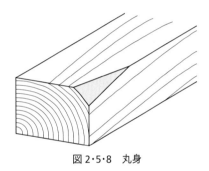

図2・5・8　丸身

表2・5・1　木材の基準強度 (平成12年建設省告示第1452号)

| 樹種 | 区分 | 等級 | 基準強度 | | | せん断 (Fs) |
			圧縮 (Fc)	引張 (Ft)	曲げ (Fb)	
ベイマツ	甲種構造材	1級	27.0	20.4	34.2	2.4
		2級	18.0	13.8	22.8	
		3級	13.8	10.8	17.4	
	乙種構造材	1級	27.0	16.2	27.0	
		2級	18.0	10.8	18.0	
		3級	13.8	8.4	13.8	
ヒノキ	甲種構造材	1級	30.6	22.8	38.4	2.1
		2級	27.0	20.4	34.2	
		3級	23.4	17.4	28.8	
	乙種構造材	1級	30.6	18.6	30.6	
		2級	27.0	16.2	27.0	
		3級	23.4	13.8	23.4	
スギ	甲種構造材	1級	21.6	16.2	27.0	1.8
		2級	20.4	15.6	25.8	
		3級	18.0	13.8	22.2	
	乙種構造材	1級	21.6	13.2	21.6	
		2級	20.4	12.6	20.4	
		3級	18.0	10.8	18.0	

表2・5・2　燃えしろ設計の寸法

	集成材・LVL	製材
大規模木造建築物 （法21条、令第129条の2の3、昭62建告第1901号、1902号）	25mm	30mm
準耐火構造 （平12建告第1358号）	35mm	45mm
1時間準耐火構造 （平12建告第1380号）	45mm	60mm

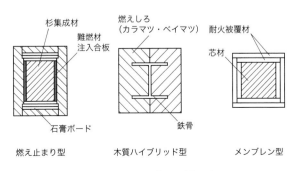

図2・5・9　防火性上の措置[1]

生物劣化は腐朽菌やシロアリの生育しやすい環境下で起こる。これらの生育条件は栄養、適度な温度、酸素、水分の4つであり、このうち、水分をコントロールすることが最も現実的である。したがって、木造建築物における劣化対策の基本は、水分を躯体内に呼び込まず、仮に入ったとしてもすぐに排出できるようにしたり、乾燥した外気を躯体内に導入するための通気層を確保したりするなどの建築的な工夫を行うことである。その上で、耐朽性の高い樹種を用いる（表2・5・3）、防腐防蟻薬剤を使用するなどの対策が考えられる。

特に取り換えの難しい下地材料や構造材料の劣化対策には十分な配慮が必要であり、多重の防水措置を取ることが重要である。

木造建物の耐久性を高めるためには、水分の浸入リスクのある個所には通気層を確保し、万が一水分が浸入してもただちに乾燥させる仕組みを確保することが重要である。近年では液体としての水分は通さず、水蒸気は透過する透湿防水シートなどの材料も登場し、これらの材料を用いて通気層を効果的に設けることが重要である。モルタル塗り外壁下地の裏側や、外壁と躯体の中間などに通気層を設けることが多い。通気層の確保は施工時にも配慮が必要であり、胴縁の配置などに留意する。また、軒裏、パラペット周りの通気口の確保にも配慮が必要である。

・外装材における木材の滞留防止措置

外壁や窓周りに木材を使用する場合は、当該部位に水分が滞留しないように部材に傾斜や水切りを設けたり、中間水切りを設けたりすると良い。また、意図せぬ干割れなどによって水分が滞留することを防止するため、背割り位置に配慮することも重要である。

2　さまざまな木質材料

(1)製材

丸太から所定の寸法に切り出した材料を製材と呼ぶ。丸太から切り出すことを木取りと呼び、髄を含む材を特に心持ち材、髄を含まない材を心去り材と呼ぶ。心持ち材は干割れしやすいため、前述のように背割りを設けて意図せぬ割れを防ぐなどの注意が必要である。

表2・5・3　木材の耐朽性区分[2]

耐朽性		樹種
極大	日本	ニセアカシア、ヤマグワ
	海外	イペ、ウリン、コクタン、シタン、チーク、ユーカリ、リグナムバイタ、レッドウッド、ローズウッド
大	日本	アスナロ、クリ、ケヤキ、コウヤマキ、ネズコ、ヒノキ、ヒバ
	海外	インセンスシダー、タガヤサン、ニオイヒバ、ベイスギ、ベイヒ、ベイヒバ、ベニヒ、マホガニー
中	日本	アカガシ、イチイ、イヌエンジュ、イヌマキ、カツラ、カヤ、カラマツ、キハダ、キリ、クスノキ、クヌギ、コナラ、シイノキ、シオジ、シラカシ、スギ、スダジイ、タブノキ、ツゲ、トガサワラ、トネリコ、ホオノキ、ミズナラ、ヤマザクラ、ヤチダモ
	海外	アピトン、スラッシュマツ、ダイオウショウ、ダフリカカラマツ、テーダマツ、ヒッコリー、ベイマツ、ホワイトオーク、レッドメランチ、レッドラワン
小	日本	アカシデ、アカマツ、イタヤカエデ、イチョウ、ウラジロモミ、オニグルミ、カキ、クロマツ、コジイ、コメツガ、シラベ、ツガ、トチノキ、トドマツ、ハリギリ、ハルニレ、ヒメコマツ、ヒメシャラ、ミズメ、モミ
	海外	アガチス、カナダツガ、ストローブマツ、ベイツガ、ベイトウヒ、ベイモミ、ホワイトラワン、ポンデローサマツ、レッドオーク、レッドメープル
極小	日本	イヌブナ、エゾマツ、オオバボダイジュ、オオバヤナギ、サワグルミ、シナノキ、シラカンバ、トウヒ、ドロノキ、バッコヤナギ、ブナ、ミズキ、ヤマナラシ、ヤマハンノキ
	海外	アスペン、コットンウッド、ゴムノキ、スプルース、バルサ、ラジアータマツ、ラミン

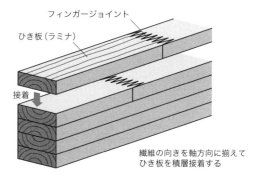

図2・5・10　集成材

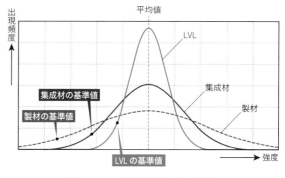

図2・5・11　強度ばらつきの概念

(2)集成材

ひき板（ラミナ、30mm厚程度の板材）を繊維を平行にして積層接着したものを集成材（Glulam）と呼ぶ（図2・5・10）。積層接着するだけでなく、ラミナはフィンガージョイント等によって縦継ぎして長尺材をつくることもできるし、幅方向に接着(幅はぎと呼ぶ)することで幅広材をつくることもできる。また、湾曲させながら接着することで、湾曲材をつくることもできる。

木材は天然材料であるので強度のばらつきや欠点があるが、ラミナにすることで欠点を取り除くことができ、さらに、強いラミナと弱いラミナを混ぜて再構成することでばらつきを抑えることが可能である。このようにいったんエレメントにして再構成した材料をエンジニアド・ウッドと呼ぶ。一般的に、集成材や後述するLVLなどのような再構成材はエレメントが小さいほどばらつきが小さくなる。設計用の基準値は弱いものに合わせて設定するが、平均値が同じでもばらつきが小さければ基準値を高く取ることが可能であり、合理的である（図2・5・11）。

さらに、木材は干割れを防ぐためにあらかじめ乾燥させておくことが肝要であるが、ラミナとすることでより確実かつ安価に乾燥させることができる。

集成材は1930年代にカゼインを接着剤としたものがアメリカで利用されたのが始まりで、我が国では1950年代にユリア樹脂を接着剤としたものが利用されたのが始まりである。

近年ではより高いヤング係数が要求される外層にベイマツを、曲げを受けた時に応力の小さな内側の層にスギを利用したハイブリッド集成材も製造されている。

(3)合板

丸太をかつら剥きしたものを単板（veneer；ベニア）と呼び、これを直交積層接着したものを合板と呼ぶ（図2・5・12）。単板の幅方向はT方向にあたるため、割裂しやすく膨潤収縮しやすいが、直交層がこれを押さえることで、割裂しにくく寸法安定性が高くなる。また、異方性の度合いが小さいため、壁や床などへの利用に適している。

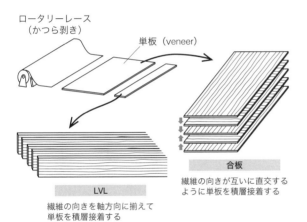

図2・5・12　合板とLVL

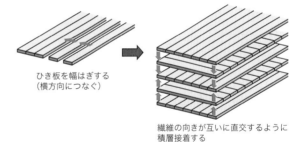

図2・5・13　CLT

CLTによる戸建て住宅

CLTによる大型ショッピングセンター

CLTによる中層集合住宅

図2・5・14　CLTによる建築の例

ロータリーレースによって製造された単板を使った合板は19世紀中頃に発明され、我が国では20世紀初頭に製造が始まった。

(4) LVL

単板を繊維方向を揃えて接着したものをLVL（単板積層材、Laminated Veneer Lumber）と呼ぶ（図2・5・12）。繊維方向を揃えた軸材という点は集成材と同じだが、エレメントがラミナに比べてさらに小さいため、ばらつきが小さく信頼性が高い。

(5) CLT

ひき板を幅はぎし、これを直交積層接着することで大きな面材にしたものをCLT（直交集成板、Cross Laminated Timber）と呼ぶ（図2・5・13）。

CLTは1980年代にスイスで開発され、2000年前後からオーストリアを中心に工業化された。その後ヨーロッパを中心にオフィスビルや集合住宅などの中層建築、ショッピングセンターなどの大規模建築に利用されている（図2・5・14）。我が国では2013年に日本農林規格（JAS）に明示され、製造、利用ともに進んでいる。

3　木造建築物の構法の分類

(1)主体構法の全体像

木造の主体構法も大きく柱梁構造と壁式構造に分けられる。柱梁構造には筋かいを必要とする軸組構造とエンジニアウッドや金物を多用したラーメン構造が含まれる。壁式構造には枠組壁工法と丸太などを利用した丸太組構法が含まれるが、近年はCLTなど新しい壁式構造の開発も盛んである。

(2)木造軸組構法（在来木造構法）（図2・5・15）

木造軸組構法は我が国の伝統的な木造構法が一般化したものであり、工業化構法との対比の意味も込めて「在り来たり」の構法として在来木造構法とも呼ばれる。軸組とは柱・梁などの細長い部材を組み上げた構造を意味する。接合部は原則としてピン接合であり、筋かいを用いて変形を抑えることで構造として成立する。接合部には材と材をつないで延長する継手と角度を持って接続する仕口があるが、いずれも材を切り欠いて組み合わせる形式で、金物等で補強する。在来木造構法は時代の要請に応じて柔軟に変化する点に大きな特

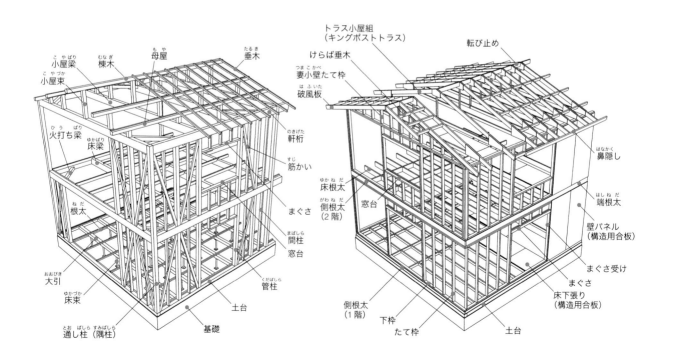

図2・5・15　木造軸組構法　　　　　　　図2・5・16　枠組壁工法

徴がある。耐力壁や接合金物の発展や、プレカットなどによる加工技術の合理化によって、現代的な耐震性や施工性への要求に応えており、現在も主要な木造構法として戸建て住宅を中心に多く採用されている。

(3) 伝統的木造構法

　伝統的木造構法も軸組構造を持つが、在来木造構法とは異なり筋かいは用いられない。軸組の柱と柱の間には水平に貫が取り付けられ、これが軸組の変形を止める役割を持つ。貫は柱に穿たれた穴を通して掛け渡され、柱とはくさびによって固定される。貫は配置される位置によって地貫や内法貫などさまざまな呼び名があるが、最終的には真壁の下地材となるため、壁面に露出することはない。伝統的木造構法においては敷居や鴨居、また構造部材である長押などが仕上面の構成要素となり、意匠上の特徴となっている。

(4) 枠組壁工法 （図2・5・16）

　枠組壁工法は定型材を用いて形成された枠組に構造用合板などの面材を張ることで耐力壁を構成し、これを組み合わせて構造体とする構法である。もともと米国で発展した構法で、用いられる定型材の規格から2×4（ツーバイフォー）構法という呼び名も一般化している。その特徴は、組み立て方法の合理性にある。

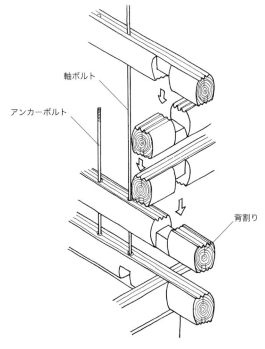

アンカーボルト
軸ボルト
背割り

図2・5・17　丸太組構法[3)]

定型材を使った機械的な構成は効率的な生産に適しており、在来構法と比べて施工者の熟練度が低く、人数の確保も難しい状況にも対応できる方式である。我が国においては戦後の住宅不足の環境下で導入が始まり、高度成長期に工業化構法の1つとして発展した経緯がある。

(5) 丸太組構法

　丸太組構法は図2・5・17のように丸太などを寝かして積み重ねることで壁体をつくって構成する。構造的な原理が共通するものとして、古くは正倉院に代表される校倉造りが有名である。近年などは別荘住宅のログハウスの構法として一般的になっている。丸太は積み重ねる面に切り欠きを設け、中にボルトを入れ込んで確実に積み重ねられるようにしている。また隅部は井桁に組んで強度とともに気密性を確保している。

4　在来木造構法の各部位

(1) 基礎 （図2・5・18）

　基礎は建物全体の荷重を受けて地盤へ伝える重要な部位である。在来木造構法では布基礎が一般的であったが、近年ではべた基礎の使用例も多い。このほかに玄関ポーチなどの独立柱には独立基礎なども用いる。

　基礎の設置に当たっては、まず地業を行い、接地面を締め固めて安定させる必要がある。布基礎は建物の壁のある位置に連続して設けられる帯状の基礎を指す。基礎は鉄筋コンクリートでつくられ、底面には圧力拡散の観点からフーチングが設けられる。一方のべた基礎は建物の底面全体にコンクリートスラブを設けたもので、地盤面への負担が減り、また基礎全体の剛性が高いことから軟弱地盤にも対応できる。不同沈下に強い点も有利である。基礎には湿気がこもるため、床下換気が必須である。かつては基礎を切り欠いて換気口を設けたが、近年では強度低下の観点から採用例が減っている。

(2) 土台 （図2・5・19）

　基礎の直上にあって、軸組の最下部を構成する横架材を土台と呼ぶ。土台には柱が乗り、上部からの荷重を基礎・地盤へと伝達する役割を持つ。土台の下には基礎パッキンが敷かれ、これによって基礎と土台の間に生じた隙間がかつての換気口の役割を担っている。

これをねこ土台と呼び、近年では床下換気方式の主流となりつつある。土台には柱と同等の太い材が用いられるが、地面に近いことから防腐・防蟻処理を必須とする。土台は外力による引き抜きを押さえる観点で、基礎とアンカーボルトで緊結される。また基礎パッキンはアンカーボルトの位置、ならびに柱の直下に必ず設置する。

(3)柱（図2・5・20）

　柱は屋根や床などの上部の荷重を土台に伝える垂直材である。柱には上階まで1本で通す通し柱と各階ごとに用いる管柱がある。柱の上下端にはほぞ（突起）が設けられ、これを土台や梁に差し込んで設置し、必要に応じて引き抜きを防止するためホールダウン金物によって基礎と緊結する。通し柱の場合、中間に梁材を受けるほぞ穴が設けられるが、断面欠損による強度低下を避けるために仕口を集中させないなどの措置が必要である。

(4)梁（図2・5・21）

　柱と柱をつなぎ、門形の構造をつくる材を梁と呼ぶ。主に建物の外周で柱と柱をつなぐ材や、軸組上部にあって垂木を受ける材を桁と呼ぶ。また梁同士をつなぐ材を小梁と呼ぶ。軸組の最上部を構成する横架材は軒桁である。この軒桁と土台の中間にあって外周をつなぐ材を胴差と呼ぶ。木造軸組構法の梁材には、基本的に継手を設けないように設計する。また柱と同様に、仕口については断面欠損をできるだけ小さくするように工夫する必要がある。近年ではこの断面欠損をほとんどなくし、さらに強度を高めることができる金物工法の開発も進んでいる。

(5)筋かい・火打ち・方杖（図2・5・22）

　筋かいはブレースとも呼ばれ、軸組構造の変形を防ぐために対角線上に入れる斜材を指す。筋かいは力学的に引張筋かいと圧縮筋かいに分けられるが、クロスして入れることで双方に効く両筋かいも多く用いられる。また、柱梁の構面に構造用合板を張るなど筋かいを代替する手法も存在する。

　筋かいは力がきちんと伝達されるように柱や梁との

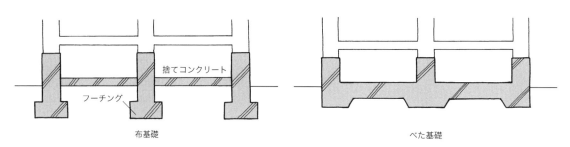

図2・5・18　基礎の概略

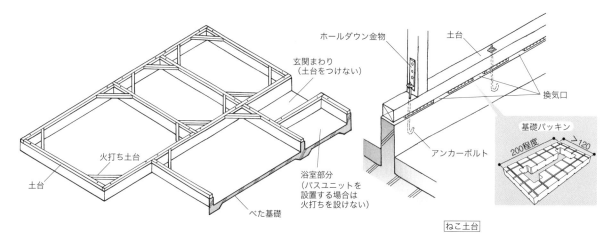

図2・5・19　基礎と土台

接合を確実に行う必要がある。また力の伝達経路によっては柱や土台を引き抜くように作用する可能性があるため、アンカーボルトやホールダウン金物による補強を行う必要もある。

火打ちと方杖も筋かいと同じく軸組の変形を抑える部材で、軸組隅角部を固めるように配置する。火打ちは床組などの水平構面に入れるもので、方杖は柱と梁の垂直構面に入れる。方杖は筋かいと異なり、開口部

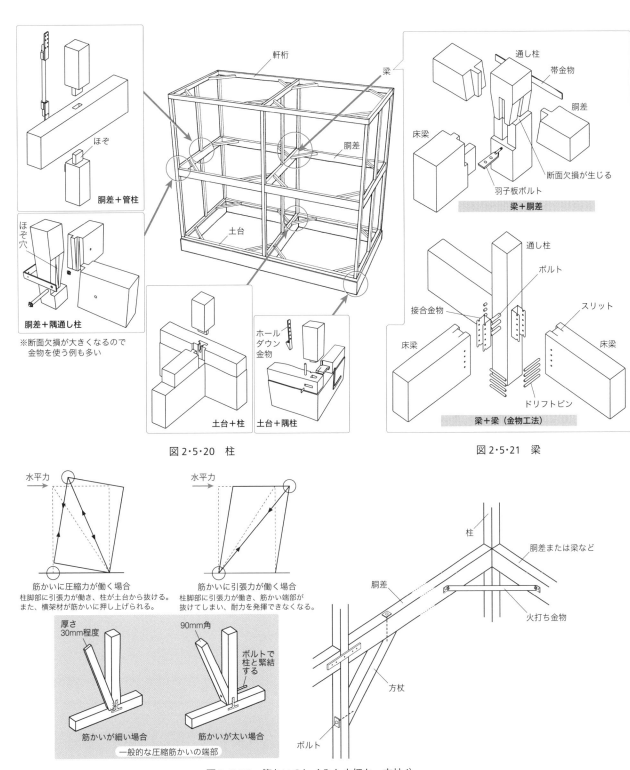

図 2・5・20　柱

図 2・5・21　梁

図 2・5・22　筋かいのしくみと火打ち・方杖 4)

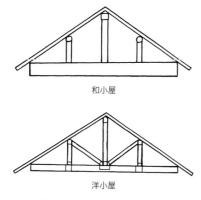

図 2·5·23　和小屋・洋小屋

への干渉は小さいが、柱や梁の中間部分に荷重がかかるため、場合によっては添え柱を設けるなどの補強が必要となる。

(6)小屋組

小屋組とは屋根の荷重や外力を下部の軸組に伝える部位である。木造の屋根は勾配屋根が基本となるため、この形状を実現するように部材を組み合わせる。小屋組の形態は和小屋と洋小屋の大きく2つに分類できる（図 2·5·23）。

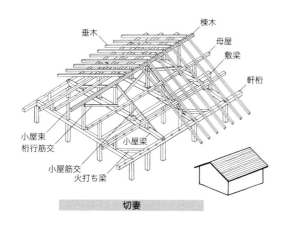

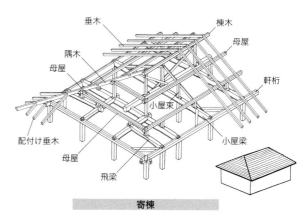

図 2·5·24　小屋組 [5]

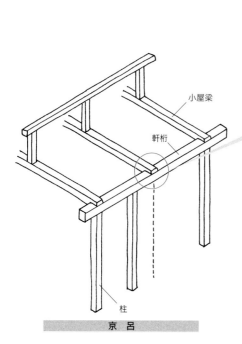

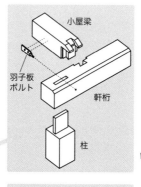

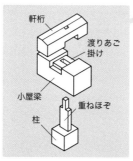

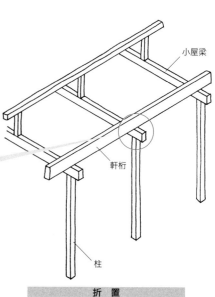

図 2·5·25　京呂・折置

和小屋は屋根荷重を束で受けて梁に流す束立て形式を取る。小屋梁に荷重が集中し、大きな曲げモーメントに対抗するため、大断面の部材が必要となる。このため長いスパンの架構には不向きである。一方で部材点数が少なく、施工性は良い。洋小屋は小屋組全体でトラス構造を形成し、荷重を支えている。トラス構造のため、細い部材で構成することが可能であるが、その一方で部材数が多くなるなど施工性は一般に和小屋よりも悪い。

小屋組は図2・5・24のように屋根の形状に応じて部材の組み方が異なる。切妻屋根は比較的単純な構成を取るが、寄棟屋根の場合は隅棟を設けるために隅木や飛梁などの部材が必要となる。

軸組と小屋組の関係は折置組（おりおきぐみ）と京呂組（きょうろぐみ）の2種類がある（図2・5・25）。折置組は柱の上に直接小屋梁を載せ、その上に軒桁を配置する。小屋梁の荷重が柱に直接流れるため合理性が高いが、柱の間隔を揃える必要があり設計上の制約がある。一方の京呂組は軒桁の上に小屋梁を架けるもので、軒桁への負担は大きいが不規則な柱間にも対応できる。

（7）床組

床組は床面を構成し、荷重を軸組に伝える部位である。地盤面の直上の1階と2階以上の階では構成が異なる。

1階の床組（図2・5・26）は束石（つかいし）の上に束を立て、大引（おおびき）を土台の間に掛け渡す。大引は90mm角の正角材のような比較的大きな断面の材を910mm間隔で設置する。大引の上には直行する方向で根太を架ける。根太は45mm角の材を455mm間隔で配置するのが一般的である。この上に合板などで荒床をつくり、床面の下地としている。近年では束を鋼製あるいはプラスチッ

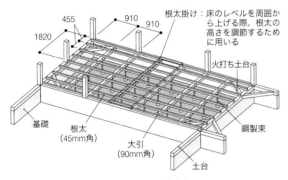

図2・5・26　1階床組

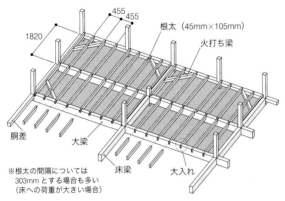

図2・5・27　2階床組

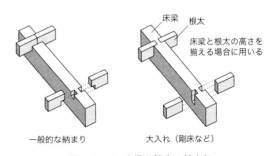

図2・5・29　床梁と根太の納まり

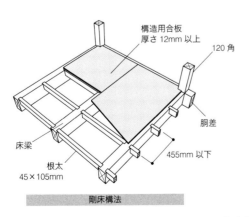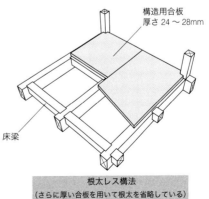

図2・5・28　簡略化された床組

ク製に替えて施工性の向上を図る例が多い。

　2階の床組（図2・5・27）は束を用いることができないため、床梁と根太のみで同様の構造をつくる。このため部材のせいは1階よりも高くなり、たとえば根太は45mm×105mmの材を用いる場合が多い。2階の床についても、荒床に構造用合板を用いて根太を削減するものがあり、これを剛床構法と呼ぶ。近年ではより厚手の構造用合板を用いてさらに根太を省略する例も見られる（図2・5・28）。このような床板における構造用合板の利用には、水平面の精度が必要であり、事実上プレカット材の使用が前提となっている。なお一般的な2階の床組では床梁と根太の高さは任意に設定できるが、剛床の場合はこれらを大入れにして接合することにより高さを揃える必要がある（図2・5・29）。

5　枠組壁工法の各部位

(1)枠組壁工法の概要

　枠組壁工法は規格材を組み合わせて枠組をつくり、これに構造用合板をくぎで打ちつけてつくった耐力の高い面材を壁や床に使用し、荷重に耐える構造を持つ。現在の一般的な枠組壁工法は米国で発展したツーバイフォー構法が基礎となっている。枠組壁工法は施工の方法の観点から2つに分類できる。1階ごとに剛な床（＝プラットホーム）を組んで1層ごとに作業場所を確保しながら段階的に施工を行うものをプラットホーム構法と呼び、2層通して縦材を組み、内部の各層を後から設置するものをバルーン構法と呼ぶ（図2・5・30）。我が国では施工性の観点から前者の採用がほとんどである。部材はすべて突付けで納められ、在来木造構法に比べて継手と仕口の加工がない。壁の接合部も基本的にすべてくぎ打ちや金物で固めるため、施工に技術的熟練が不要で容易であり、効率的である。

(2)枠組壁工法の施工手順（図2・5・31）

　施工は床組から行う。基礎の上に防水シートを挟んでツーバイフォーの規格材による土台を設置する。我が国では土台にツーバイフォーではなく正角材を用いる例も多い。土台の上に側根太と端根太を設置し、ここに根太を架けて合板を張って床面とする。この床面を作業台として枠組壁をつくり、順次建て起こして1階壁をつくる（図2・5・32）。建て起こした枠組壁は頭つなぎを打ち付けてつなぐ。隅角部の取り合いについ

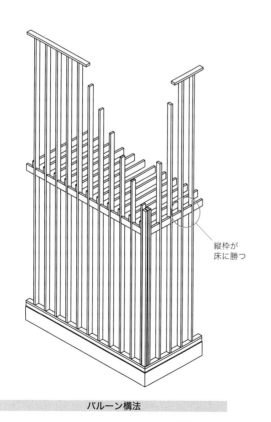

縦枠が床に勝つ

床が壁パネルに勝つ

| バルーン構法 | プラットホーム構法 |

図2・5・30　バルーン構法とプラットホーム構法

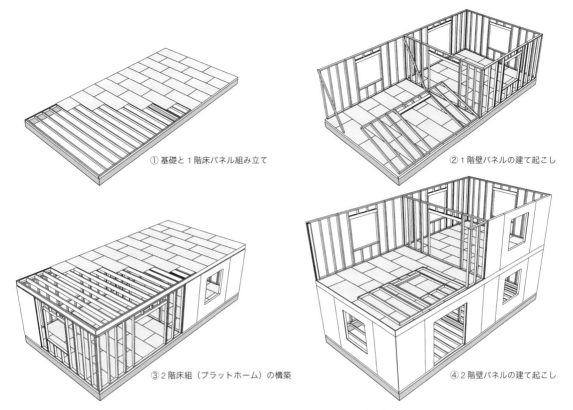

① 基礎と1階床パネル組み立て

② 1階壁パネルの建て起こし

③ 2階床組（プラットホーム）の構築

④ 2階壁パネルの建て起こし

図 2・5・31　施工手順（プラットホーム構法）

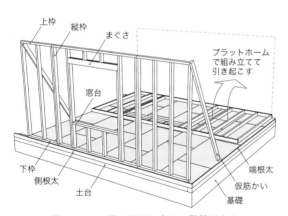

上枠　縦枠　まぐさ

プラットホームで組み立てて引き起こす

窓台

下枠
側根太　土台
端根太
仮筋かい
基礎

図 2・5・32　建て起こし中の1階壁パネル

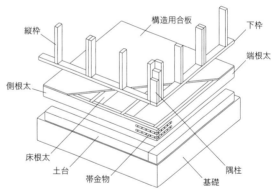

構造用合板　下枠
縦枠
端根太
側根太
床根太　土台　帯金物　隅柱　基礎

図 2・5・33　隅角部の取り合い

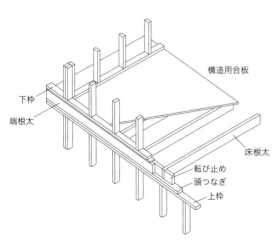

構造用合板
下枠
端根太
床根太
転び止め
頭つなぎ
上枠

図 2・5・34　上下層（1階と2階）の壁パネルの納まり

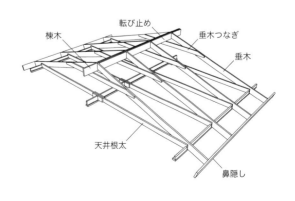

棟木　転び止め　垂木つなぎ
垂木
天井根太
鼻隠し

図 2・5・35　規格材（2×8材等）を用いた小屋組（垂木形式）

ては隅柱を設置して枠組壁とつなげる（図2·5·33）。1階部分の壁が完成した後に2階の床組をつくり、同様に2階壁を建て起こす（図2·5·34）。最後に小屋組を載せることで建方は終了する。

　枠組壁工法の小屋組は2×4から2×8程度の規格材を用いるため、せいの高い垂木を主要な構造体とする垂木形式（図2·5·35）やトラス形式、あるいは複数の規格材を束ねてつくる天井梁を利用した束立ての小屋組形式などが一般的である。なお、枠組壁工法は建方において小屋組を最後に組むため、雨の多い我が国では不利になる場合がある。また小屋裏の気密性が高いため湿気対策も重要である。

6　木造構法の構造

　ここでは、小規模な木造軸組構法を中心に、構造耐

力発現の仕組みとそれらに関する諸規定、その他諸性能について概説する。

(1)継手、仕口

　木造は鉄骨造や鉄筋コンクリート造と異なり、部材どうしを剛接合することは難しく、ピン接合を形成する。ただしピン接合でもせん断力を伝達することは必要であり、我が国では職業的大工によって部位や用途に応じてさまざまな接合形式が考案されてきた（図2·5·36）。軸組構法では通常、3〜5m程度の定尺材を用いる。部材同士を直線状に接合する方法を継手と呼び、角度をもって接合する方法を仕口と呼ぶ。

　土台の継手や柱上に近い部分の梁継手など、ピン接合でよい継手には蟻継ぎや鎌継ぎが用いられることが多く、これは軸方向力とせん断力を伝達する。一方、

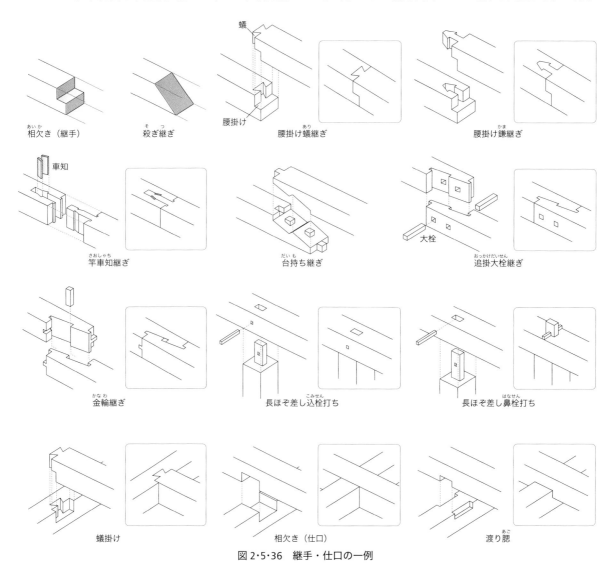

図2·5·36　継手・仕口の一例

梁の継手の中でも曲げ耐力が必要とされる部分には追掛大栓継ぎや金輪継ぎなどが用いられる。また、腐った柱の下部のみを取り換えることを根継ぎと呼ぶが、ここでも曲げ耐力が必要とされるため、同様に追掛大栓継ぎや金輪継ぎなどが用いられる。

柱と横架材との接合部ではせん断力の伝達が必要で、ほぞ差しが用いられることが多いが、特に引抜耐力を付加したい場合など、込栓や鼻栓を付加することもある。栓には通常、樫などの堅木が用いられる。

造作材など見えがかりの部材どうしの接合には、部材の乾燥収縮、反り、ねじれなど部材のあばれを防止しつつ、美観を損ねない継手・仕口を選定する必要がある。

継手・仕口の加工は従来、現場に下小屋を組んで大工が時間をかけて手作業で行っていたが、近年では工場であらかじめ機械によって加工するプレカットが採用されてきている。

(2)壁式構造

木造軸組構法の接合部はピンとして扱われるため、軸組だけでは風圧力や地震力に抵抗できない。

このため、木造軸組構法においては風圧力や地震力などの水平力に対して、柱と梁とで構成されたフレーム内に筋かいを設置してトラスを形成したり、フレームに面材を取り付けたりすることによって抵抗する。筋かいを設置した部位は構造計画上壁として扱うことが多いため、一種の壁式構造ということもできる。

(3)壁量計算法

1919年に施行された市街地建築物法ではすでに筋かいを設置することが推奨されていたが、その後福井地震（1948年）の被害調査によって壁率（床面積に対する壁量）と地震被害度との関係が分析されたことを受け、1950年に施行された建築基準法では壁量計算が規定された。

構造計算は通常、荷重・外力に対して各部位の応力度を算定し、これを許容応力度と比較して安全性を確認する。一方、比較的小規模な木造軸組構法では簡易な計算である壁量計算によって建物の安全性を確認できるようになっている。

壁量計算は大まかに言えば、応力度を算出するのではなく、全体に作用する外力と建物の持つ耐力を直接的に比較する方法で、運用の簡便さのために簡略化した方法である。地震力は質量に作用するものであるが、質量はおおむね床面積に比例すると考え、床面積に係数（図2・5・37）を乗じて外力と考える。この外力は、抵抗するために必要な壁（長さ1mあたり1.96kNの許容耐力を持つ耐力壁）の長さ（cm）として表され、これを必要壁量と呼ぶ。係数（cm/m²）は屋根の重さと階数に応じて定められている。一方、抵抗要素は長さ1mあたり1.96kNの何倍の許容耐力を持つのかを表す壁倍率（表2・5・4）に実際に配置された壁長さを乗じて算出する。これを存在壁量と呼ぶ。

表 2・5・4　壁倍率の種類 （建築基準法施行令第46条）

	軸組の種類	倍率
(一)	土塗壁又は木ずりその他これに類するものを柱及び間柱の片面に打ち付けた壁を設けた軸組	0.5
(二)	木ずりその他これに類するものを柱及び間柱の両面に打ち付けた壁を設けた軸組	1
	厚さ1.5cm以上で幅9cm以上の木材又は径9mm以上の鉄筋の筋かいを入れた軸組	
(三)	厚さ3cm以上で幅9cm以上の木材の筋かいを入れた軸組	1.5
(四)	厚さ4.5cm以上で幅9cm以上の木材の筋かいを入れた軸組	2
(五)	9cm角以上の木材の筋かいを入れた軸組	3
(六)	(二)から(四)までに掲げる筋かいをたすき掛けに入れた軸組	(二)から(四)までのそれぞれの数値の2倍
(七)	(五)に掲げる筋かいをたすき掛けに入れた軸組	5
(八)	その他(一)から(七)までに掲げる軸組と同等以上の耐力を有するものとして国土交通大臣が定めた構造方法を用いるもの又は国土交通大臣の認定を受けたもの	0.5から5までの範囲内において国土交通大臣が定める数値
(九)	(一)又は(二)に掲げる壁と(二)から(六)までに掲げる筋かいとを併用した軸組	(一)又は(二)のそれぞれの数値と(二)から(六)までのそれぞれの数値との和

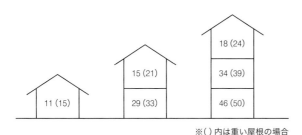

※( )内は重い屋根の場合

図 2・5・37　階の床面積に乗ずる数値（cm/m²）（地震力）
（建築基準法施行令第46条）

また、風圧力は見付面に作用すると考え、見付面積に係数を乗じて算出する（図2·5·38）。最後に、地震と風それぞれから求められる必要壁量よりも存在壁量のほうが多いことを確認する。

耐力壁は壁の軸線方向からの外力に対しては抵抗できるが、直交方向からの外力に対しては抵抗できないため、前述の検討は建物平面のX方向とY方向それぞれに対して行う。地震による必要壁量は方向によらず同じであるが、風による必要壁量は方向によって異なることに注意する。

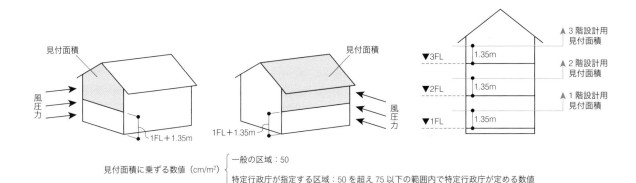

$$見付面積に乗ずる数値（cm/m^2）\begin{cases} 一般の区域：50 \\ 特定行政庁が指定する区域：50を超え75以下の範囲内で特定行政庁が定める数値 \end{cases}$$

図2·5·38　見付面積の考え方と見付面積に乗ずる数値 (建築基準法施行令第46条)

表2·5·5　さまざまな面材の壁倍率 (昭和56年建設省告示第1100号)

	（い）	（ろ）		（は）
	材料	くぎ打の方法		倍率
		くぎの種類	くぎの間隔	
(一)	構造用合板（厚さ5mm以上）	N50	15cm以下	2.5
(二)	パーティクルボード（厚さ12mm以上）又は構造用パネル（日本農林規格（昭和62年農林水産省告示第360号））			
(三)	ハードボード（JIS A 5907 − 1977（硬質繊維板）に定める450又は350で厚さが5mm以上のもの）			
(四)	硬質木片セメント板（JIS A 5417 − 1985（木片セメント板）に定める0.9Cで厚さが12mm以上のもの）			
(五)	フレキシブル板（JIS A 5403 − 1989（石綿スレート）に定めるフレキシブル板で厚さが6mm以上のもの）	GNF40又はGNC40		2
(六)	石綿パーライト板（JIS A 5413 − 1989（石綿セメントパーライト板）に定める0.8Pで厚さが12mm以上のもの）			
(七)	石綿けい酸カルシウム板（JIS A 5418 − 1989（石綿セメントけい酸カルシウム板）に定める1.0Kで厚さが8mmのもの）			
(八)	炭酸マグネシウム板（JIS A 6701 − 1983（炭酸マグネシウム板）に適合するもので厚さ12mm以上のもの）			
(九)	パルプセメント板（JIS A 5414 − 1988（パルプセメント板）に適合するもので厚さが8mm以上のもの）			1.5
(十)	せつこうボード（JIS A 6901 − 1983（せつこうボード）に適合するもので厚さが12mm以上のもの）			
(十一)	シージングボード（JIS A 5905 − 1979（硬質繊維板）に定めるシージングインシュレーションボードで厚さが12mm以上のもの）	SN40	1枚の壁材につき外周部分は10cm以下、その他の部分は20cm以下	1
(十二)	ラスシート（JIS A 5524 − 1977（ラスシート（角波亜鉛鉄板ラス）に定めるもののうち角波亜鉛鉄板の厚さが0.4mm以上、メタルラスの厚さが0.6mm以上のもの）	N38	15cm以下	

1：この表において、N38及びN50は、それぞれJIS A 5508 − 1975（鉄丸くぎ）に定めるN38及びN50又はこれらと同等以上の品質を有するくぎを、GNF40及びGNC40は、それぞれJIS A 5552 − 1988（せつこうボード用くぎ）に定めるGNF40及びGNC40又はこれらと同等以上の品質を有するくぎを、SN40は、JIS A 5553 − 1977（シージングインシュレーションファイバーボード用くぎ）に定めるSN40又はこれと同等以上の品質を有するくぎをいう。

2：表中（い）欄に掲げる材料を地面から1m以内の部分に用いる場合には、必要に応じて防腐措置及びしろありその他の虫による害を防ぐための措置を講ずるものとする。

本来の構造設計では、応力に対する安全性と変形に対する安全性の両方を確認するが、壁量計算では直接的には応力に対する検討しか行わない。これは、さまざまな耐力壁の荷重変形関係がおおむね同じと考えているためである。すなわち、荷重変形関係が通常とは著しく異なる場合には適用できないことに注意を要する。

(4) 耐力壁の種類

耐力壁は基準となる土壁のほか、筋かいの壁倍率が建築基準法で定められている。また、1981年には合板やパーティクルボードなどの面材耐力壁の壁倍率が規定された（昭和56年建告第1100号）（表2·5·5）。この告示は仕様の追加や細かな仕様の明文化など数度の改正を経て現在に至っている。

(5) 偏心のチェック

耐力壁はつり合い良く配置する必要がある。耐力壁配置の偏りの程度を表す指標としては偏心率があるが、偏心率の確認は義務化されていなかった。2000年の建築基準法改正によって耐力壁配置の偏りの程度を算定する手法として四分割法（図2·5·39）が追加され、つり合い良さの確認が義務化された。四分割法は建物のねじれの防止に効果の高い、建物周辺部の耐力壁が十分にあるか偏りが小さいことを簡便に確認する方法である。

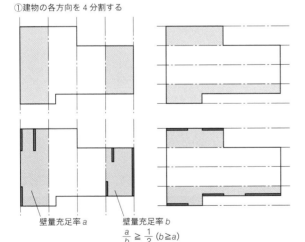

①建物の各方向を4分割する

壁量充足率a　　壁量充足率b
$\frac{a}{b} \geq \frac{1}{2}$ $(b \geq a)$

②それぞれの方向の$\frac{1}{4}$部分の存在壁量の必要壁量に対する比率（壁量充足率）を算出し、それが$\frac{1}{2}$以上であることを確認する

③それぞれの壁量充足率が1を超える場合（a>1かつb>1）は②の計算は不要

図2·5·39　四分割法

(6) 接合部の設計方法

耐力壁に水平力が作用すると、圧縮筋かいによる梁の突き上げや耐力壁の回転によって、柱あるいは土台と梁の接合部に引抜力が生じることがある。市街地建築物法の成立以前より、地震被害報告書などの中で、接合部には金物を設けて緊結するべきであると指摘されていた。また、1995年兵庫県南部地震では柱が土台から引き抜けた後にもとに戻らず、土台を踏み外して倒壊に至ったと思われる被害が多く見られた。2000年の建築基準法の改正で接合部の金物選定方法が明文化された。具体的には、算定する柱の両側の壁倍率の差と支持する床によるカウンターウェイト（柱の引き抜きを抑え込む重量）や、梁が曲げ抵抗して柱の引き抜きを抑え込む効果を考慮して計算されたNの値に応じて金物を選定する（表2·5·6）。

- 1階の柱の場合　　$N = A_1 \times B_1 + A_2 \times B_2 - L_1$
- 2階の柱の場合　　$N = A_1 \times B_1 - L_2$

A_1：当該柱の左右の壁倍率の差
B_1：周辺部材の押さえ効果を表す係数
　　（出隅の場合：0.8、その他：0.5）
A_2：当該柱の上階（2階）の柱の左右の壁倍率の差
B_2：2階の周辺部材の押さえ効果を表す係数
　　（出隅の場合：0.8、その他：0.5）
L_1：鉛直荷重による押さえ効果を表す係数
　　（出隅の場合：1.0、その他：1.6）
L_2：鉛直荷重による押さえ効果を表す係数
　　（出隅の場合：0.4、その他：0.6）

また、筋かいが引張筋かいとしても十分に働くように、筋かい端部も金物で緊結する必要がある。筋かい

表2·5·6　Nの値に対応する接合部の仕様（平成12年建設省告示第1460号）

記号	Nの値	必要耐力(kN)	継手・仕口の仕様
い	0.0 以下	0.0	短ほぞ差しまたはかすがい打ち
ろ	0.65 以下	3.4	長ほぞ差し込み栓またはかど金物（CP·L）
			かど金物 CP·T
は	1.0 以下	5.1	山形プレート
に	1.4 以下	7.5	羽子板ボルトまたは短冊金物（スクリューくぎなし）
ほ	1.6 以下	8.5	羽子板ボルトまたは短冊金物（スクリューくぎあり）
へ	1.8 以下	10.0	10kN 用引き寄せ金物
と	2.8 以下	15.0	15kN 用引き寄せ金物
ち	3.7 以下	20.0	20kN 用引き寄せ金物
り	4.7 以下	25.0	25kN 用引き寄せ金物
ぬ	5.6 以下	30.0	15kN 用引き寄せ金物×2

端部の金物は柱と土台／梁に留めつけられるのが一般的であるが、柱のみに留めつけることで施工の合理化を図った金物などもある。

（7）金物

前述の柱－土台／梁接合部のほか、木材同士の接合にはさまざまな金物が使われている（図2・5・40）。木材は脆性的な材料であるため、くぎやボルトなどの接合具の靭性によって接合部に十分なエネルギー吸収能力を持たせることも多い。

・くぎ（図2・5・41）

先穴を必要としないため、初期ガタ（力がかかった時に抵抗せずにずれること）が小さい。後述する木ねじとは異なり、一般的に焼き入れ処理（2・1節 注1参照）を行わないため、十分な変形性能を有し、粘り強い接合とすることができる。近年ではくぎ打ち機の発達により、スピーディーな施工が可能である。

木ねじは各金物メーカーが金物とセットで提供していることも多く、表面処理による耐久性向上のための措置などもなされていることが多いが、くぎは単体で準備することがほとんどであるため、品質管理には十分注意を払う必要がある。通常、引抜抵抗させる部位には用いない。

・木ねじ（図2・5・41）

一般的に先穴を必要としないため、初期ガタが小さい。一般的には焼き入れを施すため、くぎと比較すると変形性能が小さいが、木材側のめり込みやある程度の変形によって高い靭性をもった接合も可能である。また、木材の割裂を防止したり、施工性を向上させたりする目的で、さまざまな形状の工夫がなされている。くぎに比べて高い引き抜き抵抗力を有する。

・ボルト（図2・5・41）

ボルトの径よりも数mm程度大きな先穴を必要とするため、初期ガタが生じる。木材は乾燥収縮するリス

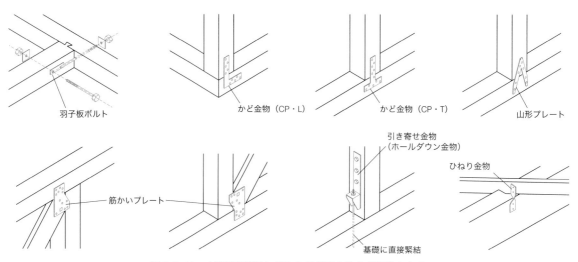

羽子板ボルト　かど金物（CP・L）　かど金物（CP・T）　山形プレート

筋かいプレート

引き寄せ金物（ホールダウン金物）　ひねり金物

基礎に直接緊結

図2・5・40　木造軸組構法に使われる構造金物の代表的なもの

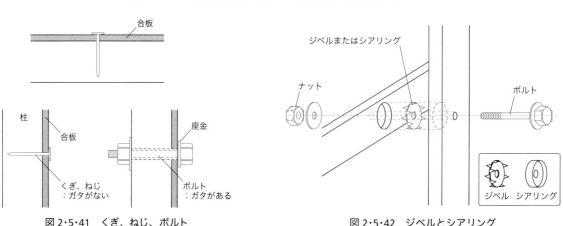

合板

柱
合板
座金
くぎ、ねじ
：ガタがない
ボルト
：ガタがある

図2・5・41　くぎ、ねじ、ボルト

ジベルまたはシアリング
ナット
ボルト
ジベル　シアリング

図2・5・42　ジベルとシアリング

クがあるため、鉄骨造で用いるような摩擦接合は用いることができず、支圧接合（p.75）となる。木材はめり込みに弱いので、ナットと木材の間には必要に応じた大きさと厚さを有する座金を用いる。

・ラグスクリュー

六角ボルトの胴部にねじを切り、先端をとがらせたもので、ある程度の先穴を必要とするが、ボルトに比べて初期ガタが小さく、木ねじに比べて高耐力な接合をすることができる。

・ドリフトピン

丸鋼を切断した形状であり、木材や鋼板に設けた先穴を貫通させてせん断力を伝達する接合である。施工は打ち込むだけで簡便である。

・ジベル、シアリング（図2・5・42）

ボルトと併用することで高い剛性をもったせん断接合を可能にする。

・メタルプレートコネクター（図2・5・43）

金属板をプレス加工して剣山状にしたもので、トラス架構の接合部に圧入して用いられることが多い。

7　現代の木質構造

(1)日本における木造否定の歴史

我が国では豊富な木材資源を背景に古くから木造建築が建てられてきたが、1950年の衆議院「都市建築物の不燃化の促進に関する決議」による官公庁建築物の不燃化、1955年閣議決定の「木材資源利用合理化方策」による木材消費の抑制、1959年の日本建築学会「建築防災に関する決議」による防火、耐風、水害防止のための木造禁止の方針などを経て、特に大型の木造建築は近年ほとんど建設されなくなっていた。1970年代には住宅建設ラッシュを迎え、木材消費も増加したも

のの、国産材の消費は伸びず、輸入材の消費が増加している（図2・5・44）。このような背景の中、1940年代に大量に植林されたスギは2000年代には伐期を迎えている。

(2)大規模建築物への木造利用

樹木は生育する過程で空気中の二酸化炭素を取り込み固定化し、さらに伐採した跡に新たに苗木を植えれば苗木がさらに二酸化炭素を固定化するため、木材は地球温暖化防止に有効な材料とされている。このような観点も踏まえ、2011年に木材利用促進法（公共建築物等における木材の利用の促進に関する法律）が公布、施行されて以来、木材の大型建築物への利用が精力的に行われている。

(3)木材利用促進法

木材利用促進法の目的は、「公共建築物等における木材の利用を促進するため、木材の適切な供給および利用の確保を通じた林業の持続的かつ健全な発展を図り、もって森林の適正な整備および木材の自給率の向上に寄与する」こととされている。

基本方針としては下記などが明示された。

・国が整備する低層の公共建築物について、原則としてすべて木造化すること
・国が整備する公共建築物について、低層・高層にかかわらず、直接または間接的に国民の目に触れる機会が多いと判断される部分については、内装等の木質化を促進すること

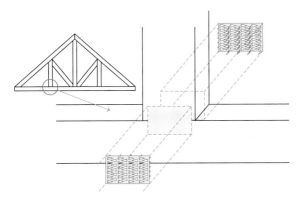

図2・5・43　メタルプレートコネクター

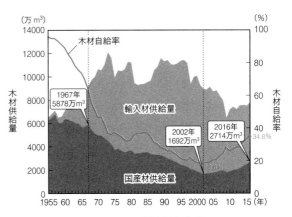

図2・5・44　国産材比率[6]

(4)木質構造の発展

近年、欧州をはじめ、世界的にも木材利用の機運が高まっており、さまざまな木質構造建築物が建設されている。以下に、その主な構造形式を紹介する。

①木質ラーメン構法（図2・5・45）

木材はコンクリートのように現場で部材を一体化することが不可能であり、また、鋼構造のように強靭な接合方式で柱梁接合部を剛接合することも難しい。しかしながら近年、さまざまな金物を利用したラーメン構法が開発されている。木材の場合、接合部を完全に剛接合することは難しく、接合部の変形が大きくなることが多いため、厳密な意味でのラーメン構造とはいえないものの、木造の可能性を大きく広げているといえよう。

以下に木質ラーメン構法の主な接合方式を示す。

・金物接合型（図2・5・45〈a〉）

溶接組み立てやプレス成型による金物を介して柱と梁を接合して、曲げモーメントに抵抗させる構法である。柱と金物の接合にはボルトやラグスクリュー、梁と金物の接合にはボルトやドリフトピンを用いる。金物の見えがかりが少なく、比較的安価に構成することができる。

・合わせ梁型（図2・5・45〈b〉）

その他の形式に比べて金物が少なくコスト的に有利であるが、ボルトだけでは剛性が低く、ジベルなどを併用することが多い。

・フランジ接合（ラグスクリューボルト）型（図2・5・45〈c〉）

ラグスクリューボルトという、端部に雌ねじまたは雄ねじが設けられた大径のボルトを柱梁に埋め込み、双方を接合金物で連結して曲げモーメントに抵抗させる構法である。木材との力のやりとりはラグスクリューボルトで行い、比較的剛性および耐力が高い。ラグスクリューボルトは木材内部に隠れるため、外見をシンプルに構成することができる。

②マッシブホルツ構法

日本ではマッシブホルツ構法とはCLTを用いる構法を指すことが多いが、世界的にはその他にもさまざまな大型パネルが製造されている。

・CLT（p.51、図2・5・13参照）

2016年にCLT関連の建築基準法告示が公布・施行された。これを受け、日本でも実用化が進んでいる。パネル寸法は2.95 × 16.5m（KLH社）、3m × 12m（銘建工業株式会社）など大型で、これを利用した中層集合住宅や大規模建築物が建設されている（p.51、図2・5・14参照）。

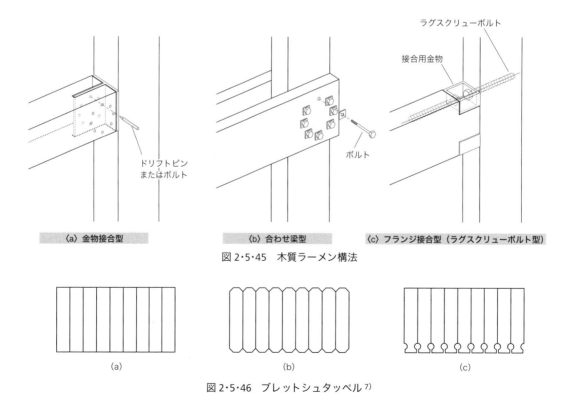

〈a〉金物接合型　　〈b〉合わせ梁型　　〈c〉フランジ接合型（ラグスクリューボルト型）

図2・5・45　木質ラーメン構法

(a)　　　(b)　　　(c)

図2・5・46　ブレットシュタッペル[7]

・ブレットシュタッペル（図2・5・46）

（a）のようにラミナを小端立て積層したパネルで、1970年代にドイツで開発された。パネル寸法は輸送効率から2.4m×12mとされることが多い。ラミナを交互にずらすことでパネルの曲げ剛性を向上させたり、意匠的な配慮でラミナを面取りしたり（b）、空間を吸音（c）に利用したりすることも可能である。

③複合構造

木材は圧縮力と同程度に引張力を負担できるものの、鋼に比べると強度は低く、部材断面は大きくなりがちである。そこで、圧縮力を木材あるいは木質パネルに負担させ、引張力は鋼によるタイロッドに負担させる複合型の張弦梁が実用化され、大スパンながらも軽快な小屋組を実現している（図2・5・47）。

(5)各種性能の進化

・免震

木造住宅は重量が軽いため、従来と同じように積層ゴムで免震構造を実現しようとすると、積層ゴムの断面を小さくして水平剛性を小さくする必要があるが、鉛直荷重を支持することが困難になってしまう。また、戸建て住宅では建物のコストに対する免震層のコスト比率が大きくなってしまう。そこで、滑り支承（滑り材を滑り板上で滑らせる支承）や転がり支承（ベアリングを用いた支承）（図2・5・48）などを利用した免震構法が提案されてきている。

・防耐火

防火のため4階建て以上の建物は木造とすることが従来はできなかったが、2000年の建築基準法改正により性能規定化が進み、防耐火性能が確認できれば4階建て以上の木造建築物も実現可能となった。

・燃えしろ設計

木材は燃えて炭化するとそれが断熱層となって燃焼が急激には進まず、耐力が急激に減少することもない。そこで、燃えしろを省いた有効断面を用いて許容応力度計算を行い、表面部分が燃えても構造耐力上支障のないことを確かめる燃えしろ設計により、準耐火構造を実現することが可能となった。表2・5・2（p.49）に示す必要な燃えしろを確保するように柱、梁を通常より太く設計すれば、石膏ボード等で被覆することなく木材表しのまま準耐火構造にできる。

・耐火木材

準耐火構造は加熱後一定時間損傷を生じなければ良いが、耐火構造は一定時間火熱が加えられた後も損傷が生じてはならない。すなわち、準耐火構造は一定時間火熱に耐えれば良いが、耐火構造はその後放置して

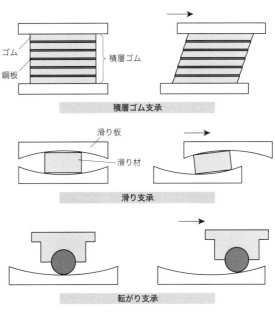

図2・5・48　支承の例

図2・5・47　張弦梁（Norwich Open Academy）

図2・5・49　木質構造による耐火建築物（ATグループ本社北館）

も燃え進まず、自然鎮火することが要求される。近年の研究により、燃え止まり型、ハイブリッド型、メンブレン型の耐火構造用の木質部材が開発され、木質構造による耐火建築物が実現されている（図2・5・49）。

・耐久性

2009年に「長期優良住宅の普及の促進に関する法律」が施行されるなど、建築物のストック活用に対する取り組みが重要となってきている。これを受け、木質構造物の耐久性に関する取り組みも盛んに行われている。

・木材の劣化対策（図2・5・50）

木材に劣化を及ぼす主な要因は生物劣化であり、生物劣化を防止するためにはさまざまな対策が取られる。高耐朽性樹種の利用、建築的工夫による防水、防腐防蟻薬剤の使用などが主な対策であるが、近年、物理的バリアによる防蟻や、木材に薬剤を使用せず、毒餌を利用してシロアリのコロニーを壊滅させる方法など、新しい対策法が考案されている。

・接合金物の劣化対策（図2・5・51）

近年の木質構造建築物では接合金物の重要性が増しているが、金属接合具に劣化を及ぼす主な要因として水分のほか、一部の木材保存薬剤や木材由来の有機酸があることが指摘されている。これらへの対策として、従来型の亜鉛めっきなどによる犠牲防食型被膜に加えてバリア型の被膜を設けた複合処理などが考案されている。

*注
1　地震時には建物へエネルギーの入力がされ、建物がエネルギー吸収することで揺れが次第に小さくなる。たとえばくぎはある方向に塑性変形するときにエネルギーを吸収し、さらに反対方向に塑性変形してエネルギー吸収できるので、変形が繰り返されることで大きなエネルギーを吸収できる。一方、めり込みによるエネルギー吸収は1回きりであり、変形の繰り返しによるエネルギー吸収はできない。

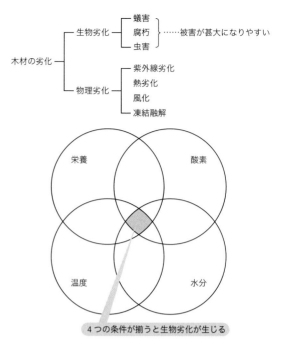

図2・5・50　木材の劣化分類と生物劣化の要因

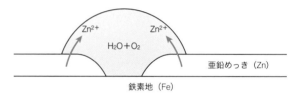

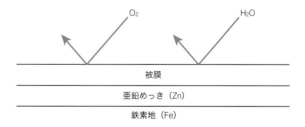

図2・5・51　接合金物の劣化対策

2·6 鉄骨造

1 鉄骨鋼材・形鋼の材料特性

(1)さまざまな鉄鋼材料

2·1節で述べたように、建築に使用される「鉄」は正確には鉄に炭素を添加した「鋼」である。鋼はさらにさまざまな元素を微量に添加することで、多様な性質が付与され、建築に使用される。鋼に含まれる元素とそれぞれの特徴を表2·1·2（p.28）に示す。一般的に鋼に最も多く含まれ、機械的性質に大きく影響を与えるのが炭素である。このほかの添加元素には、ケイ素、マンガン、リン、硫黄、クロム、ニッケル、銅、モリブデン、タングステン、バナジウムなどがある。特に、炭素、ケイ素、マンガン、ニッケル、モリブデン、バナジウムは特定の性能を高める一方、溶接部の品質低下につながるため、これらの影響を炭素に置き換えて炭素当量（Ceq（%））として管理している。

・JISで規定されている炭素当量計算式

$$Ceq = C + \frac{Si}{24} + \frac{Mn}{6} + \frac{Ni}{40} + \frac{Mo}{4} + \frac{V}{14} \leq 0.4\%$$

Si、Mn、Ni、Mo、Vはそれぞれの元素の含有量(%)を示す

(2)鋼材の種類

ベッセマー転炉の発明以来、不断の研究開発によって、さまざまな性質の鋼材が生まれてきた。我が国では工業用の鋼材は主にJIS（日本工業規格）に規定されている（表2·6·1）。

表2·6·1　鋼材の種類

名称	特徴
SS材	一般構造用圧延鋼材。代表的な鋼材。
SM材	リン、硫黄に加え、炭素、シリコン、マンガンの含有量に制限を設け、溶接性を高めた鋼材。
SN材	溶接性に加え、変形能力や板厚方向の性能が担保された鋼材。
耐火鋼（FR鋼）	クロム、モリブデンを添加し、高温時の強度を担保した鋼材。
耐候性鋼（SMA材、SPA材）	ニッケル、クロム、銅、リンなどを添加し、耐食性を高めた鋼材。
ステンレス鋼	クロム含有率を10.5%以上、炭素含有率を1.2%以下とし、耐食性を高めた鋼材。
低降伏点鋼	添加元素を少なくして降伏点を低く、変形能力を高くした鋼材。

・SS材（Steel Structure）

古くから工業用として利用されてきた代表的な鋼材は一般構造用圧延鋼材（SS材）である。「SS」に続く数値は引張強度を示す。

・SM材（Steel Marine）

SS材はリンと硫黄以外の含有量の規定がないため、溶接による欠陥や強度の低下が起こる可能性がある。そこで、化学成分の含有量が少なく、溶接性を高めた鋼材が溶接構造用圧延鋼材（SM材）である。SM材はさらにA種、B種、C種に区分され、A種、B種、C種の順に粘り強い（シャルピー吸収エネルギー（素材の粘り強さを表す指標）が高い）。

・SN材（Steel New structure）

建築構造用鋼材としては長い間、引張強度400N級ではSS400、490N級ではSM490Aが一般的に使用されてきたが、1994年に新たにSN材がJISに制定された。SN材は柱梁接合部などの複雑な溶接部位の靭性を確保し、構造物のエネルギー吸収能力を担保するために、変形能力、溶接性、板厚方向の性能などが確保された鋼材である。SN材もSM材と同様にA種、B種、C種が設定されており、A種は塑性変形を生じてはならない部位、B種は一般の構造部材、C種は板厚方向に大きな引張応力を受ける部位に使用される（表2·6·2）。

・耐火鋼（FR鋼）

鋼は火災などで300℃を超えると強度が2/3に低下し、600℃以上の高熱では急激に軟化する。このため、一般的な鋼材は周囲にロックウールなどの被覆が必要であるが、クロムやモリブデンの添加により、600℃までは大きな強度低下を生じない耐火鋼（FR鋼）が開発された。

・耐候性鋼（SMA材、SPA材）

ニッケル、クロム、銅、リンなどの元素を添加して耐食性を高めたものが耐候性鋼である。通常、鋼を腐食から保護するためには塗装などを用いるが、耐候性鋼は表面に形成される緻密な安定錆層がバリアとして

表2·6·2　SN材

名称	特徴
A種	SS材とほぼ同じ。炭素含有量の上限値が規定されている。
B種	リン、硫黄、炭素、シリコン、マンガンの含有量に制限を設け、高い溶接性と靭性を担保した鋼材。降伏点と引張強さの上限値が規定されている。
C種	B種規定に加えてさらに厳しくリン、硫黄の制限を設け、板厚方向の特性として絞りが規定されている。

働くため、腐食の進行を抑制できるという特徴を持つ。適切に使用すれば塗装が不要になり、メンテナンスコストを抑えることができる他、美しい錆色を意匠的な効果として活かした設計例もある（図2·6·1）。安定錆層が形成されるには雨で洗われ、その後ただちに乾燥するのが理想的な条件であり、海水が作用する場所などでは安定錆層が形成されないため、使用は避けるべきである。また、安定錆層の形成前の初期には錆汁が発生するため、その処理にも留意が必要である。

・ステンレス鋼

　鋼にニッケルやクロムを添加して耐食性を高めた鋼材である。

・低降伏点鋼（SS330など）

　添加元素を極力少なくしたもので、降伏点が極めて低く、変形能力が高い鋼である。塑性変形能力を利用して免震構法やダンパーなどに使用される。

(3)形鋼の種類

　鋼材は使用する用途、場所などに応じて、鋼板、棒鋼、平鋼、形鋼、軽量形鋼などさまざまな断面形状のものが用意されている。

図2·6·1　耐候性鋼を活かした例
（サンジョルジェ城考古学遺跡博物館）

・鋼板

　製鋼によって精錬された鋼はまず厚い板状の塊（スラブ）に固められ、これを圧延して鋼板として製造される。鋼板は厚みによって分類されており、3mm未満を薄板、3mm以上6mm未満を中板、6mm以上を厚板と呼ぶ。さらに、高温で圧延された熱間圧延鋼板、これをさらに常温で圧延した冷間圧延鋼板、さらにめっきを施した電気亜鉛めっき鋼板、溶融亜鉛めっき鋼板、電気めっき鋼板（スズめっき。ブリキともいう）、ガルバリウム鋼板（アルミニウムと亜鉛の合金めっき）などがある。

・棒鋼

　棒状の鋼材であり、鉄筋コンクリート造の鉄筋として利用されたり、鉄骨造のブレース材、プレストレストコンクリートの緊張用鋼材などとして利用される。

・平鋼

　長方形断面の平らな形状の鋼材であり、組立鋼材などに利用される。

・形鋼

　部材の曲げ性能を高めるためには断面の中立軸から離れた部分の面積を増やすのが効果的である。この効果を狙って考案されたものがI形鋼やH形鋼などの形鋼である（図2·6·2）。H形鋼はフランジ部分が曲げ応力を主に負担し、ウェブ部分がせん断力を主に負担することで、梁部材として利用されることが多い。さまざまな寸法規格があり、必要に応じた断面を選択できるようになっている。山形鋼はアングルとも呼ばれ、鋼板を用いるよりも座屈しにくく、H形鋼などに比べて接合しやすいため、トラス部材やブレースなどとして利用されることが多い。溝形鋼はチャンネルとも呼ばれ、組立材、母屋、胴縁などに利用されることが多い。H形鋼を半分に切ったものをカットティー（CT鋼）と呼び、H形鋼に溶接して十字断面としてSRC造

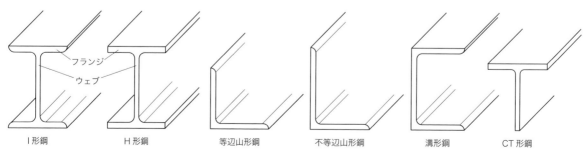

| I形鋼 | H形鋼 | 等辺山形鋼 | 不等辺山形鋼 | 溝形鋼 | CT形鋼 |

図2·6·2　形鋼の種類

の柱（p.97）に利用されたり、ラチスなどに利用されたりする。

・鋼管

鋼管には、円形断面や角型断面のものがある。角型断面の鋼管はH形鋼と異なり方向性がないため、2方向ラーメンの柱に利用されることが多い。鋼管は鋼板を成形し、継ぎ目を溶接してつくられているもののほか、溶接組立されたものなどがある（図2・6・3）。

・軽量形鋼

熱間圧延鋼板、冷間圧延鋼板、めっき鋼板などから冷間成形によって製造されるもので、軽溝形鋼、軽Z形鋼、軽山形鋼、リップ溝形鋼、リップZ形鋼、ハット形鋼などの形状がある（図2・6・4）。厚さは1.6mm以上6.0mm以下である。小規模住宅の鋼材や、その他構造物の母屋、胴縁、間仕切り壁や天井の下地として利用される。

・デッキプレート

波型に加工した薄板で、捨型枠（型枠を外さず、そのまま躯体の一部として使用するもの）としてコンクリートを打設してスラブの一部として利用される。

2　鋼材を用いた構造とその特徴

(1)鉄の構造利用の歴史

第1章では、主に意匠や空間構成の観点から鉄骨造の歴史的変遷を追ったが、ここでは鋼材の製造技術との関係から鉄骨造の歴史を述べたい。

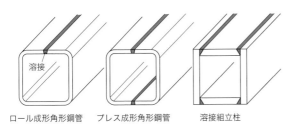

ロール成形角形鋼管　　プレス成形角形鋼管　　溶接組立柱

図2・6・3　角型鋼管の種類

18世紀、ジェームズ・ワットによる蒸気機関の改良、コールブルックデール製鉄所の建設などにより、大量の銑鉄の製造が可能になった。これにより、1799年、世界初の鋳鉄製の橋アイアンブリッジが建設されたが、鋳鉄は溶融温度が低く鋳造できるという長所を有する一方、炭素を大量に含むために脆く、引張材としては利用しにくいという短所があった。建築分野では1820年にジョン・ナッシュ設計のピカデリー広場に鋳鉄柱などが使われた。1783年、ヘンリー・コートが反射炉を用いたパドル法を発明し、炭素含有量の低い錬鉄の効率的生産が可能になった。その引張性能の高さを利用して、19世紀には木造小屋組におけるタイバーなど、錬鉄が部分的に使用されたり、ロバート・スティーブンソン設計のユーストン駅（1837）では小屋組に使用された。1889年にはギュスターヴ・エッフェルにより設計された、大量の錬鉄とリベットによるエッフェル塔が完成した。1860年にはヘンリー・ベッセマーがベッセマー転炉を発明し、鋼が大量に製造されるようになり、土木構造物に多用された。建築分野では当初、柱に鋳鉄、梁に鋼を使用した建築物が建設されたが、1890年、バーナム&ルート設計のランドマクナリービルは柱梁すべて鋼で構成されたものであった。20世紀初頭には溶接法が発展、さらに20世紀中頃の高力ボルトの研究開発、基準制定を経て、鋼構造は急速に増加した。

(2)鋼構造の特徴

鋼材はその他の建築材料に比べて強度と変形能力がきわめて高いという特徴を有する。また、溶接やボルトにより現場で強固に接合することが比較的容易であるため、工場である程度の加工を行い、現場で組み立てることが可能である。この長所を利用して、柱梁接合部を工場でつくり、現場では応力の小さな部位で接

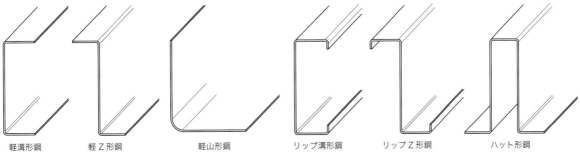

軽溝形鋼　　　軽Z形鋼　　　　軽山形鋼　　　リップ溝形鋼　　リップZ形鋼　　ハット形鋼

図2・6・4　軽量形鋼の種類

合することで、ラーメン構造を実現することもできる。一方、鋼は強度が高いために応力に抵抗するための大きな断面を必要とせず、部材が細長くなりがちであるため、座屈しやすいという欠点がある。

(3)座屈

　座屈（ざくつ）とは、圧縮力がある限界点に達すると力の作用する直交方向に変形が急激に生じ、それ以上荷重を負担できないまま変形が増大する現象のことである。座屈は脆性的な現象で、柱の座屈、梁の横座屈、形鋼などの局部座屈などがある。いずれも細長い部材、断面形状の縦横比が大きな部材、薄い部材に生じるものである。鋼は他の材料に比べ強度が高く、部材を細く（薄く）設計できるので、座屈は鋼構造では特に注意すべき現象である。座屈を防止するためには、柱などの圧縮材の座屈に対する検討（細長比による許容圧縮応力度の低減）(図2・6・5)、梁などの曲げ材の横座屈に対する検討（曲げ材の細長比による許容曲げ応力度の低減）(図2・6・6)、薄板材の局部座屈に対する検討（幅厚比の制限）を確実に行う必要がある。

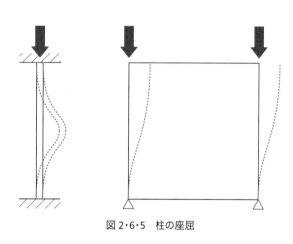

図2・6・5　柱の座屈

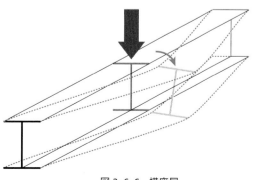

図2・6・6　横座屈

(4)鋼材を用いた構造形式

・鉄骨造

　鋼材のみで躯体を構成するもので、ラーメン、トラスなどの構造形式が可能である。

・鉄骨鉄筋コンクリート造

　柱や梁の鉄骨の周囲を鉄筋コンクリートで覆うことで、鉄骨の座屈を抑え、鉄筋コンクリート造に比べて高い靭性を持たせるなど、それぞれの長所を兼ね備えた構造形式である（2・9節参照）。

・CFT構造

　鋼管の内部にコンクリートを充填して、鉄骨の局部座屈を防止し、耐火性も向上させる構造形式である（2・11節参照）。

・RCS構造

　柱を圧縮に強い鉄筋コンクリート造、梁を軽量な鉄骨造とした構造形式である（2・11節参照）。

3　鉄骨造の主な架構形式

(1)軸組構法（図2・6・7）

　各種形鋼を柱、梁に利用して骨組を構成する構法である。水平力に抵抗する形式として、柱梁を剛接合したラーメン構造、ブレースを導入したブレース構造などがある。

・柱

　柱に作用する力は主に圧縮力であり、大きな断面積を必要とするだけでなく、前述のように座屈に対する

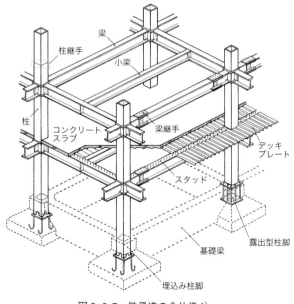

図2・6・7　鉄骨造の全体像[1]

配慮も必要である。ラーメン構造では水平力が作用する時に特に大きな曲げモーメントが作用するため、曲げに対する断面性能にX方向とY方向の違いがない角型鋼管を使用することが多い。

・梁

梁に作用する力は主に曲げモーメントである。曲げモーメントに対抗するためH形鋼やラチス梁などが用いられる。梁幅に比べて梁せいを大きくすると前述のように横座屈が生じやすくなるため、断面の縦横比を小さくすることや、小梁による横補剛などを検討する。また、曲げモーメントによるウェブの座屈を防止する水平スチフナ、せん断力によるウェブの座屈を防止する中間スチフナ、荷重点や支持点などの局部座屈を防止するスチフナなどによる補強を適宜検討する（図2・6・8）。

・ブレース

水平力に抵抗するもう1つの方式としては、ブレースが挙げられる。ブレースによる構造はラーメン構造に比べて剛性が高く変形能力に乏しいため、特に両者を併用する際は注意を要する。近年は制振デバイスを組み込んだり、座屈拘束ブレースを用いたりすることもある（図2・6・9）。ブレースを座屈しないように設計すると断面が太くなってしまい、引張応力に対して十分な変形性能を確保できなくなってしまう。この問題を解決するのが座屈拘束ブレースであり、圧縮力に対しては座屈拘束材によって中心鋼材の座屈を防止し、引張力に対しては中心鋼材のみが引張力を受けて十分な変形性能を確保できる。

・床、水平ブレース

床はデッキプレートを捨て型枠とした鉄筋コンクリートスラブとしたり、ALCパネル（Autoclaved Lightweight aerated Concrete；気泡の入った軽量コンクリート版）やプレキャストコンクリートを用いたりすることが多い。また、鉄骨梁とコンクリートスラブをスタッドボルトで一体化して合成梁とすることもある。床剛性の確保が必要な場合は梁と梁との接合を剛としたり、水平ブレースを用いたりする。

(2)トラス

各種形鋼を接合してトラス架構を構成したものをいう。軸組構法の柱、梁をトラスに置き換えた形式もある。

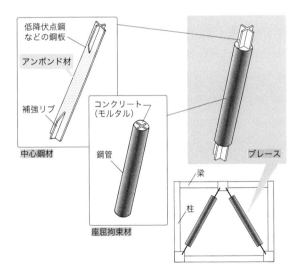

図2・6・9　座屈拘束ブレース[2]

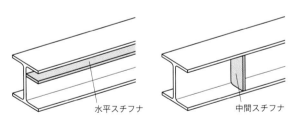

図2・6・8　スチフナ
鉄骨部材に補強のために取り付けられるプレート

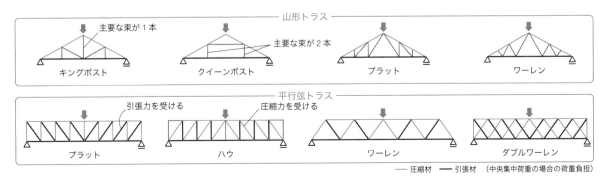

図2・6・10　トラスの種類

・トラスの種類（図2・6・10）

　トラスを用いると短い部材の組み合わせで大きなスパンを架け渡すことが可能になるため、小屋組に利用されることが多い。山形トラスで代表的なものとしてキングポストトラス（真束小屋組）、クイーンポストトラス（対束小屋組）などが挙げられる。上弦材と下弦材が平行であるものを平行弦トラスと呼び、代表的なものとしてプラットトラス、ハウトラス、ワーレントラスなどが挙げられる。プラットトラスは圧縮材が短くなるように構成されているため、鋼のように座屈に対する配慮が必要な材料に適している。この他、ドームなど三次元的にトラスを構成したものを立体トラスと呼ぶ。

(3)軽量形鋼が使用される部位

　軽量形鋼はさまざまな規模の建築物の二次部材（母屋、胴縁、間仕切り下地、天井下地など）に利用される。特に厚さ1mm程度の薄板軽量形鋼は合板等を耐力面材としたスチールハウス等に利用される。軽量形鋼は運搬や組み立てが容易である一方、肉厚が薄いため、局部的な応力とそれによる変形、溶接の不備や腐食の影響に十分注意する必要がある。

4　接合部の構成と性能

(1)柱梁接合部（図2・6・11）

　鉄骨造は柱梁を剛接合してラーメン構造とすることが可能である。この場合、工場で柱の一部と梁の一部をあらかじめ剛接合させた柱梁接合部を製造しておき、現場で他の部分との接合を行う。梁にはH形鋼を使用することが一般的であり、この場合、フランジが曲げモーメントによる引張応力と圧縮応力を負担する。この応力を伝達するため、柱梁接合部にはダイヤフラムを備えておく。柱をフランジの位置で切断することでダイヤフラムを柱の内側に貫通させる方式を通しダイヤフラム、柱の内側にダイヤフラムを形成して応力を伝達する方式を内ダイヤフラム、柱の外側にダイヤフラムを形成して応力を伝達する方式を外ダイヤフラムと呼ぶ。柱梁をピン接合する場合は、梁の端部を柱

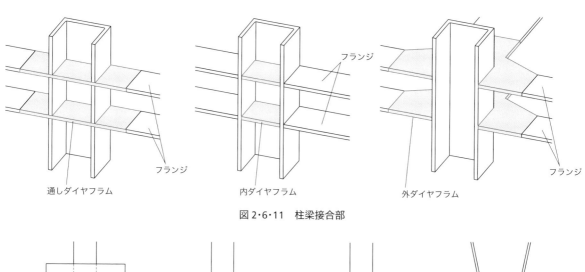

フランジ

通しダイヤフラム　　　　フランジ

内ダイヤフラム

外ダイヤフラム　　　　フランジ

図2・6・11　柱梁接合部

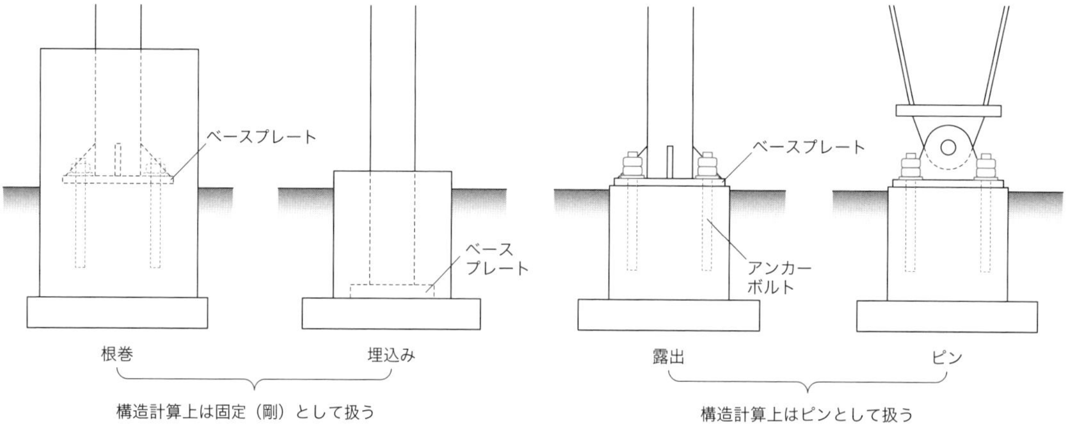

ベースプレート

ベースプレート

ベースプレート

アンカーボルト

根巻　　　　　　　　　　埋込み

構造計算上は固定（剛）として扱う

露出　　　　　　　　ピン

構造計算上はピンとして扱う

図2・6・12　柱脚の種類

に接合する。

(2)柱脚（図2・6・12）

柱脚は上部構造に生じた応力を基礎に伝達する部位である。基礎は鉄筋コンクリートで構成されることが一般的であり、鉄筋コンクリートは鋼に比べて強度が低いため、接触面にはベースプレートを設けて応力度を小さくする。鉄骨部分と基礎部分との接合方法が十分な曲げ剛性を有しない場合、構造的にはピン接合として扱われる。この場合、基礎には上部構造の曲げモーメントが伝達されないため、基礎構造は比較的簡易となる。一方、十分な曲げ剛性を有する固定方法とした場合、構造的には剛接合として扱われ、基礎は大きくする必要があるが、上部構造の負担は軽減することができる。

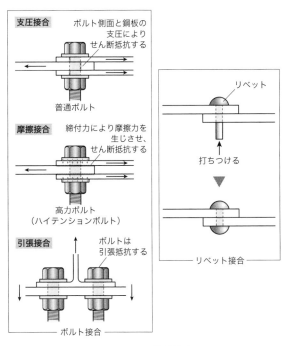

図2・6・13　機械接合

(3)接合方法

鉄骨造は前述のように、工場である程度の部材加工を行い、それらを現場で組み立てる構法である。このため、部材同士を接合して一体化する接合方法が構造性能上きわめて重要である。鋼構造の接合方法は機械接合と溶接接合の2つに分けられる。

1）機械接合（図2・6・13）

普通ボルト、高力ボルト、リベットなどにより接合する方法である。耐力発現機構に着目すると、支圧接合、摩擦接合、引張接合に分類できる。

・支圧接合

孔の支圧とボルト軸のせん断力によって抵抗する接合形式である。ボルトと孔の隙間分だけ滑った後に耐力を発現するため、孔の大きさの加工精度が耐力および剛性に影響する。

・摩擦接合

高力ボルトにより鋼板同士を強く締め付けると、ボルト軸に生じた大きな引張力の反作用として鋼板同士の間に大きな摩擦力（＝摩擦係数×締め付け力）が生じる。

摩擦係数を確保するためには、孔周囲のばり（切削加工時などにめくれあがってできた余分な部分）を取り除くとともに、摩擦面の黒皮（鋼材表面の酸化被膜）を除去して発錆させたり、ブラスト処理（加工対象材に研磨材を吹きつけて表面を清浄化する処理）したりするなどの必要がある。摩擦力が十分に大きい場合には接合部にずれはまったく生じない。

・引張接合

ボルトの軸の引張応力によって部材間応力を伝達する形式であるが、板部の変形やせん断応力をボルトが同時に負担する場合のボルトの許容応力度の低減に注意する必要がある。

・リベット接合

リベットを1000℃近くに熱してリベッターでかし

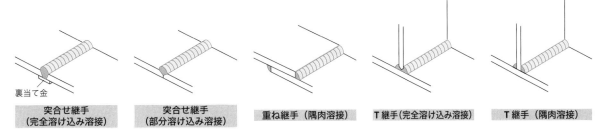

図2・6・14　溶接接合

めて接合する方法である。ボルト接合のようにナット
が緩むおそれがなく、かしめた時に軸部が膨らむこと
で初期ずれが小さくなるという長所があるが、大きな
騒音を発生することや、施工時間がボルト接合に比べ
て長くなることなどから、現在はほとんど用いられて
いない。

2) 溶接接合（図2・6・14）

接合したい部材どうしおよび溶接棒を溶融して接合
する方法である。適切に管理すれば母材と同等の性能
を確保できる完全溶け込み溶接のほか、部分溶け込み
溶接、隅肉溶接などがある。

・完全溶け込み溶接

接合しようとする鋼材の端部を適当な角度に切断し
て溝を形成し、この中に溶接金属を埋め込む方法であ
る。片側からしか溶接できない場合は裏当て金を当て
るほか、溶接の始端と終端には欠陥が生じやすいため、
エンドタブを用いる。

・部分溶け込み溶接

断面の一部が溶接されない方法で、通常、曲げモー
メントを負担しない部位に使用される。

・隅肉溶接

鋼板同士を組み合わせた隅角部に溶接金属を溶着す
る方法である。せん断力によって応力を伝達できる部
位に使用される。

(4)施工上の留意点

溶接接合は機械接合に比べて施工の良否が性能を左
右するため、十分な施工管理が必要である。特に、母
材への熱影響や残留応力（熱によるひずみなどで、外
力がなくても内部に応力が生じること）、内部欠陥（内
部に空洞や割れ、異物混入などが生じること）への配
慮が必要である。

5　耐火性、耐久性

(1)耐火性

鋼材は不燃材料であるが、前述のように高熱時に急
激に軟化する。鉄骨造の耐火性能を確保するためには、
前述の耐火鋼を用いたり、耐火被覆（図2・6・15、2・6・
16）を行う必要がある。耐火被覆には吹付け工法、巻
付け工法、成形板工法、耐火塗料の塗装などがある(図
2・6・16)。

(2)耐久性

鋼の耐久性上問題となるのは主に疲労破壊と腐食で
ある。疲労破壊とは1回の応力では影響がなくとも、
繰り返し応力を受けることにより破壊が生じる現象で
ある。地震時の繰り返し回数は少ないため問題になら
ないが、移動クレーンなどでは繰り返し回数に応じて
強度の低減を考慮するなどの対応が必要である。また、
有害な腐食が生じないように、塗装やメンテナンス上
の配慮を行う必要がある。

図2・6・15　鉄骨造の耐火被覆（吹付け工法）

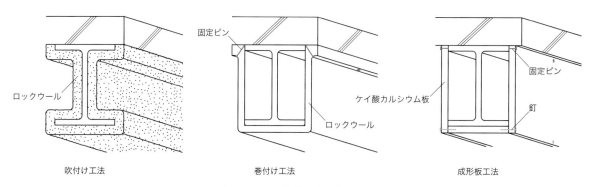

図2・6・16　鉄骨造の耐火被覆の例

2・7 鉄筋コンクリート造

1　鉄筋コンクリート造の基礎的事項

　引張に強い鉄筋と圧縮に強いコンクリートが一体となって外力に対して働くようにした構造材料を鉄筋コンクリートといい、これを柱や梁など構造上主要な部分に用いた建築物を鉄筋コンクリート造(RC造)という。

(1)材料の特徴

　コンクリートは、水、セメント、骨材（砂・砂利など、再生骨材を含む）および混和材料（混和材、混和剤）を混合してつくり、安価な割に圧縮強度が高いため大量に使用できる建築材料である。建築に使う場合の設計基準強度（Fc）は、日本建築学会の『建築工事標準仕様書・同解説 JASS 5 鉄筋コンクリート工事』(以下 JASS 5 と略す）において 18N/mm² 以上 48N/mm² 以下とされ、部材ごとに特記による。設計基準強度が 48N/mm² を超えるものを高強度コンクリートといい、200N/mm² 程度まで実用化されている。一般にコンクリートは、鉄筋などの鋼材に比べると、ヤング率は 1/10、圧縮強度は 1/20、引張強度は 1/200 程度であり（表2・7・1）、構造体として使うには鉄筋で補強して引張強度や曲げ強度を上げる必要がある。

　一方、鉄筋は引張強度や曲げ強度が高いが、腐食しやすく火災などの熱により強度が低下するという弱点があり、アルカリ性で比較的熱に強いコンクリートで被覆することでその弱点を補うことができる。また、鉄筋とコンクリートは付着性がよく、線膨張係数がほぼ同じで温度変化に対して一体的に挙動するため、鉄筋コンクリートは合理的な材料といえる。

　建築に用いる鉄筋は、コンクリートとの付着を良く

するため、竹節(横節)、波節（斜め節）、ねじ節など表面に突起をもった異形鉄筋が主体である（図2・7・1）。丸鋼は異形鉄筋に比べてコンクリートの付着面積が少ないため、溶接金網などに細径のものが使われている程度である。一般に使用される異形鉄筋は、JIS G 3112 において規定された鉄筋コンクリート用異形棒鋼で、種類の記号（SD345など）と呼び名（D25など）により区分されている。ここで、「SD」は異形棒鋼、「345」は強度区分、「D25」は径25mmの異形鉄筋を表している。

　RC造建築物の構造体および部位・部材の性能が低下することのない期間を計画供用期間という。計画供用期間中は、コンクリートの中性化の進行によって内部鉄筋が腐食し、かぶりコンクリートの剥落など大規模補修が必要となる鉄筋腐食に至るような重大な劣化が生じないように、かぶり厚さ（表2・7・2、図2・7・9）などにより耐久性を確保する。中性化の進行を遅らせるには、水セメント比が小さく圧縮強度の高いコンクリートを使用する。JASS 5 では、構造体または部材の計画供用期間の級（短期、標準・長期、超長期）に応じて耐久設計基準強度を規定している。構造体または部材の要求性能を得るために必要とされるコンクリートの品質基準強度は、設計基準強度または耐久設計基準強度の大きい方とする。

(2) RC造の仕組み

　RC造では、コンクリートは引張強度が小さいので、主にコンクリートには圧縮力を負担させ、鉄筋に引張力を負担させる（図2・7・2）。

　無筋のコンクリート部材に上部から荷重が加わると曲げモーメントが作用し、部材下面に引張力が生じる。引張側の応力度がコンクリートの引張強度を超えると、

表 2・7・1　コンクリートと鉄筋の特性比較

	コンクリート（$Fc = 24 \sim 36N/mm^2$）		鉄筋（SD295AB ～ SD345）
ヤング係数 （N/mm²）	$2.5 \sim 2.8 \times 10^4$	×10	2.05×10^5
長期許容圧縮応力度 （N/mm²）	$8 \sim 10$	×20	$200 \sim 220$
長期許容引張応力度 (N/mm²)	$0.8 \sim 1$	×200	$200 \sim 220$
線膨張係数 （1/℃）	1×10^{-5}	≒	1×10^{-5}

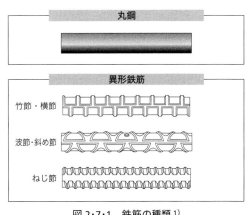

図 2・7・1　鉄筋の種類[1]

ひび割れが発生し、瞬時に部材は破壊する。そこで部材断面の引張側に鉄筋を配置する。また、部材には斜めにせん断力が働くため、部材の長さ方向に対して直行する方向に細かくせん断補強筋を入れて、せん断破壊を防止する。

鉄筋は引張力が生じる部分に配置するが、圧縮力が生じる部分にも配置して、コンクリートと一緒に圧縮力を負担させることで、部材の粘り強さを向上させる。

部材に加わる軸方向の引張力・圧縮力や曲げモーメントを負担する鉄筋を主筋という。

せん断力は、コンクリートとせん断補強筋が負担する。せん断補強筋は、梁ではあばら筋（スターラップ）、柱では帯筋（フープ）と呼ばれる。

(3) 生産方式

RC造の構造体は現場でコンクリートを打設してつくる方法が一般的である。現場でコンクリートを打設するには型枠の組み立て・取り外しが必要であり、コ

表 2・7・2　設計かぶり厚さと最小かぶり厚さの規定[2]（単位：mm）　（　）は最小かぶり厚さ

部位・部材の種類		一般劣化環境（非腐食環境）	一般劣化環境（腐食環境）計画供用期間の級			かぶり厚さの最小値（建築基準法施行令第79条）
			短期	標準・長期[*2]	超長期	
構造部材	柱・梁・耐力壁	40 (30)	40 (30)	50 (40)	50 (40)	(30)
	床スラブ・屋根スラブ	30 (20)	30 (20)	40 (30)	50 (40)	(20)
非構造部材	構造部材と同等の耐久性を要求する部材	30 (20)	30 (20)	40 (30)	50 (40)	(20)
	計画供用期間中に保全を行う部材[*1]	30 (20)	30 (20)	40 (30)	40 (30)	—
直接土に接する柱・梁・壁・床および布基礎の立上がり部		50 (40)				(40)
基礎		70 (60)				(60)

＊1：計画供用期間の級が超長期で、計画供用期間中に保全を行う部材では、保全の周期に応じて定める。
＊2：計画供用期間の級が標準、長期および超長期で、耐久性上有効な仕上げを施している場合は、一般劣化環境（腐食環境）では、設計かぶり厚さを10mm減じた値とすることができる（ただし、基礎、直接土に接する柱・梁・壁・床および布基礎の立上がり部を除く）。

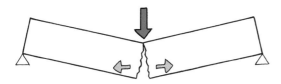

コンクリートは圧縮力に強く、引張力に弱い。
無筋のコンクリート部材に力が加わり引張強度を超えると、部材の下端の引張力が働く部分にひび割れが生じ、瞬時に破壊する。

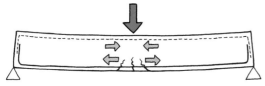

部材の引張力が働く下側に鉄筋を入れると、鉄筋とコンクリートに付着力があるため、コンクリートにひび割れが生じても、鉄筋が切れなければ部材は破壊しない。圧縮力が働く上側は、コンクリートが抵抗する。

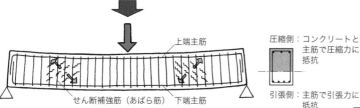

上端主筋
せん断補強筋（あばら筋）　下端主筋

圧縮側：コンクリートと主筋で圧縮力に抵抗
引張側：主筋で引張力に抵抗

ただし、部材には、斜めにせん断力が働くため、部材の長さ方向に対して直行する方向に細かくせん断補強筋を入れて、せん断破壊を防止する。
また、上側に鉄筋を入れるとコンクリートと一緒に圧縮力に抵抗し、梁を粘り強くする。

梁

地震などの水平力が繰り返し作用すると、主筋のみでは部材がせん断破壊する。

せん断補強筋（帯筋）を細かく入れて、せん断破壊を防止する。なお、せん断補強筋は、主筋の座屈防止の役割も果たす。

主筋
せん断補強筋（帯筋）

主筋：部材に加わる軸方向の引張力・圧縮力や曲げモーメントを負担する鉄筋。
せん断補強筋：コンクリートとともに部材のせん断破壊を防止するための鉄筋。

柱

図 2・7・2　鉄筋コンクリート造の仕組み

ンクリート強度が発現するまでには一定の時間が必要である。そこで構造体を構成する部材を工場で製造し現場で組み立てるプレキャストコンクリート（Precast Concrete；PCa）が利用されている。プレキャストコンクリート部材のみで構造体を構成する方法もあるが、設計内容や施工条件に合わせて現場打ちコンクリートとプレキャストコンクリートを組み合わせて利用することが多い。

2　施工法と施工手順

現場打ちコンクリートでは、柱・梁・壁・床などの構造部材と間仕切り壁などの非構造部材を一体として構築する。その標準的な施工手順は、配筋、型枠組み立て、コンクリート打設、養生、型枠取り外しである。

(1)配筋

・配筋の要領（図2・7・3）

コンクリートの構造体・部材に設計図通りに鉄筋を配置することを配筋という。鉄筋には引張力を負担させるため構造体・部材に引張力が働く部分に必要な鉄筋量を満たす径・本数・強度の鉄筋を配置する。圧縮力が働く部分はコンクリートが抵抗するため、部材断面をみると一般に鉄筋量は引張側の方が圧縮側より多くなる。圧縮側にも鉄筋を配置するとコンクリートと一緒に圧縮力に抵抗して部材が粘り強くなるので、重要な構造部材である柱や梁では圧縮側にも鉄筋を配置する。

・定着と継手

RC造は鉄筋とコンクリートが一体となって力を受け伝えていく構造である。たとえば、梁に曲げモーメントが働くと柱にも伝わらなければならない。そのようにするには各接合部は剛接合でなければならないが、そのためには、鉄筋が接続する部材に十分のみ込まれている必要がある。梁であれば、その主筋を接続する柱に所定の長さだけのみ込ませる必要がある。これを定着といい、鉄筋コンクリート造の各接合部では、す

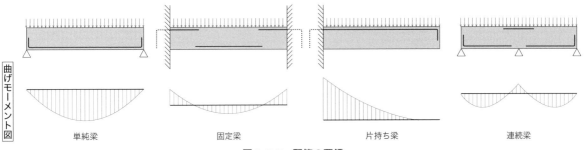

図2・7・3　配筋の要領

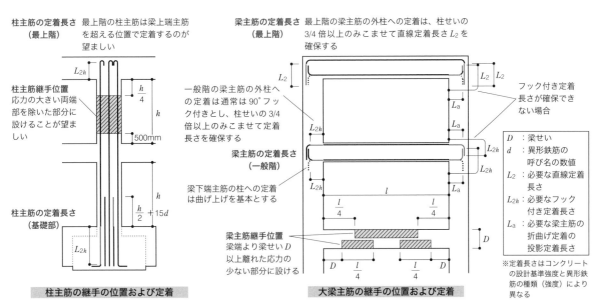

図2・7・4　柱と大梁主筋の定着と継手の位置[3]

べて所定の長さを接続する部位に定着させる必要がある。JASS 5 では、鉄筋の種類、コンクリートの設計基準強度などによって鉄筋の定着長さが定められている（図 2・7・4）。

限られた長さの鉄筋を連続した鉄筋とするための接合部や、太さの異なる鉄筋の接合部を継手という。鉄筋の継手には、重ね継手、ガス圧接継手、溶接継手、機械式継手がよく用いられる。

重ね継手（図 2・7・5）は、2 つの鉄筋を所定の長さだけ重ねて配筋し、重ね部分のコンクリートの付着力を介して鉄筋に加わった応力を伝えるものである。一般的に D16 以下の鉄筋の継手に使用され、原則としてD35 以上の異形鉄筋の継手には使用しない。JASS 5 では重ね継手の長さを、鉄筋の種類、径、フックの有無、コンクリートの設計基準強度により規定している。

ガス圧接継手（図 2・7・6）は、平滑に加工した鉄筋端面を突き合わせてガスバーナーで加熱しながら圧縮力を加えて継手とするものである。D16 〜 D25 までの鉄筋の継手として一般的に使用されており、D29 〜 D51 までの太径鉄筋にも使用することができる。溶接継手（図 2・7・6）は、圧縮力を加えずにエンクローズド溶接などにより鉄筋端部を溶融させて鉄筋をつなぎ合わせるものであり、主に太径鉄筋の接合に使用される。機械式継手（図 2・7・7）は、特殊鋼材製の鋼管（カプラー、スリーブ等）を利用して、機械的に締め付ける、鋼管内部にグラウト材やモルタルを充填するなどして鉄筋をつなぎ合わせるなどの方法による継手で、太径鉄筋やプレキャストコンクリート柱、梁の主筋接合などに使用される。

鉄筋の継手位置は必ず、それぞれの部材に荷重が作用する場合に応力の小さい部分、または常時コンクリートに圧縮力が生じている部分に、隣接する継手位置をずらして設けるのが原則である。機械式継手には同一位置に継手を設けることのできるものが多い（図 2・7・4）。

・鉄筋のあきとかぶり厚さ

同一方向に配置された鉄筋の隙間の距離を鉄筋のあきという。鉄筋のあきが確保されていないと打ち込まれたコンクリートの粗骨材（砂利）が鉄筋に引っかかり、コンクリートの充填不良を起こして部材耐力の低下を招く。そこで JASS 5 では鉄筋のあきを、図 2・7・8 に示すように鉄筋の呼び名の数値（径）の 1.5 倍以上、粗骨材最大寸法の 1.25 倍以上、かつ 25mm 以上とするように定めている。また、同一方向に配置された鉄筋の中心間距離を鉄筋間隔といい、これについても図 2・7・8 に示す規定がある。

鉄筋表面からこれを覆うコンクリート表面までの最短距離をかぶり厚さという。鉄筋コンクリート部材の表面またはその特定の箇所において最も外側にある鉄筋のかぶり厚さを最小かぶり厚さといい、建築基準法施行令第 79 条では、所定の数値以上を確保するよう定めている。なお柱や梁では主筋ではなく帯筋やあばら筋の外面からの厚さで最小かぶり厚さを確保する。また、柱や梁の主筋は径の 1.5 倍以上のかぶり厚さを

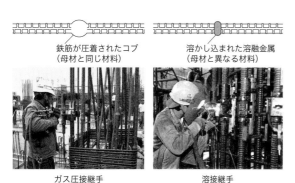

図 2・7・5　重ね継手

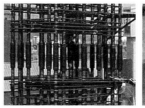

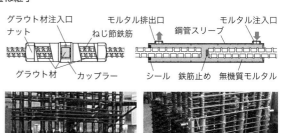

図 2・7・6　ガス圧接継手と溶接継手[4]

図 2・7・7　機械式継手[5]

合わせて確保する。JASS 5では施工精度などを見込んで構造体の最小かぶり厚さを確保するために、それに10mm増した設計かぶり厚さを設定している。JASS 5の設計かぶり厚さと最小かぶり厚さは、部位・部材の種類ごとに、外気に接することがなく水分供給の可能性がない一般劣化環境（非腐食環境）と、それ以外の一般劣化環境（腐食環境）に区分し、計画供用期間の級（短期、標準・長期、超長期）に応じて設定されている（表2·7·2）。JASS 5における計画供用期間の級が標準・長期の場合の設計かぶり厚さの概要を図2·7·9に示す。外壁面に誘発目地・施工目地を設ける場合は、目地底でシーリングおよび防錆措置を十分に行うことで、建築基準法施行令第79条の最小かぶり厚さを確保するよう計画する。

(2)型枠の組み立て

・型枠の構成

鉄筋コンクリート造では、鉄筋と型枠を組み立てた後、コンクリートが打ち込まれる。型枠はコンクリートが硬化するまで、部材の自重や施工時の荷重を保持し、コンクリートを養生し、コンクリート部材の寸法・

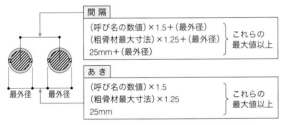

図2·7·8　鉄筋の間隔とあき [6]

形状・位置および鉄筋の配置を決める役割を担っている。

図2·7·10に合板型枠を用いた在来工法による型枠の組み立て例を示す。型枠は、せき板、根太、大引によって面材を構成し、コンクリート打設時の荷重に対して強度・精度を確保する。垂直面である柱・壁・梁側の型枠はセパレータを使用して型枠緊結金具（フォームタイ等）で保持する。水平面である床・梁底の型枠はパイプサポートなどの支柱を用いて支持する。また、施工時の水平荷重による型枠の変形・倒壊を防ぐために支柱には鋼管等による水平つなぎを設置する。型枠の代表的な構成材料・部品を以下に示す。

(a)せき板

型枠のうち、直接コンクリートに接する材料をせき板といい、コンクリートの表面性状やせき板の転用回数などに応じて、合板、表面塗装合板、鋼製型枠、アルミ型枠、プラスチック型枠などが用いられている。

また、床用のせき板には、天井下地や設備配管・機器を支持する吊りボルトが取り付けできるように、内部をねじ切りしたインサート金物を固定し、コンクリートに打ち込む。

(b)根太・大引・支柱

コンクリート打設時の荷重でせき板が膨らまないように裏側から押さえる根太や大引、それらを支えるパイプサポートなどの支柱が必要である。コンクリートを打設する際に使用する型枠を支持する根太・大引・支柱などを総称して支保工という。そのほか、両側の内端太や外端太をせき板を貫通してせき板の必要間隔

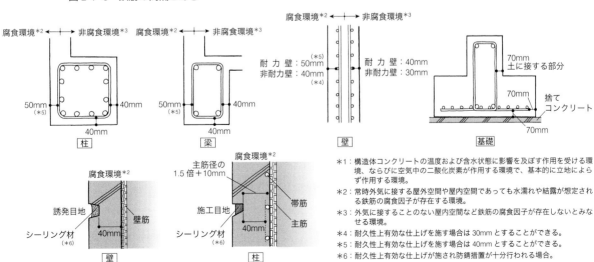

図2·7·9　設計かぶり厚さ（一般劣化環境*1で計画供用期間の級が標準・長期の場合） [7]

を保つセパレータやそれらを緊結する型枠緊結金具なども必要である。

・型枠工事の合理化

型枠工事は躯体工事において工事量が多く同じ作業が繰り返されるため、省力化と工程短縮を図ることのできる型枠工法が利用される場合が多い。

(a)打込み型枠工法

せき板を脱型せず、そのまま躯体面に存置するもので、工場生産のプレキャストコンクリート型枠（PCf）やデッキプレートなどの薄板の鋼板型枠がおもに用いられる。また、床に用いる場合、支保工を減らすためにトラス鉄筋を型枠に組み込む場合もある。仕上げ材を打込み型枠として用いる場合は、裏面へのコンクリートの充填を確認できるように両面に打込み型枠を用いないようにする（図2・7・11）。

(b)転用型枠工法

集合住宅のように、同じプランが繰り返される場合や、倉庫や工場のように床が厚く階高が高い場合などに、規格化・標準化された型枠をその都度解体することなく繰り返し使用する方式である。柱・壁には剛性の高いシステム型枠や大型型枠が、床・梁には型枠と支柱が一体となったシステム型枠が用いられる（図2・7・12）。転用型枠を使用する場合は、上階になるにつれて構造部材の断面が縮小することが多いので、寸法調整部分には補助型枠を利用する。

転用型枠を用いる場合、現場での型枠組み立て時間が短縮されるので、柱・梁・壁・床などの鉄筋組み立てについても、あらかじめ別の場所で鉄筋部材を組み立て、現場では接合部のみ施工する先組み鉄筋工法を併用する場合が多い。

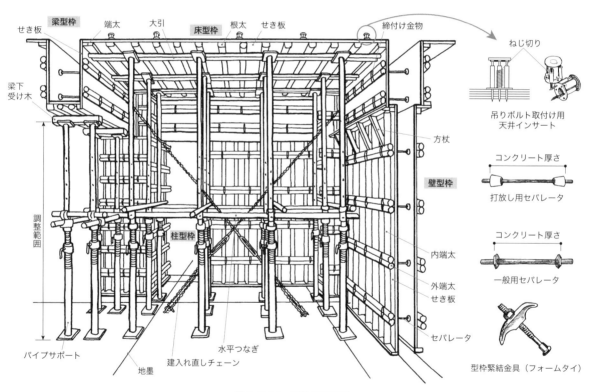

図2・7・10　型枠の構成[8]

フラットデッキプレート

鉄筋組込みデッキプレート

遠心成型PCa柱型枠

鉄筋トラス付きPCa合成床型枠

図2・7・11　打込み型枠の例[9]

立体的に断面が変化する塔状建築物に転用型枠を使用する場合は、平面形状、壁厚などを自由に変更できる型枠をジャッキで押し上げ、滑らせて上昇させながら、連続的にコンクリートを打設し躯体を構築していくスリップフォーム工法（図2・7・12右下）が用いられる。

(3)コンクリートの打込み

コンクリートは、分離しないよう、かつ密実に充填されるように振動機などを用いて打ち込む。また、漏水の原因となるコールドジョイント[注1]の発生を防ぐために、外気温に応じてコンクリートを打ち重ねる時間間隔に配慮して打込み順序を計画する。

(4)養生

コンクリートは水和反応によって硬化するので、コンクリート打設後一定期間は湿潤な状態に保つ必要がある。また、寒冷地や冬季での施工で外気温が2℃以下になる場合は初期強度発現のために保温養生が必要である。なお、所定の強度が得られるまで、振動や荷重を加えないようにする。

(5)型枠の取り外し

型枠は、コンクリートの構造的な品質を確保するために、建築基準法により取り外しまでの存置期間が定められている。JASS5では、型枠の構成部材ごとに建築物の部分について、計画供用期間の級に応じて、必要なコンクリートの圧縮強度または平均気温による材齢にもとづく存置期間を定めている。なお、原則として、スラブ下および梁下のせき板は支保工を取り外した後に取り外し、支保工の盛りかえは行わない。

コンクリートの結合材[注2]に普通ポルトランドセメントを使用した場合のJASS5の規定を表2・7・3に示す。

柱システム型枠

梁システム型枠

壁大型枠

スリップフォーム

図2・7・12 転用型枠の例 [10]

表2・7・3 型枠の存置期間に係る規定の例 [11]

建築物の部分		計画供用期間の級			
		長期・超長期		短期・標準	
		コンクリートの圧縮強度を確認する場合		コンクリートの材齢による場合	
				存置期間中の平均気温	
せき板	基礎・梁側 柱・壁	10N/mm²	5N/mm²	20℃以上	10℃以上 20℃未満
				4日	6日
	スラブ下 梁下	構造体コンクリート強度が設計基準強度以上		支保工取外し後	
支保工	スラブ下 梁下	構造体コンクリート強度が設計基準強度以上または、コンクリートの圧縮強度が12N/mm²以上かつ計算で求めた部材を安全に支持できる強度を上回ることを確認した場合		コンクリートの材齢ではなく、圧縮強度を確認する	
支柱の盛かえ		支柱の盛かえは、原則として行わない			

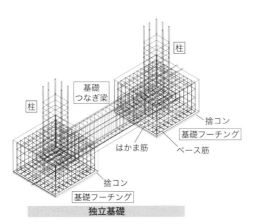
独立基礎

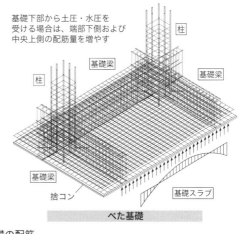
べた基礎

図2・7・13 基礎の配筋

3 RC造の主な各部構法

(1)基礎

基礎はRC造であり、その形状には図3・2・9 (p.128) に示すものがある。フーチングは、上部からの荷重を杭または支持地盤に伝えるので、その圧縮力に耐える大きさとし、コンクリートが破壊しないようにベース筋・はかま筋などを配置する。基礎梁・底盤は通常の梁・床と同じである。ただし、下から土圧や水圧を受ける場合は、中央部上側および端部下側に引張鉄筋が必要となるので注意を要する（図2・7・13）。

(2)柱 （図2・7・14）

柱は上部の柱から伝わる圧縮力と隣接する梁から伝わる曲げモーメントを負担するので、この両者を考慮して断面寸法と配筋量を計画する。曲げモーメントにより生ずる引張力は主筋が負担する。圧縮力はおもにコンクリートが負担するが、せん断破壊を防止するために主筋とともに帯筋を配置する。帯筋は、内部のコンクリートの拘束、主筋の座屈防止に有効であり、間隔を密にすることが重要である。断面形状は、正方形、長方形、円形とすることが多いが、建物形状に応じた異形のものも使われる。断面の大きさは、積載荷重・スパン・階数によって決まる。超高層建築では下階の柱断面が大きくなると空間の使い勝手が悪くなるため、高強度コンクリートや高強度鉄筋を使用して断面寸法を抑制している。

(3)梁 （図2・7・14、2・7・15）

梁には柱に剛接合する大梁と、大梁に単純接合する小梁がある。小梁は床から伝わる荷重と自重による曲げモーメントをもとに断面寸法と配筋量を計画する。大梁は床・小梁から伝わる荷重および地震力などの水平力による曲げモーメントを負担するので、この両者を考慮して断面寸法と配筋量を計画する。一般的な両端固定の大梁では、通常は、両端部の上側および中央部の下側に引張力が働くため、ここに主筋が必要となる。引張応力を負担する側にのみ主筋を配置する梁を単筋梁といい、圧縮側にも主筋を配置する梁を複筋梁という。圧縮側の鉄筋は一般に長期荷重によるクリープ[注3]たわみの抑制、地震時に対する靭性の確保に効果的であることから、構造耐力上主要な部分である梁は複筋梁とする。

梁の断面形状は、通常は縦長の長方形である。断面寸法は、積載荷重・スパンにより決まり、全断面を同一として計画するのが一般的である。配管等を貫通させる場合は、貫通孔の大きさを考慮して梁せいを大きくすることもある。また、中央部の梁せいを抑えるために両端部に垂直のハンチを設ける場合がある（図2・7・15上）。

梁には主筋だけでなく、せん断補強筋（あばら筋）を梁せいの3/4以下の間隔で配置する。梁に貫通孔を設ける場合は、貫通部の周囲に開口補強筋を配置する。

建物外周部に横連窓の開口部が設けられる場合は、上部の腰壁や下部の垂れ壁と梁を一体化した梁せいの大きな壁梁（ウォールガーダー：wall girder）とし、梁幅を縮小することがある（図2・7・15中）。

集合住宅では、階高を上げないで外周に高い開口部を設ける場合、梁幅を広くし梁せいを縮めた扁平梁や、梁を床スラブ上に設ける逆梁が使われることがある（図2・7・15下）。

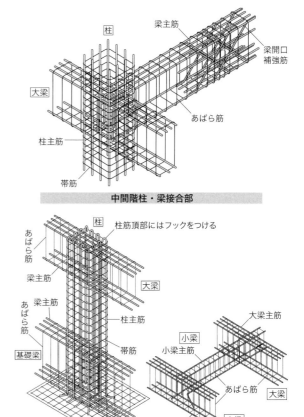

図2・7・14 柱・梁の配筋

(4)床（図2・7・16）

　床は、大梁や小梁で一辺以上が固定された床スラブとし、積載荷重や自重をもとに厚さと配筋量を計画する。床は、これらの荷重を梁に伝えるとともに、水平荷重を柱・梁に配分する役割もある。

　床スラブは、火災に対して安全で、剛性不足による過大なたわみが起こらないように、その厚さを8cm以上、かつ短辺方向における内のり長さの1/40以上と規定されている。床スラブは火災や積載荷重に耐えるだけでなく、振動、遮音、断熱などを考慮して厚さを

15cm以上とするのが一般的で、住宅では20cm以上のものが多い。一般的に床が厚いほど振動が少なく遮音性も高い。

　大梁から跳ね出したバルコニーなど1辺だけが支持されている床スラブを、片持ちスラブという。

　床スラブの配筋は、4辺固定の一般スラブか片持ちスラブかにかかわらず、縦横かつ上下に配筋するのが一般的であり、短辺方向の鉄筋を主筋、長辺方向の鉄筋を配力筋と呼び、配力筋は主筋の内側に配筋する。開口部を設ける場合は、周囲に補強筋を配置する。

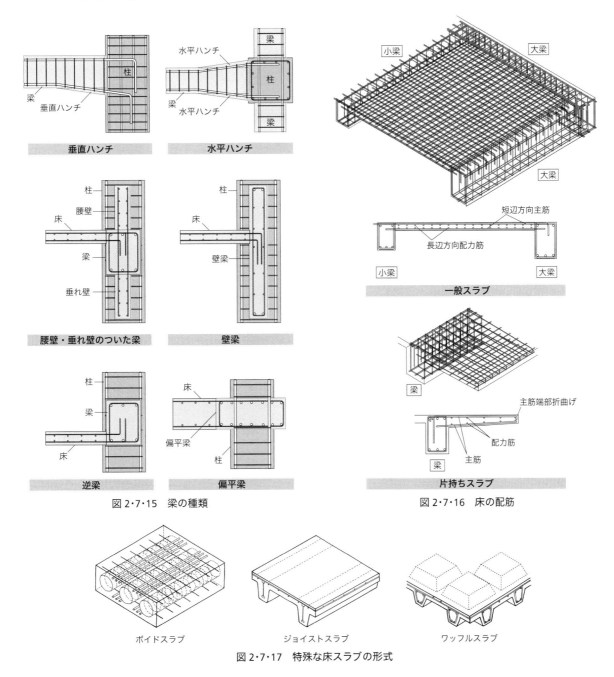

図2・7・15　梁の種類

図2・7・16　床の配筋

図2・7・17　特殊な床スラブの形式

また、幅・せいの小さな小梁を1方向または2方向に細かく並べて比較的大きなスパンの床スラブをつくる方式として、ボイドスラブ、ジョイストスラブ、ワッフルスラブなどがある（図2・7・17）。ボイドスラブは、床の断面内にボイド管を平行に配列し、その間に主筋を配筋して形成される小梁により床を支える構造である。ジョイストスラブは、幅・せいともに小さな小梁を1方向に連続配置して薄い床を支える構造であり、小梁にはトラス筋を使うことがある。ワッフルスラブは幅・せいともに小さな格子梁により薄い床を支える構造である。

(5)壁

壁には耐力壁と非耐力壁があり、RC造ではこの区別が重要である。

耐力壁は、建物の荷重と地震力・風圧などの水平荷重に耐える重要な壁である。耐震壁は、耐力壁のうち特に地震力に強く抵抗する壁である。耐力壁を設けることで構造体は固くなり、柔らかさや粘りを失うことがある。耐力壁はバランス良く、各階で縦方向に連続するように配置することが重要である。耐力壁の必要量は、構造計算により求める。一般的に、建物の床面積や階数が増えると、耐力壁が多く必要になる。

耐力壁の厚さは12cm以上と規定されているが、内外に複配筋する場合のコンクリートの充填性を考慮して18cm以上とすることが多い。

ラーメン構造の柱・梁に囲まれた耐力壁の壁筋（図2・7・18）は、縦横とも地震時に引張力を受けるため、柱・梁に十分に定着する。壁の配筋が複配筋である場合は、横筋を外側、縦筋を内側に配筋することを原則とする。壁筋の径を細くし間隔を密に配筋することは、乾燥収縮ひび割れの防止・分散に有効である。耐力壁にやむを得ず開口部を設ける場合は、開口部の周囲および隅部の斜め方向に補強筋を配置する。

壁式構造では耐力壁の端部には曲げ補強筋を配置する。開口部を設ける場合はその上下に壁梁を配置し、主筋を耐力壁に定着する。開口部の隅部には斜め補強筋を配置する（図2・7・18右）。

非耐力壁は、自重は負担するが建築物の構造耐力を負担しない壁で、帳壁とも呼ばれる。RC造であっても、柱や梁の間にスリットのある壁は非耐力壁である。RC造の非耐力壁の厚さに規定はないが、単配筋の場合でもかぶり厚さを考慮すると、壁厚10cm程度は必要となる。

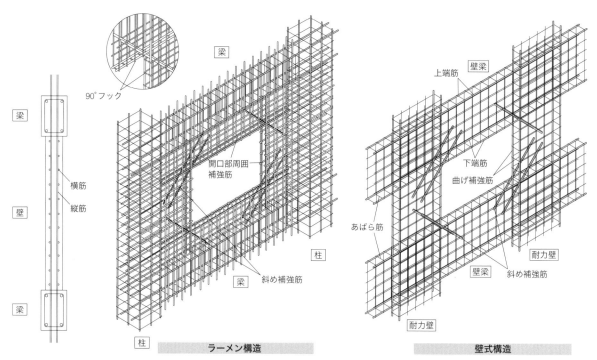

・壁がダブル配筋の場合の開口部周囲補強筋は、壁筋の内側に配筋する
・柱梁で囲まれた耐震壁の端部鉄筋にはフックをつける

図2・7・18　耐力壁の配筋

(6)階段 （図2・7・19）

　階段をRC造とする場合、斜めの床スラブと考えて設計するのが一般的で、以下の形式が多い。

(a) 斜め梁式…通常の床スラブと同様に、周辺の壁または斜めの側梁により斜めのスラブが4辺固定支持される。

(b) 傾斜スラブ式…上下の梁で斜めのスラブが2辺固定支持される。

(c) 片持ちスラブ式…階段に沿う一方の壁にだけ斜めの片持ちスラブが支持される。

　斜め梁式はすべての階段に、傾斜スラブ式は短い階段に、片持ちスラブ式は狭い階段にそれぞれ適している。

4　RC造の主な構造形式

　RC造の主な構造形式には、ラーメン、壁式、フラットスラブ、シェルなどがある。これらの他にも超高層建築において外周に柱列を細かく配置し、構造全体を梁として機能させるチューブなどの多様な構造形式がある（p.112、図2・12・3参照）。

(1)ラーメン構造 （図2・7・20）

　ラーメン構造は、柱・梁・床を剛接合して鉄筋コンクリート造を構成したもので、建築物の荷重と地震力・風圧などの水平荷重に柱・梁のフレームで耐える構造形式である。大地震時に柱・梁接合部に脆性的な破壊が生じないように、柱・梁接合部は十分大きくし、構造計算により確認する。柱・梁・床で構成されるため空間的な自由度は高い。建築物の規模・形状によっては、柱・梁だけで耐震性を確保すると部材断面が大きくなるので、コアや外周に耐震壁を組み込んで地震力を負担させ、柱・梁の部材断面が小さくなるようにしている。近年、コンクリートと鉄筋の高強度化により、30階以上の超高層集合住宅などにも適用されている。

(2)壁式構造 （図2・7・21）

　壁式構造は、柱や梁がなく主に耐力壁と床だけで鉄筋コンクリート造を構成したもので、建築物の荷重と地震力・風圧などの水平荷重に耐力壁だけで耐える構造形式である。平面的な壁と床で空間を構成でき、ラーメン式構造のような柱・梁型が室内に出ないため、集合住宅など壁の比較的多い建物に用いられる。壁式

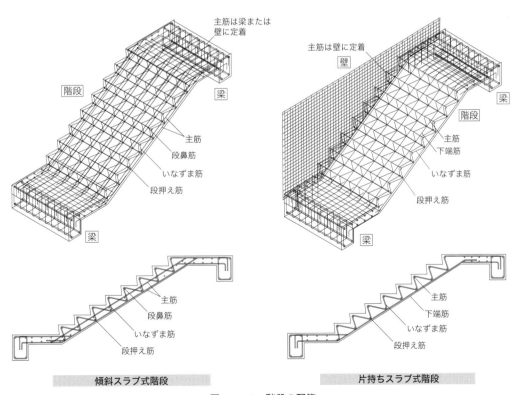

図2・7・19　階段の配筋
傾斜スラブ式と片持ちスラブ式では主筋の方向が異なる

構造の壁は、耐力壁となるため厚くなる傾向にあり、耐震性・耐火性だけでなく遮音性・断熱性にすぐれたものとなっている。

壁式構造は原則的には地上階数5以下、軒高20m以下、各階の階高3.5m以下の建築物を適用範囲とし、耐力壁の厚さ、耐力壁の量、鉄筋の量、配置方法などが規定されている。

(3)フラットスラブ構造（図2・7・22）

フラットスラブ構造は、梁を使わずに柱が直接床スラブを支える構造形式で無梁版構造とも呼ばれる。地震の多い日本では水平荷重の処理が難しいため、耐震壁を多数配置できる倉庫などで利用されている。梁型が出ない平らな床スラブの下に配管・ダクトなどが自由に設置でき、階高を抑えながら床スラブ下の空間を有効に利用できるなどの利点がある。

フラットスラブと柱が接する部分には柱がスラブを突き抜けて破壊（パンチング破壊）しないようにキャピタル（支板）を設けることが一般的である。

(4)シェル構造

自在な形状を実現するのに適し、接合部の処理が容易であることから、シェル構造はRC造とすることが多い。面内応力が釣り合うことで支持される薄いRC造の曲面板であり、曲げモーメントが小さいためにRC造で大空間構造をつくる場合に適している。プレストレスを導入すれば、ある程度の引張力にも抵抗できる。

ただし、曲面形状で薄肉のRC構造であるため、型枠・配筋作業の効率は低く、通常のRC工事よりコストがかかる。また、部材が薄いため、コンクリートの収縮によるひび割れ防止対策も必要である。

5　プレキャストコンクリート（PCa）造

(1)構法の概要

柱・梁・壁・床などの構造部材を工場などでプレキ

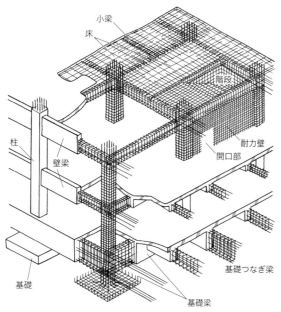

図2・7・20　ラーメン構造[12]

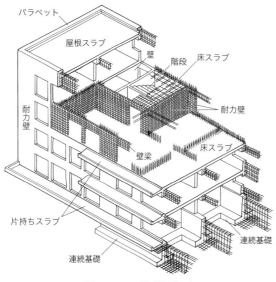

図2・7・21　壁式構造[13]

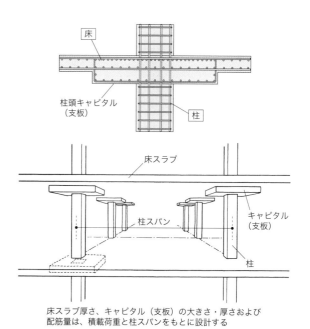

床スラブ厚さ、キャピタル（支板）の大きさ・厚さおよび配筋量は、積載荷重と柱スパンをもとに設計する

図2・7・22　フラットスラブ構造

ャストコンクリート（PCa）部材として製造し、現場でPCa部材を組み立て接合して構造体をつくる構法をプレキャストコンクリート（PCa）構法といい、PCa構法による構造形式をプレキャストコンクリート造という。

　床・壁などの構造部材の一部や手すり・笠木・間仕切り壁・外周壁などの非構造部位をPCa部材とするもの、柱・梁などの型枠をPCa化するもの（PCfと表記することが多い）など、PCa部材を用いて効率的に構築する施工方法をプレキャストコンクリート（PCa）工法という（図2・7・23）。

　PCa部材は工場で生産されるので、現場打ちコンク

リートに比べると以下のような利点がある。
①中性化の進行が遅い、水セメント比の低いコンクリートを使用できる。
②接合等のための正確な鉄筋の配置と、所要かぶり厚さを確保しやすい。
③部材コンクリート強度・品質を事前に確認できる。
④コンクリートの充填性や仕上がりを確認できる。
⑤鉛直部材であっても横にして製造できるため生産効率が向上する。
⑥工場で部材を養生するので、現場での養生期間が不要になる。

　PCa部材の利用は、安定した品質の確保、現場作業

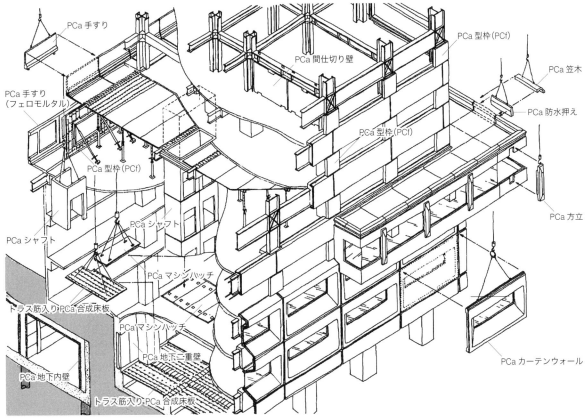

図2・7・23　プレキャストコンクリート（PCa）部材の適用箇所[14]

鋼製ベッドにおける一品成型

鋼製ベッドにおける連続成型

鋼製型枠を使用した遠心成型

図2・7・24　プレキャストコンクリート（PCa）部材の工場における製造法[15]

者数の削減、現場作業工程の短縮など施工面でも大きな利点があるが、一方で早期段階での精度の高い設計・施工計画の実施や、接合部の精度・品質管理への対応などをあらかじめ考慮しておかなければならない。

(2)部材の製造方法

使用する主要なPCa部材は製造設備の整った工場で製造する（図2・7・24）。床や壁などの平面部材の製造は、鋼製ベッドと呼ばれる鋼製の水平型枠上に部材厚さに相当する高さの仕切り型枠を設置し、配筋した後、コンクリートを打設して一品ずつ製造する。柱・梁などのPCa部材も、鋼製型枠を用いて配筋した後、コンクリートを打設して一品ずつ製造する。幅を規格化した板状の床PCa部材は、鋼製ベッド上で連続成型し、所用長さに切断する。角型の柱PCa型枠の製造には、鋼製型枠の中に、組み立てられた鉄筋とコンクリートを入れて遠心成型により製造する方法が用いられている。

PCa部材の製造工場には、型枠の他に搬送装置や脱型強度発現のための温度養生設備が装備され、脱型後の製品を保管する広いストックヤードがある。運搬できない大きさ・重さのPCa部材を大量に製造する場合は、施工現場の敷地内あるいはその周辺に仮設のPCa工場を設置して製造することがある。この製造方式をサイトプレファブ方式という。

PCa部材の揚重・取り付けには大型クレーンが用いられる。PCa部材は、吊り上げ時と設置時に大きな応力が加わることが多く、あらかじめ設計時において施工時に生じる応力を検討し、専用の吊り治具などを計画しておく必要がある。

(3)壁式プレキャスト鉄筋コンクリート造

中低層集合住宅等のRC造壁式構造の構造体を耐力壁・床といった板状のPCa部材でつくる構法を壁式プレキャストコンクリート構法（壁式PCa構法）といい、壁式PCa構法による構造形式を壁式プレキャスト鉄筋コンクリート造という。床のPCa板にはフルPCa床板やPCa合成床板が用いられる。

壁式PCa構造の一般的な施工手順では、壁PCa板を設置した後、垂直方向接合部の鉄筋を接合・配筋し、PCa板の縦方向の主筋をモルタル充填継手にグラウト材を充填して接合する。次いで床PCa板を設置した後、水平方向接合部の鉄筋を接合・配筋し、壁PCa板の垂直の取り合い部に型枠を組み立て、床の後打ちコンクリートと同時に接合部のコンクリートを打設する（図2・7・25）。

(4)柱・梁式プレキャスト鉄筋コンクリート造

超高層集合住宅等のRC造ラーメン式構造の構造体を柱・梁のPCa部材でつくる構法を柱・梁式プレキャストコンクリート構法（柱・梁式PCa構法）といい、柱・梁式PCa構法による構造形式を柱・梁式プレキャスト鉄筋コンクリート造という。

柱・梁式PCa構法では、柱PCa部材を設置した後、梁PCa部材を設置し、柱の主筋をモルタル充填継手にグラウト材を充填して接合する。梁PCa部材の主筋は、柱内あるいは梁中間部でモルタル充填継手等を用いて接合し、接合部分に配筋してコンクリートを打設して一体化する（図2・7・26）。モルタル充填継手等の機械式継手は、主筋を同一箇所で接合できるため、現場での柱・梁のコンクリート打設範囲が少なくなるようにPCa部材を構成する。床にはPCa合成床板が多く用いられている。

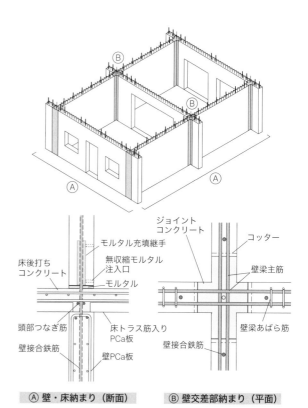

Ⓑ

Ⓑ

Ⓐ

Ⓐ

ジョイントコンクリート
モルタル充填継手
無収縮モルタル注入口
モルタル
床後打ちコンクリート
コッター
壁梁主筋
壁梁あばら筋
頭部つなぎ筋
床トラス筋入りPCa板
壁接合鉄筋
壁PCa板
壁接合鉄筋

Ⓐ 壁・床納まり（断面）　　Ⓑ 壁交差部納まり（平面）

図2・7・25　壁式プレキャストコンクリート造

また、大規模・高階高で標準化された大スパンを有する流通施設等では、PC鋼材を緊張して柱・梁のPCa部材を圧着接合する柱・梁式プレキャストプレストレストコンクリート構法が用いられている（2・8節参照）。

(5) プレキャストコンクリート床構法

プレキャストコンクリート造では、梁PCa上に床PCaを設置し、溶接やコンクリート打設により床PCa部材どうしを接合するのが一般的であった。このようなPCa床は、大梁と小梁で囲まれた床を一部材とするため、大きさと重量により現場への搬送に制約があり、取り付けに必要なクレーン等も大型になる。したがって、現在は、スパン、床荷重等に応じて、図2・7・27のような幅を規格化した板状のPCa床部材を使用することが多い。

これらの多くは、その上に配筋しコンクリートを打設する合成床板として使用することが一般的である。PCa床部材どうしを接合することなく、コンクリート打設により一体化でき、床PCaを梁PCa上に設置する場合よりも階高を低減できる利点もある（図2・7・28）。

＊注
1 先に打ったコンクリートと後から打ち重ねたコンクリートが一体化していない部分。
2 セメントおよびセメントと高炉スラグ微粉末などの活性無機質微粉末の混合物など、骨材を結合し、コンクリートの強度発現に寄与する粉状の物質。
3 コンクリートに荷重が作用し続けた場合に、時間とともに生じる変形。

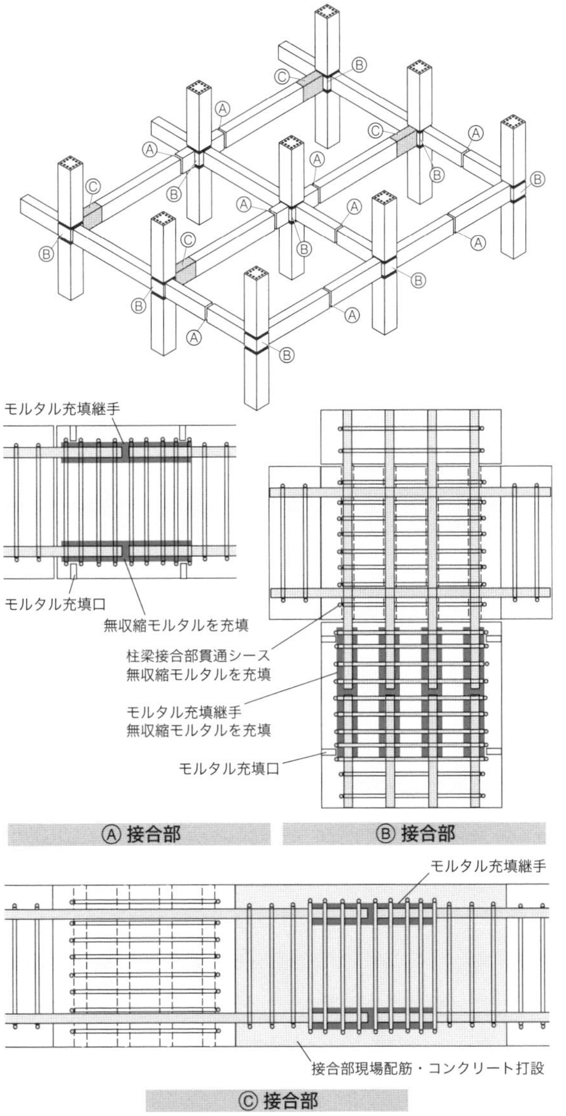

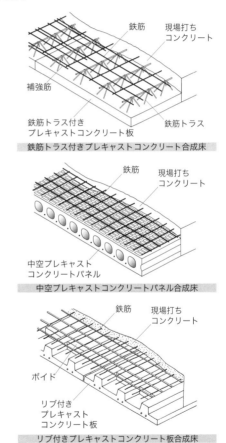

図2・7・27　プレキャストコンクリート合成床板構法の例

図2・7・26　柱・梁式プレキャストコンクリート造

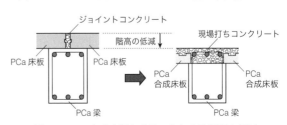

図2・7・28　合成床板とすることによる階高の低減

2・8 プレストレストコンクリート (PC)造

1 プレストレストコンクリート(PC)造の基礎的事項

(1) PC造の原理

RC造の梁は、図2・8・1（上）に示すように、荷重がかかると下側に引張力が働くため、この部分を鉄筋で補強している。そこで図2・8・1（下）のように下側にあらかじめ圧縮力を入れておけば、通常の荷重がかかっても引張力をある程度打ち消すことができる。

荷重によって生じる引張力の一部あるいは全部を打ち消すように、あらかじめ加えてある圧縮力をプレストレスという。

PC造は、RC造にプレストレスを導入した構造形式で、梁や床に多く用いられ、RC造では設計が難しい大スパン架構や積載荷重が大きい建物に適している。

PC造は表2・8・1に示すPC鋼材を緊張して、引張力を与えた後にコンクリートと固定する。緊張により伸びたPC鋼材が元に戻ろうとする力を利用してRC造にプレストレスを導入する。

コンクリートの劣化や内部の鉄筋の腐食の原因となるひび割れを制御することができるため、耐久性にすぐれている。設計荷重以上の力が作用した場合にはひび割れが発生することもあるがこの力がなくなると、再び元の状態に戻ろうとしてひび割れが閉じてしまうという高い復元性がある。

また、緊張力により荷重を打ち消すことで部材断面を低減でき、それによる自重軽減効果とあわせて大スパンに対応できる。さらに部材をプレキャスト化することにより複雑な形状でも工場での製造が可能となる。

(2) PC造の種類

PC造には、あらゆる荷重状態でコンクリートに引張力が生じないようにするフルプレストレッシング（Ⅰ種）、条件によってはコンクリートに引張力が生じることを許容するパーシャルプレストレッシング（Ⅱ種）の2つがあり、それぞれに規定がある。

この他に長期設計荷重により生じる引張力のコンクリート応力度および最大曲げひび割れ幅を目標値に収めるプレストレスト鉄筋コンクリート造（Ⅲ種）がある。

(3)プレストレスの導入方法

プレストレスの導入方法には、プレテンション方式とポステンション方式がある（図2・8・2）。これは、

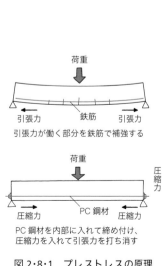

引張力が働く部分を鉄筋で補強する

PC鋼材を内部に入れて締め付け、圧縮力を入れて引張力を打ち消す

図2・8・1　プレストレスの原理

表 2・8・1　PC鋼材の種類 [1]

種類		寸法 (mm)	引張強度 (N/mm²)	形状	
PC鋼線 （JIS G 3536）		5.0 ～ 9.0	1030 ～ 1230		
PC鋼より線 （JIS G 3536）	2本より	2.9 × 2	1910		
	3本より	2.9 × 3	1910		
	7本より	9.3 ～ 15.2	1720 ～ 1860		
	19本より	17.8 ～ 21.8	1780 ～ 1860		
PC鋼棒 （JIS G 3109）		9.2 ～ 40	1030 ～ 1420	丸鋼棒　異形鋼棒	
アンボンド PC鋼より線	7本より	15.4 ～ 18.5 （外径）		シース PC鋼より線 防錆剤（グリース等）	
	19本より	21.3 ～ 33.6 （外径）		シース PC鋼より線 防錆剤（グリース等）	
アンボンド PC鋼棒		11.8 ～ 44.0 （外径）		シース PC鋼棒 防錆剤（グリース等）	

コンクリートを打設する前に緊張するか、打設した後に緊張するかによる。

プレテンション方式は、主にプレキャストプレストレストコンクリート（PCaPC）部材を工場で製造する際に使われる。PC鋼材を、配筋された床・梁などの部材の所定位置に配置して、あらかじめ所定の力で緊張しておき、コンクリートを打設して硬化した後に緊張力を解放してプレストレスを与える方式である。鋼材とコンクリートの付着力により緊張力は保持される。

ポストテンション方式は、梁などの内部に懸垂曲線状に設けられたシース（さや）に配置されたPC鋼材を、コンクリートが硬化した後に、油圧ジャッキで緊張することによりプレストレスを導入する方式である。

緊張力の保持は、ねじ式、くさび式などの定着具を使って行う（図2・8・3）。PC鋼材を腐食から防護し、シースとPC鋼材との付着を確保するために、PC鋼材緊張後にシース管の隙間にグラウト[注1]を注入する。

2　PC鋼材と製造・施工法

(1)材料の特性

PC造では、通常のRC造で配筋した部材断面内にPC鋼材を配置する。

PC造では高強度のコンクリートが必要であり、プレテンション方式とポストテンション方式に応じて、使用するコンクリートについて通常よりも高い設計基準強度とともにプレストレス導入時の圧縮強度が規定されている（表2・8・2）。プレテンション方式では、鋼材とコンクリートの付着によりPC鋼材を定着するため、それを必要としないポストテンション方式より高い設計基準強度が規定されている。

PC鋼材は、原則としてJIS G 3536、JIS G 3109に適合する高い引張強度を持つものを用いる。PC鋼材の種類には、PC鋼線、PC鋼より線、PC鋼棒、アンボンドPC鋼材があり、部位と導入する緊張力により使い分ける（表2・8・1）。

PC鋼線とPC鋼棒は、主に工場で床・梁などのPCa

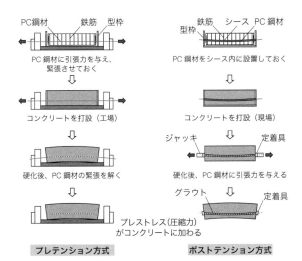

PC鋼材に引張力を与え、
緊張させておく

↓

コンクリートを打設（工場）

↓

硬化後、PC鋼材の緊張を解く

↓

プレストレス（圧縮力）
がコンクリートに加わる

プレテンション方式

PC鋼材をシース内に設置しておく

↓

コンクリートを打設（現場）

↓

硬化後、PC鋼材に引張力を与える

↓

ポストテンション方式

図2・8・2　プレテンション方式とポストテンション方式

表2・8・2　PC造に使用するコンクリートの強度[2)]

方式	プレストレス導入時の圧縮強度	設計基準強度
プレテンション	30N/mm² 以上	35N/mm² 以上
ポストテンション	20N/mm² 以上	30N/mm² 以上

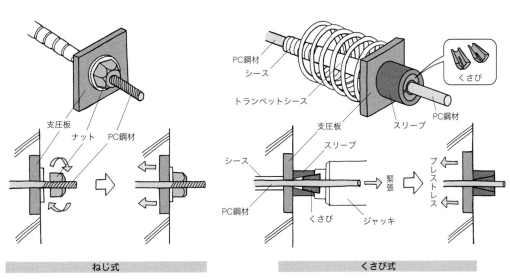

ねじ式

ねじ切りしてあるPC鋼材を緊張した後、ナットを回転させて定着する

くさび式

PC鋼線とともにくさびが定着具にのめり込むことにより定着する

図2・8・3　PC鋼材と定着具

部材にプレストレスを導入する場合に使われる。PC鋼より線は、主に現場で大梁などの大きな断面の部材にプレストレスを導入する場合に使われる。

アンボンドPC鋼材は、鋼より線・鋼棒の外周に防錆材としてグリースやアスファルト系ポリマーを塗布し、保護シースで被覆したものである。コンクリートとの付着がなく、床・小梁などの厚さの小さな部材に現場でプレストレスを導入する場合に使われる。

シースに注入するグラウトの材料は、注入時に流動性があり、注入後の体積変化が少なく、硬化後に十分な付着強度を持つ必要があり、混和剤を入れたセメントペーストが用いられている。

(2) PCaPC部材の製造

PCaPC部材を工場で製造する場合、PC鋼材をアバットと呼ばれる固定具に定着して、緊張力を与えた状態で、コンクリートを打設する。また、梁などの同部材を大量に製造する場合は、部材ごとに緊張するのではなく、図2・8・4に示すように2つのアバットの間に型枠を設置してコンクリートを打設し、つながったPC鋼材を一括して緊張してプレストレスを導入する。

PCaPC床部材（図2・8・5）は、PC鋼材を床断面内の同一位置に水平に配置して緊張し、コンクリートを打設して長尺部材をつくり、これを所要寸法に切断するなど、基本断面の部材を専用設備により効率的に製造する場合が多い。

PCaPC床部材を合成床板として使用する場合は、むくりが大きすぎるとコンクリート打設後に床板の残存むくり[注2]により所定のスラブ厚さを得られなくなる場合があるので、プレストレス導入量に注意を要する（図2・8・6）。

(3) PC造の現場施工

PC造の現場施工には、工場製作されたプレテンシ

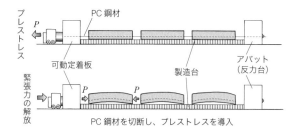

図2・8・4　長尺PCaPC部材のプレテンション方式による製造

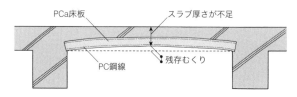

図2・8・6　プレキャストプレストレストコンクリート合成床部材使用時の残存むくり

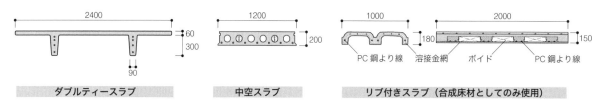

ダブルティースラブ　　　**中空スラブ**　　　**リブ付きスラブ（合成床材としてのみ使用）**

図2・8・5　プレストレストコンクリート床部材

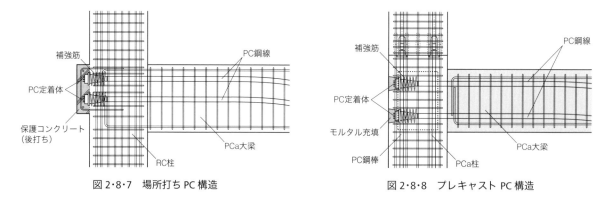

図2・8・7　場所打ちPC構造　　　　図2・8・8　プレキャストPC構造

ョン方式のPCaPC部材を現場で組み立てる方法、工場製作されたPCa部材をポストテンション方式により現場で緊張し接合する方法、現場でコンクリートを打設した後に、ポストテンション方式でシースに配置されたPC鋼材を緊張してプレストレスを導入する方法がある。

図2・8・7は現場でコンクリートを打設した後、梁にプレストレスを導入する場合の柱・梁接合部の例である。

図2・8・8はポストテンション方式によるPCa柱・梁を組み立てる場合の柱・梁接合部の例である。

(4)アンボンドPCスラブ構造

アンボンドPCスラブ構造は、RC造の床にグラウト作業のないアンボンドPC鋼より線を短辺方向にバランスよく配置し、たわみやひび割れを制御しつつ、小梁を用いない大きな床スラブとする構造形式である。

アンボンドPC鋼より線は現場で設置するPC鋼材の中では比較的細径で取り扱いやすく、上下配筋の間に懸垂曲線状に配置することができる（図2・8・9）。

アンボンドPCフラットスラブ構造は、フラットスラブにアンボンドPC鋼より線を両方向にバランス良く配置してプレストレスを導入し、スパンの増大に伴って生じる床板のひび割れや過大なたわみを制御する構造形式である。通常のフラットスラブより床厚を縮小できるため、空間を有効利用したい倉庫等に使われている（図2・8・10）。

いずれの構造形式も、アンボンドPC鋼より線は連続したものを使用する。定着部は定着具を躯体に打ち込み固定し、緊張部は躯体を欠き込んで定着具を打ち込み固定する。緊張部では所要のコンクリート強度が発現した後、PC鋼より線を緊張してくさび等の固定具を使用して固定し、さらに固定部をモルタル等で被覆する（図2・8・11）。

＊注
1　PC鋼材緊張後に部材コンクリートとPC鋼材を一体化し、PC鋼材を腐食から保護するためにシース内に充填されるセメント・水・混和剤を練り混ぜた液状の材料。
2　PCa床板にはコンクリート打設荷重による部材のたわみに相当するむくりがつけてあることが多いが、そのむくりが大きすぎたことによりコンクリート打設後に最終的に残ってしまったむくり。

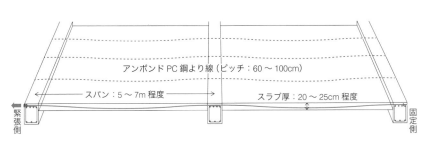

図2・8・9　アンボンドPCスラブ構造[3]

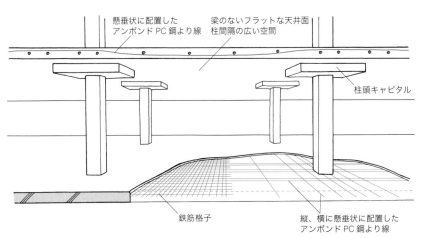

図2・8・10　アンボンドPCフラットスラブ構造

固定部は定着具（定着プレート）を躯体に打ち込み固定

定着部（固定側）

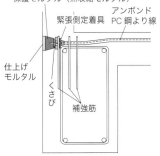

緊張部は、躯体を欠き込んで定着具を打ち込み、所要強度発現後にPC鋼より線を緊張し、くさびで固定した後、モルタル等で定着部を被覆

緊張部（緊張側）

図2・8・11　アンボンドPCスラブ構造の定着部と緊張部[4]

2·9 鉄骨鉄筋コンクリート造

1 鉄骨鉄筋コンクリート造の概要

柱・梁などの鉄骨骨組のまわりに鉄筋を配してコンクリートで一体化した構造を鉄骨鉄筋コンクリート（SRC）造という（図2·9·1）。耐力が大きいという鉄筋コンクリート造（RC造）と変形性能が大きいという鉄骨造の長所を合わせもっている。RC造に比べて柱や梁などの断面を小さくしても耐震性を確保できる。また、コンクリートにより鋼材が被覆されているため鉄骨造より耐火性に優れている。RC造では柱・梁断面が大きくなってしまう中高層建築や、超高層建築の地下部などに用いられることが多い。

2 SRC造の施工法

鉄骨、鉄筋、コンクリートなどの材料は、RC造や鉄骨造の規定を準用し、所定規格のものを使用する。また、鉄骨の接合、鉄筋の継手および定着、鉄筋のかぶり厚さ、型枠および支柱の除去なども、それぞれの規定を準用する。

鉄骨に対するコンクリートのかぶり厚さは、建築基準法施行令において鉄筋の配筋やコンクリートの充填性を考慮して5cm以上確保することと規定されている。実際には、柱・梁主筋が鉄骨フランジを避けて無理なく配筋できるように、かぶり厚さを12～15cmとしていることが多い。

主筋と軸方向鉄骨のあきは、コンクリートの充填性を考慮して、2.5cm以上と規定されている。なお、主筋と主筋のあきは、図2·7·8（p.81）に示したRC造に準ずる。

施工は、鉄骨造のようにまず鉄骨を組み立て、接合が完了した後に下層から梁・柱の順で配筋する。配筋の計画では、柱・梁鉄骨のフランジ部を鉄筋が貫通しないように主筋位置を決定し、必要に応じてウェブ部に主筋および帯筋の貫通孔を設ける。

なお、SRC造は打設したコンクリートの設計基準強度が得られてはじめて所定の構造性能を発揮するが、コンクリート強度が発現するまでは、接合された鉄骨だけで自立できるように施工プロセスにおける安全性

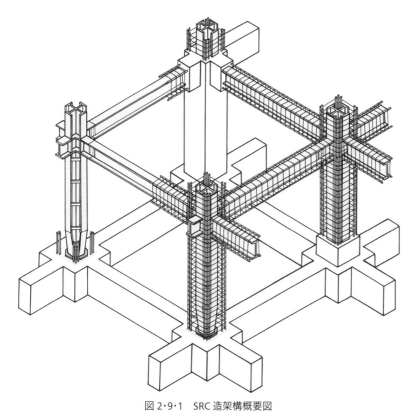

図2·9·1　SRC造架構概要図

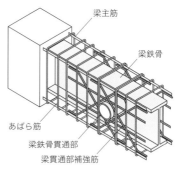

図2·9·2　梁

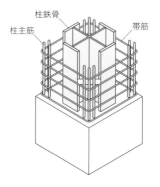

図2·9·3　柱

を検討する。その際、強風や地震に対しての安全性も検討する必要がある。

配筋が終了したら、RC 造と同様に型枠を組み立て、コンクリートを打設する。

3　各部の構法

(1)梁

梁の断面形状は、図 2・9・2 のように H 形鋼など単一の形鋼を利用したものが一般的である。

梁鉄骨には、応力の大きくなる両端部を避けて、必要に応じて設備配管が貫通する貫通孔を設ける。貫通孔周囲の鉄骨ウェブは鋼板で補強し、梁鉄筋には RC 造と同様に開口部周囲に補強筋を設置する。

(2)柱

柱の断面形状は、図 2・9・3 に示すように形鋼・鋼板を組み立てたものが一般的である。

(3)柱・梁接合部

柱・梁接合部は、鉄骨柱・梁の間の応力伝達に無理がなく、応力集中による局部変形が生じないように計画する。また、柱・梁主筋が鉄骨フランジを避けて無理なく配筋できること、コンクリート打設時にフランジ下に空隙を生じずに充填できるだけの鉄骨・鉄筋のあきが確保されていることを確認する（図 2・9・4）。

SRC 造における鉄骨柱・梁接合部の形状は、基本的には鉄骨造と同じである。

(4)柱脚

SRC 造の柱脚部の鉄骨は、埋込み形式または非埋込み形式として、基礎梁または柱の鉄筋コンクリートで固定する（図 2・9・5）。

埋込み形式は、地震時に引張力が働くペンシルビルのような細長い建物の隅柱などに用いる。柱脚部のベースプレートを基礎梁の中間部でアンカーボルトにより仮止めした後、所定長さを基礎梁の鉄筋コンクリー

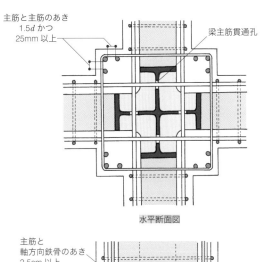

水平断面図

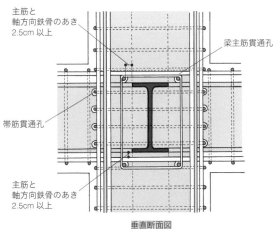

垂直断面図

図 2・9・4　柱・梁接合部の鉄骨と鉄筋の納まり[1]

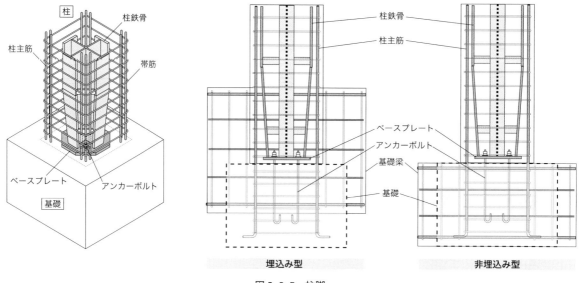

図2・9・5　柱脚

トに埋め込んで固定する。

　非埋込み形式は、一般的に用いられているもので、
柱脚部のベースプレートを基礎梁などの上端にアンカ
ーボルトで仮止めした後、柱の鉄筋コンクリートによ
り固定するものである。

　いずれの場合も、RC造からSRC造になることによ
る柱脚部での急激な耐力の変化を緩和するため、柱脚
に向かって柱鉄骨を絞り込み、ベースプレートの形状
をコンクリート断面より小さくすることが多い。

(5)耐力壁の納まり

　RC造の耐力壁の周囲がSRC造の柱・梁である場合、
耐力壁の縦横筋の定着を考慮して、部材断面や鉄骨の
位置を調整する（図2・9・6）。

(6)継手

　SRC造には、鉄骨と鉄筋の両方の継手があるが、基
本的には鉄骨造やRC造と同様に、それぞれの規定に
もとづき設計する。

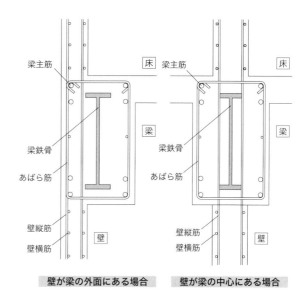

図2・9・6　耐力壁と梁の納まり

2·10 組積造

1 組積造の概要

(1)組積造の特徴

　組積造は、一定の大きさをもつ比較的小単位の部材をモルタルで接着し、積み重ねて建物を構成する方法で、石造、れんが造、補強コンクリートブロック造などがある。壁式構造の一種として壁体をつくるのに用いられ、床や屋根は他の構造による場合が多い。

　組積造は重量が大きいが、自重を含む鉛直荷重は、壁体のもつ高い圧縮強度を利用して支えられる。一方、地震のような水平方向の外力に対する壁体の抵抗力は小さく、接合目地が弱点になる。したがって、日本では地震を考慮して、鉄筋で補強する形式とすることが多い。

　一般に、組積造に用いる石・れんが等の材料は、耐久性、耐火性、断熱性に優れている。このため地震の心配がないヨーロッパでは、れんが造、石造の建物は少なくない。また、アーチ、ドームなどさまざまな組積法が工夫されており、現存する歴史的建造物にも組積造のものが多い。

(2)組積造の種類

　組積造の基本的な形式には、単に部材を積み上げただけの一般的な組積造と、それを鉄筋で補強して耐力壁をつくる補強組積造がある。一般的な組積造は地震に弱いので、部材を積み上げる際の目地は、縦方向の目地が一直線となるいも目地を避け、上下でずらす破れ目地とする。補強組積造では、縦筋を通すため、いも目地とすることが多い（図2·10·1）。

　補強組積造としてよく使われるのは、一種の壁式構造である補強コンクリートブロック造と型枠コンクリートブロック造である（図2·10·2、2·10·3）。

　いずれも、耐震性、耐火性の面で鉄筋コンクリートに準ずる性能をもち、3階建て以下の小規模建築物に利用される。

2 補強コンクリートブロック造 (図2·10·2)

　補強コンクリートブロック造は、コンクリートブロックを組積し鉄筋で補強した構造である。空洞ブロックを使い、一部の空洞部に鉄筋を挿入しながら、目地モルタルを用いて壁体を組積し、鉄筋を挿入した空洞部および縦目地に沿う空洞部にモルタルまたはコンクリートを充填して、一体的な壁体とするものである。

(1)使用する材料

　補強コンクリートブロック造では、図2·10·4に示す形状の空洞ブロックを用いる。

　コンクリートブロックの材質は、強度別に3種に分けられる[注1]。この種類によって建築できる階数や軒高に制限が設けられている（表2·10·1）。

　構造体の耐久性を確保するには、できるだけ高強度・低吸水率の高品質のブロックを選択することが重要である。

　目地モルタルは、コンクリートブロック壁の性能に大きく影響する。現場では骨材の含水率管理は難しいため、セメントと細骨材の容積比を一定とした調合を標準としている。

　空洞部に充填するモルタルおよびコンクリートについても、セメント・細骨材・粗骨材の調合について同様の標準がある。

(2)施工法

　ブロックは、所定の空洞部に補強筋を配置しながら、目地モルタルで接着して積み上げる。積み上げた下部に悪影響を与えないよう、1日の積み上げ高さは原則として1.6m以下とする。ブロックを積む際は、壁体の安定性を確保するために、シェル厚に差がある場合はフェイスシェルの厚いほうを上にして積む（図2·10·4）。

　帳壁（ちょうへき）（p.102参照）では、端部と構造体との緊結を確実に行いながら積み上げる。

　鉄筋を挿入しない空洞部も含め、空洞部へのモルタルやコンクリートの充填は、充填圧力により壁体が移動しなくなった時期とし、標準としてブロック積み2～3段ごとに行う。縦目地空洞部へのモルタルまたはコンクリートの打ち込み高さは、ブロックの上端から約5cm下がりとする。

(3)耐力壁

　補強コンクリートブロック造の耐力壁には、一体性

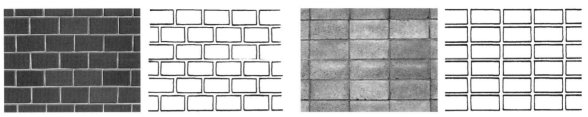

れんが造（破れ目地）　　　　　　　　　　補強コンクリートブロック造（いも目地）

図 2・10・1　組石造の種類と目地

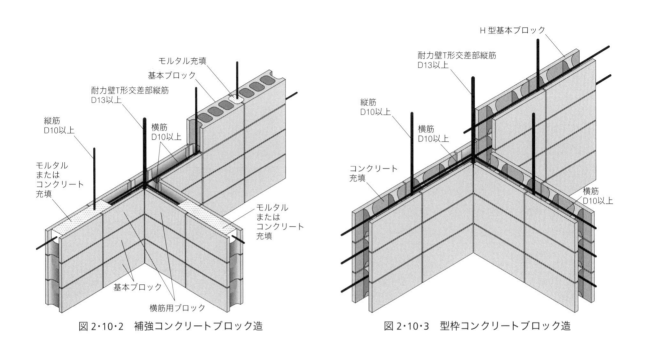

図 2・10・2　補強コンクリートブロック造　　　　図 2・10・3　型枠コンクリートブロック造

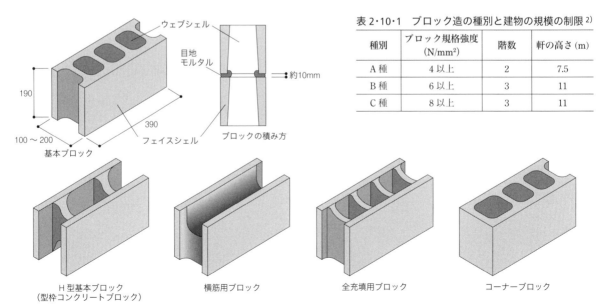

H型基本ブロック
（型枠コンクリートブロック）　　横筋用ブロック　　全充填用ブロック　　コーナーブロック

表 2・10・1　ブロック造の種別と建物の規模の制限 [2)]

種別	ブロック規格強度 （N/mm^2）	階数	軒の高さ（m）
A 種	4以上	2	7.5
B 種	6以上	3	11
C 種	8以上	3	11

図 2・10・4　コンクリートブロックの形状と積み方 [1)]

の確保、バランスの良い配置、構造耐力の確保などを図るため、建築基準法施行令において以下のような壁の配置、壁量、厚さなどの規定がある（図2・10・5）。

①各階の耐力壁の中心線で囲まれた部分の水平投影面積（分割面積）は60m²以下

②各階の梁間方向および桁行方向それぞれの床面積あたりの壁量（壁の長さの合計）は15cm/m²以上

③耐力壁の厚さは、最低15cm以上で水平支点間距離（これと直角な方向の水平力に作用する耐力壁の支点間の水平距離）の1/50以上

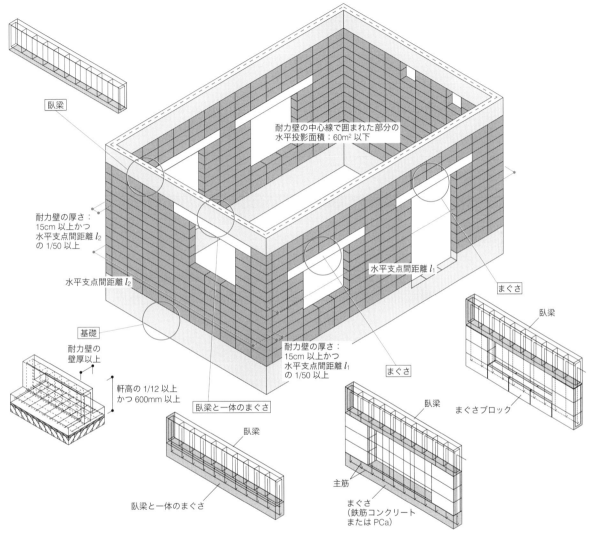

図2・10・5　組積造の部位構成と規定

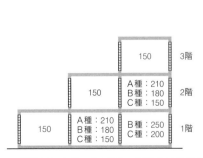

図2・10・6　補強コンクリートブロック造における標準壁量（mm/m²）[3]

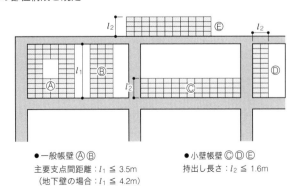

●一般帳壁 Ⓐ Ⓑ
主要支点間距離：$l_1 \leq 3.5m$
（地下壁の場合：$l_1 \leq 4.2m$）

●小壁帳壁 Ⓒ Ⓓ Ⓔ
持出し長さ：$l_2 \leq 1.6m$

図2・10・7　帳壁の種類と主要支点間距離・持出し長さ[4]

耐力壁の壁量には、使用するブロックの種類、建築物の階数により、図2·10·6のような制限や、配筋の規定がある。

(4)臥梁(がりょう)・基礎・まぐさ

補強コンクリートブロック造の耐力壁が地震力等に一体となって抵抗するために、各階の耐力壁の頂部に臥梁、最下部に基礎、耐力壁の開口部上部にまぐさを設ける（図2·10·5）。

臥梁は、RC造における各階の梁と同じ役割を持つ。仕上げを除いたその有効幅は、200mm以上かつ耐力壁の支点間距離の1/20以上の厚さとする。ブロック壁が積み上がった後に、床や屋根と一体にコンクリートを打設してつくることが多い。

基礎は、RC造の布基礎とする。基礎の立ち上がり部および布基礎どうしをつなぐつなぎ梁の幅は、耐力壁の壁厚以上とし、高さは軒高の1/12以上、かつ600mm以上とする。

まぐさは、上部の荷重を支持する水平の梁の役割を持つ。まぐさの両端は、両側の耐力壁に200mm以上入れ込み、耐力壁に支持させる。

その種類には、まぐさ用ブロックを用いたもの、現場打ちコンクリートのもの、プレキャストコンクリートのものなどがあり、臥梁と一体化してつくるものもある。

(5)補強コンクリートブロック帳壁

補強コンクリートブロック帳壁は空洞ブロックなどを用い、空洞部に適切な間隔に縦横に鉄筋を配し、コンクリートやモルタルを充填してつくる非耐力壁である。帳壁は、水平荷重・鉛直荷重を負担する必要はないが、建築物の構造体に鉄筋により定着し、壁体の自重と壁体にかかる地震力・風圧力などに対して安全であるように、壁の規模の制限、壁厚の条件などの規定が設けられている。

帳壁は地盤面より20mを超える建物の外壁部分には、使用できない。また、帳壁の支持状態が、柱・梁などの構造体に上下または左右の2辺以上で固定されているものを一般帳壁といい、主要支点間距離（主要支点間距離が直交して2個ある場合は、短辺方向）は、3.5m以下とする。構造体に、主として1つの長辺で固定されているものを小壁帳壁といい、その持出し長さ

は、1.6m以下とする（図2·10·7）。

施工方法は、定着用の鉄筋をコンクリート打設に先立ち配筋しておき、コンクリート打設後、帳壁の鉄筋を継いでブロックを積み、モルタルを充填する。なお、主筋と定着用の鉄筋を継ぐ場合は、溶接継手とする（図2·10·8）。

(6)補強コンクリートブロック塀

鉄筋で補強されたコンクリートブロック塀であっても、地震や強風などにより倒壊して犠牲者が発生している。

建築基準法施行令では、補強コンクリートブロック塀に以下のような規定を設けており、これを踏まえた安全対策が求められている（図2·10·9）。

①塀の高さは地面から2.2m以下

②塀の壁の厚さは15cm以上（高さが2m以下の場合は10cm以上）

③壁内には、径9mm以上の鉄筋を縦横に80cm以下の間隔で配置

④壁頂および基礎には横に、壁の端部および隅角部には縦に、それぞれ径9mm以上の鉄筋を配置

⑤縦筋は壁頂部および基礎の横筋に、横筋は縦筋にかぎ掛けして定着

⑥ブロック塀に直交する控え壁の間隔は3.4m以下とし、基礎の部分において壁面から高さの1/5以上突出したものを設置

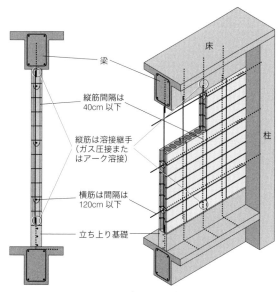

図2·10·8　コンクリートブロック帳壁における鉄筋の継手

⑦基礎の高さが35cm以上、根入れの深さ（基礎が土の中に入っている深さ）が30cm以上

なお、鉄筋で補強しないコンクリートブロック塀についても以下の規定がある。

①塀の高さは地面から1.2m以下
②塀の壁の厚さは塀の高さの1/10以上（高さ1.2mの場合は12cm以上）
③塀の長さ4m以下ごとに塀の厚さの1.5倍以上突出した控え壁を設置
④基礎があること

3 型枠コンクリートブロック造（図2·10·3）

型枠コンクリートブロック造は、平面形状がH型・L型・Z型・T型などのコンクリートブロックを組み合わせて型枠とし、その中空部に配筋してコンクリートを充填し、打ち込まれたコンクリートと型枠となるブロックが一体となって耐力壁をつくる構造である。

型枠コンクリートブロック造の設計規準では、階高を3.5m以下とするなど表2·10·2に示す規模による制限があり、耐力壁の壁量についても図2·10·10のような制限や、配筋の規定がある。

4 れんが造

鉄筋で補強せず、モルタルを用いてれんがを積み上げる組積造である。

我が国では、れんがを構造材として用いた建物が関東大震災で多くの被害を受けたため、小規模な建物を除いて使われていない。

れんがは、職人が持ちやすい大きさで慣習もしくは規格によって寸法が統一されている場合が多い。国・地域・時代によって違いがあり、現在、アメリカでは203mm×102mm×57mm、イギリスでは215mm×112.5mm×75mm、日本では210mm×100mm×60mmのものが一般的に使われている。

この寸法を標準とし各辺を1/2、1/4、3/4などの分数倍したものを組み合わせて用いる（図2·10·11）。

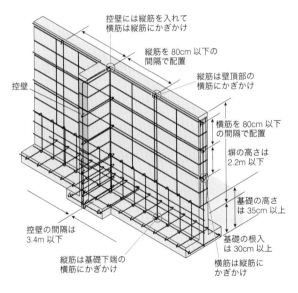

図2·10·9 コンクリートブロック塀の規定[5]

表2·10·2 型枠コンクリートブロック造の規模の制限[6]

規模	階高（m）	軒の高さ（m）
平屋建て	3.5	4.0
2階建て	3.5	7.5
3階建て	3.5	11.0

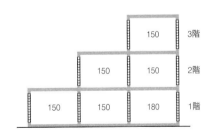

図2·10·10 型枠コンクリートブロック造における標準壁量（mm/m²）[7]

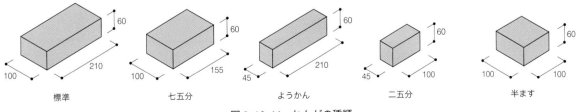

図2·10·11 れんがの種類

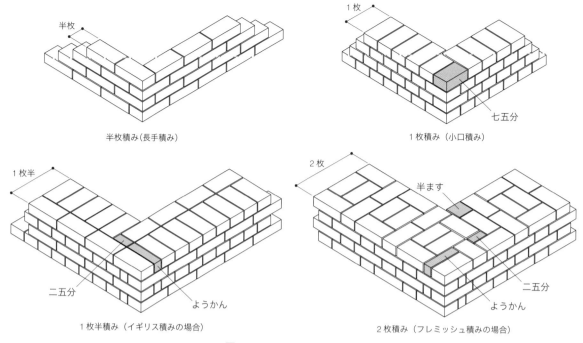

半枚

半枚積み（長手積み）

1枚

七五分

1枚積み（小口積み）

1枚半

二五分

ようかん

1枚半積み（イギリス積みの場合）

2枚

半ます

二五分

ようかん

2枚積み（フレミッシュ積みの場合）

図2・10・12　れんがの積み方

　壁体の厚さは、半枚積み・1枚積み・1枚半積み・2枚積みなどの積み方による。

　壁体をつくる積み方にはさまざまなものがある。長手（なが）積みは、各段に長手のみが見える積み方であり、小口（こぐち）積みは各段に小口のみが見える積み方である。イギリス積みは、段ごとに長手と小口が重なって見える積み方である。フレミッシュ積みは、各段で長手と小口が交互に並んで見える積み方である。いずれの場合も目地は破れ目地とする（図2・10・12）。

＊注

1　JIS A 5406（建築用コンクリートブロック）では、空洞コンクリートブロックは強度に応じて記号08（またはA）、12（またはB）、16（またはC）等に分類している。これは正味断面積強度がそれぞれ8、12、16N/mm²以上、規格強度（全断面圧縮強度）がそれぞれ4、6、8N/mm²以上のものと規定されている。また、日本建築学会による「補強コンクリートブロック造設計規準・同解説」（『壁式構造関係設計規準集・同解説（メーソンリー編）第2版』に所収）では、それらの分類のブロックを使用する補強コンクリートブロック造を、それぞれA種ブロック造、B種ブロック造、C種ブロック造としている。

2·11 複合構造 （合成構造・混合構造）

1 我が国における複合構造の展開 （図2·11·1）

複合構造とは、異種材料を組み合わせて1つの構造部材とした合成構造と、異種部材を連結して1つの構造体とした混合構造の総称であり、ハイブリッド構造 （hybrid structure） とも言われる[注1]。

建築物において曲げ・引張に強い鋼構造と圧縮に強い鉄筋コンクリート造の組み合わせによる経済性・施工性を追求した構造方式として、1970年代には、柱・梁ともSRC造とするSRC構造から派生した、柱をSRC造とし梁をS造とするSC構造が適用されている。

1980年代になると、材料の高強度化と構造解析技術の進歩により、RCS構造（柱RC梁S構造、Reinforced Concrete column and Steel beam）やCFT構造（コンクリート充填鋼管柱構造、Concrete Filled Steel Tube）が開発され、その後、その組み合わせによるRCST構造（柱接合鉄筋入りCFT梁S構造、Reinforced Concrete Steel Tube）や、梁端部をRC補強する複合梁構造など、建築物の平面形状や高さに応じたさまざまな合成構造が開発され、実建築物に適用されている。

2 合成構造の種類

(1) CFT構造

CFT構造は鋼管柱の中にコンクリートを充填したもので、SRC造同様、圧縮に強いコンクリートと引張に強い鉄骨の長所を組み合わせた合成構造である。

CFT構造では、鋼管柱がコンクリートを拘束する拘束効果（コンファインド効果）により、コンクリートの強度が実質的に上昇し、高い耐力と変形性能を発揮する。また、内部のコンクリートにより、鋼管の局部座屈の発生を防止するとともに、無耐火あるいは耐火被覆の低減を図ることができる（図2·11·2）。

鋼管へのコンクリートの充填方法には、鋼管の下部に設けた圧入口から上部に押し上げていく圧入工法と、鋼管の上部からトレミー管やホースを使って充填する落とし込み工法がある（図2·11·3）。

初期のCFT構造は、中低層建築物に適用されていたが、その後、高耐力・高剛性の構造が必要な超高層建築への適用が進んだ。最近では超高層建築における超超高層化、形状の複雑化、空間の高階高・大スパン化の要請から、高強度鋼や超高強度コンクリートを使用した高強度CFT構造の採用も増えている。

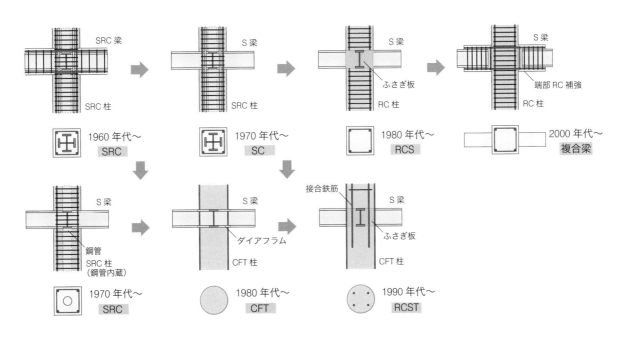

図2·11·1 合成構造の変遷[1)]

（2）RCS 構造

　RCS 構造は、圧縮に強いコンクリートを柱に、曲げに強い鉄骨を梁に使い、RC 造と S 造の長所を生かして、コストダウンと工期短縮を図る合成構造である。

　平面規模が大きく、均等スパンまたはそれに近い平面形状があり、スパン 8 ～ 10m、高さ 60m 以下の中低層建築物において経済性が追求できる構造形式である。

　S 造梁から RC 造柱への応力を合理的に伝達するために、さまざまな接合形式が開発されている。柱梁接合部の応力伝達機構により、非梁貫通形式と梁貫通形式の 2 方式がある（図 2・11・4、2・11・5）。

　非梁貫通形式 RCS 構造では、梁鉄骨はダイアフラムを介して接合され、梁貫通形式 RCS 構造では、一方の梁鉄骨に対して他方の梁鉄骨が接合される。いずれの場合も、柱主筋は梁鉄骨と接合されない。接合部の柱帯筋あるいは接合部を囲む鉄板（ふさぎ板）による拘束効果により応力伝達が行われる。

　施工法としては、柱梁接合部の下部の RC 柱を構築し、図 2・11・6 のような柱梁接合部をその上部に設置した後、梁鉄骨を接合する積層工法が一般に採用されている。また、柱梁接合部と梁の鉄骨をユニット化して設置する、柱軸部に CFT を利用する、あるいは、柱部分を PCa 化するなどの改良が加えられている（図 2・11・7、2・11・8）。

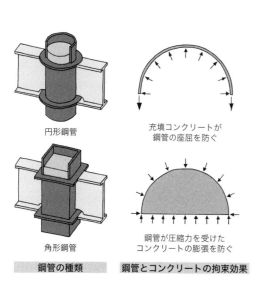

円形鋼管

角形鋼管

充填コンクリートが鋼管の座屈を防ぐ

鋼管が圧縮力を受けたコンクリートの膨張を防ぐ

鋼管の種類　　鋼管とコンクリートの拘束効果

図 2・11・2　CFT 構造の概要と拘束効果 [2]

コンクリートバケット

トレミー管

落とし込み工法

圧入工法

コンクリート充填
（空気溜まりをつくらない）

図 2・11・3　CFT 構造におけるコンクリート充填 [3]

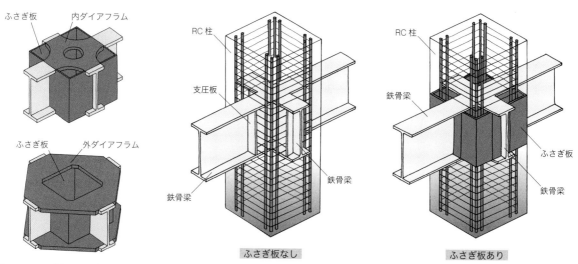

ふさぎ板　　内ダイアフラム

ふさぎ板　　外ダイアフラム

図 2・11・4　非梁貫通方式梁鉄骨接合部の例 [4]

RC 柱

支圧板

鉄骨梁

鉄骨梁

ふさぎ板なし

RC 柱

鉄骨梁

ふさぎ板

鉄骨梁

ふさぎ板あり

図 2・11・5　梁貫通方式柱梁接合部の例 [5]

(3)複合梁構造

　複合梁は、RC 柱に接合する梁の端部を RC 造とし、中央部を鉄骨造とした合成構造である（図 2・11・9、2・11・10）。

　梁の軽量化が図れ、柱梁接合部の鉄骨加工が少なくなり、また使用鉄骨量の削減が図れるため、特に鋼材価格が高い場合のコストダウンに効果がある。

　施工法としては、RC 柱と梁鉄骨を挿入した RC 梁端部をコンクリート打設により一体化する方法と、梁鉄骨端部の RC 部分を PCa 化し RC 柱とコンクリート打設により一体化する方法がある（2・11・11）。

3　混合構造の種類

(1)外周を鉄骨フレームとする RC コアウォール構法

　RC コアウォールと外周鉄骨フレームによる混合構造は、中央のコア部を鉄筋コンクリート造連層耐震壁（RC コアウォール）とすることにより建物の水平剛性を高めるとともに、その周囲を鉄骨造として長スパンの確保を可能にした混合構造である（図 2・11・12、2・11・13）。

　海外では、一般的に使用されている構造形式であり、特に風荷重により構造が決定する 25 階から 50 階程度の超高層建築に適しているとされている。

　施工法の概要を図 2・11・14 に示す。

(2)外周を PCa フレームとする RC コアウォール構法

　最近では、外周鉄骨の代わりに構造体と外壁の役割を担う PCa 化した外周フレームと中心部の RC コアウォールにより構造フレームを構成し、外周 PCa フレー

図 2・11・6　梁貫通方式 RCS 構造の例 [6]

柱梁接合部と梁鉄骨のユニット化

柱軸部への CFT 利用

図 2・11・7　RCS 構造の施工（柱現場打設）[7]

図 2・11・8　RCS 構造の施工（柱 PCa 化）[8]

ムと中心部の RC コアウォールを鉄骨梁で接合し、室内に柱のない大空間を構築している例もある。

外周 PCa フレームは PCa 化したパネルで構成され、構造体としての柱・梁が組み込まれている。パネルに打ち込まれた柱・梁の鉄筋を機械式継手で接合し、パネル間の柱部分にコンクリートを打設することにより一体化された構造体としての外周フレームを形成する。

施工法の概要を図 2・11・15 に示す。

＊注
1　日本建築学会では、異種材料を組み合わせて1つの構造部材とするものを合成部材とし、混合構造を含めて合成構造としている。

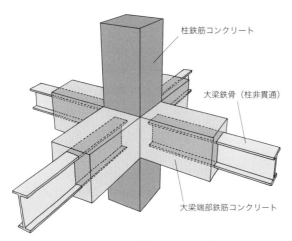

図 2・11・9　複合梁構造（Hy-ECOS 構法）[9]

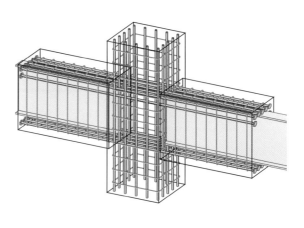

図 2・11・10　複合梁構造の梁端部配筋 [10]

接合部ユニット型枠工法

接合部 PCa 工法

図 2・11・11　複合梁構造の施工法 [11]

RC コアウォール

鉄骨フレーム　鉄骨フレーム

鉄骨梁　鉄骨梁
両端ピン接合　両端ピン接合

図 2・11・12　RC コアウォール構法の概要

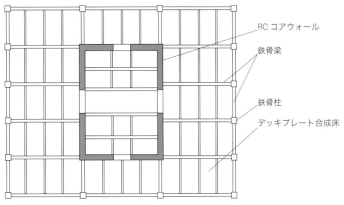

RC コアウォール
鉄骨梁
鉄骨柱
デッキプレート合成床

図 2・11・13　外周を鉄骨フレームとする RC コアウォール構法の部材構成

コアウォールの足場付きシステム型枠

コアウォールの先組み鉄筋

図 2・11・14　外周鉄骨フレーム RC コアウォール構法の施工法 [12)]
通常、セルフクライミングできるシステム型枠と壁先組み鉄筋を使用して RC コアウォールを構築する。
RC コアウォールには、梁鉄骨の接合プレートを埋め込んでおき、型枠上昇後に周囲の柱鉄骨を組み立
て、梁鉄骨を接合する（両端ピン接合）。床は、デッキプレートを設置し、配筋後、コンクリートを打設する

外部 PCa パネルの取り付け

鉄骨大梁取り付け

図 2・11・15　外周 PCa フレーム RC コアウォール構法の施工法 [13)]
コアウォールの施工までは図 2・11・14 と同様で、最外周部の鉄骨フレームの代わりに PCa フレームを組
み立て、PCa パネル接合部の配筋・型枠を施工した後、鉄骨大梁を接合する。床デッキプレートを設置し、
配筋後、PCa パネル接合部、床の順にコンクリートを打設する。

2·12 大空間・特殊形状・超高層建築の構法と施工法

1 大空間屋根架構

　鉄骨トラス構造による大空間屋根架構を施工する場合、工事の安全性を確保するために屋根部材の組み立てを高所ではなく地上または低所で行い、これをリフトアップあるいはプッシュアップする、あるいは屋根架構を1方向のブロックに分割しスライドさせて組み立てるスライド工法（トラベリング工法）などが採用されている。

　最近は、図2·12·1のような複雑な形状の大空間屋根架構が多い。これらは全体が完成して初めて構造的に安定するものが多く、施工中の屋根の支持方法を安全性・経済性を考慮して計画する必要があり、施工時解析が行われる。

　施工時解析とは、構法および工法の計画において、構造品質および施工時の構造安全性の確保と施工の合理化を目的とするシミュレーションで、大空間や吊り構造などの特殊構造物や大型構造物の施工計画において必要不可欠となっている。また、施工時点では、安全確保のためにコンピュータを利用した計測管理を合わせて実施する必要がある。

　大空間屋根架構の施工法は、大きく次の4つに分けられる。それぞれの概要を以下に示す。

(1) リフトアップ工法 （図2·12·2 上）

　先行して仮設あるいは本設の柱等を組み立ててから、地上で組み上げられた屋根架構全体を、その柱を反力柱として、ジャッキ、ワイヤーリフトアップ等のリフトアップ装置を用いて持ち上げて（リフトアップ）、柱等に取り付ける工法である。

　東京国際展示場東展示棟では、面積8100m²（90m×90m）、重量2000tの屋根を24台のジャッキ（150t）により、本設柱と仮設柱を反力柱として併用し、16.3mのリフトアップを行った。

　東京アクアティクスセンターでは、総重量約7000tの屋根を、4本の支柱に取り付けた32本のワイヤーでリフトアップした。

(2) スライド（トラベリング）工法 （図2·12·2 中上）

　屋根架構を1方向のブロックに分割して一定の屋根設置高さで組み立て、仮設または本設躯体に設置した走行用レール上を、手動ウインチ、油圧ジャッキ等を用い、順次移動（スライド）させながら組み立てていく方法である。屋根のスライド部には、ステンレス板、テフロン板、エアー支承等を使用する。

　横浜アリーナでは、面積約14000m²（108m×130m）、重量3000tの屋根を10回に分割して組み立て、順次スライドさせている。

(3) プッシュアップ工法 （図2·12·2 中下）

　屋根架構を地上で組み上げてから屋根を持ち上げながら、本設柱等の下部架構を差し込み組み立てていく工法である。ジャッキを用いて引き上げる方式と押し上げる方式がある。

　プッシュアップ工法は、高所作業を減らし安全に施工するために、鉄塔など塔状の鉄骨建築の施工にも用いられる。この場合には、プッシュアップ時の鉄塔の転倒防止のための支持機構が必要となる。

仮設支柱（ベント）　メインアーチ鉄骨トラス　　鉄骨キールトラス　鉄骨立体システムトラス　　　　　大スパン鉄骨トラス

組柱

支柱

バックステイケーブル

しもきた克雪ドーム[1]

埼玉スタジアム

幕張メッセ北ホール

図2·12·1　複雑な形状の大空間屋根架構の例

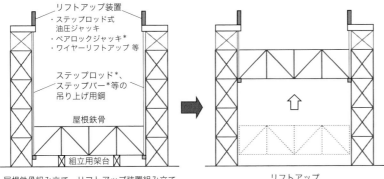

リフトアップ装置
・ステップロッド式
　油圧ジャッキ
・ベアロックジャッキ*
・ワイヤーリフトアップ 等

ステップロッド*、
ステップバー*等の
吊り上げ用鋼

屋根鉄骨

組立用架台

屋根鉄骨組み立て、リフトアップ装置組み立て　　　リフトアップ

東京国際展示場東展示棟

東京アクアティクスセンター

*ベアロックジャッキ：吊り上げ、押上げに用いる鋼棒・鋼材の任意の位置で屋根等の高さを固定することの
　できるジャッキ
*ステップロッド：ジャッキアップする際にジャッキがかみつくための節をつけた鋼棒
*ステップバー：ピン固定しながら尺取り方式でジャッキアップする際に用いるピン挿入用の孔を一定間隔で
　つけた鋼材

リフトアップ工法

屋根鉄骨

移動

移動用レール

鉄骨組み立てステージ

鉄骨組み立てステージ設置、屋根鉄骨組み立て

ウインチで引く
または
ジャッキで押す

屋根鉄骨組み立て、スライド、定着

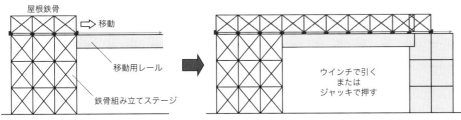

ワールド記念ホール

スライド（トラベリング）工法

プッシュアップジャッキ
ステップロッド式油圧
ジャッキまたはベアロ
ックジャッキ

ブラケット

ガイド

水平ガイド
ジャッキ

プッシュアップ工法

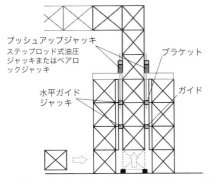

横浜アリーナ

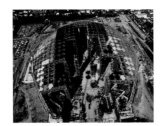

札幌ドーム

ジャッキ

ベント

仮受けベント組み立て、ジャッキ設置

屋根ユニット鉄骨

屋根ユニット鉄骨設置、ベント上での接合

ジャッキダウン、ベント撤去

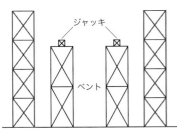

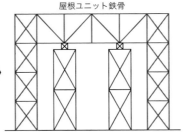

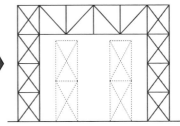

ベント（ジャッキダウン）工法

図2・12・2　大空間建築構法の施工法の概要 2)

(4)ベント（ジャッキダウン）工法（図2・12・2下）

仮設支柱（ベント）を設置し、大梁やキールトラス[注1]等で大スパン架構を支持しながら組み立てる工法である。しもきた克雪ドーム（図2・12・1左）や札幌ドームのような整形の屋根架構とともに、複雑な形状・構造の屋根架構に用いられている。

埼玉スタジアム（図2・12・1中）の屋根は、鉄骨のキールトラス、システムトラスともに地上で大ブロックに組み立て、仮設構台上で接合して屋根架構を一体化した後ジャッキダウンし、屋根の荷重をキールトラス両端部の組柱と後方のトラス柱に移している。

幕張メッセ北ホール（図2・12・1右）の屋根架構は、11スパンの曲線形状の大スパン鉄骨トラス梁により構成され、12mピッチに設置されている支柱とバックステイケーブル[注2]を用いて安定させる構造となっている。

ここでは建物の短辺方向1スパンのトラスを3つに分けて地組みし、2列のベント上に架設して屋根鉄骨ブロックに組み立て、順次、トラスとベントの間に設置したジャッキを徐々に下げながら、端部のジャッキでバックステイケーブルを緊張し、最終形状を構築している。

いずれの場合も、屋根架構をジャッキダウンする際に、逐次、構成部材のたわみ・応力などを計測し、施工精度と安全性を確保している。

2 超高層建築

(1)超高層建築の構造形式

我が国の超高層建築には、ラーメン構造以外に、図2・12・3のような鉛直荷重および水平荷重に対する建物の変形を合理的に抑制する構造形式が用いられている。

また、最近では、制震装置を架構に組み込んで水平荷重に対する建物の変形を抑制することが多い。

これらの構造形式は、建物の形状、高さ、内部空間の特性等により選択されている。

①ラーメン構造

水平荷重・鉛直荷重ともにラーメン架構で対応する構造形式である。鉄筋コンクリート造で短スパンの初期の超高層住宅などで使用されている。

②コア＋ラーメン構造

水平力の大部分を剛性の高いコアに負担させるが、

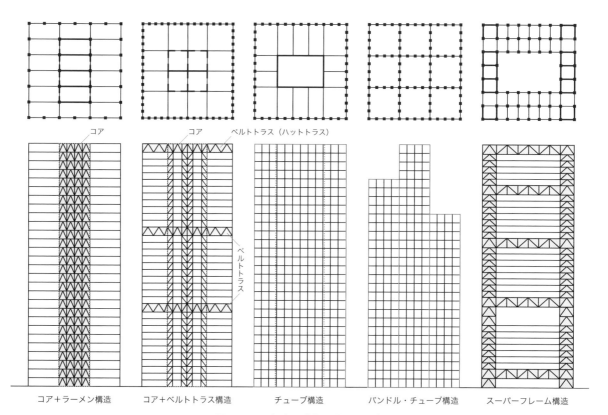

図2・12・3 超高層建築の構造形式[3]

周囲のラーメン架構にも水平力を負担させる構造形式である。我が国の鉄骨造超高層オフィスビルには、この構造形式が多く使われている。

③コア＋ベルトトラス構造

ラーメン構造建築物の中間階部分の外周部に帯状に設置した平面トラス（ベルトトラス）とコアを連結し、水平力によるコアの変形を効果的に抑制する構造形式である。建物頂部に設置されるトラスはハットトラスと呼ばれる。

④チューブ構造

外周架構に細かく設置された柱列を利用して構造全体を梁として機能させることにより、水平力による建築物全体の曲げ変形を抑制する構造形式である。

チューブ構造の内部にチューブ構造を設置するチューブ・イン・チューブ構造は、鉄筋コンクリート造の超高層住宅において、室内の梁を減らし空間の自由度を高めるために用いられている。

⑤バンドル・チューブ構造（束ねチューブ構造）

複数のチューブ構造を連結して束ねられた全体のチューブ架構が、水平力による建築物全体の曲げ変形を抑制する構造形式である。

基本的なチューブ構造の構成方法により、超高層建築における立体的な空間構成が可能となる。

鉄骨造超高層オフィスビル、鉄筋コンクリート造超高層住宅のいずれにも用いられている。

⑥スーパーフレーム構造

柱・梁をブレース等により組柱・組梁として大型の架構に組み立てたスーパーフレームで構成する構造形式である。水平荷重・鉛直荷重ともにスーパーフレームが負担する。内部を貫通する吹き抜けや中間階・1階に大空間を設ける鉄骨造超高層オフィスビルなどに利用されている。

霞が関ビルディング（1968年）
鉄骨梁センタージョイント工法

横浜ランドマークタワー（1993年）
鉄骨大型ブロック工法

山王パークタワー（2000年）
構真柱による地下逆打ち工法

図2・12・4　鉄骨造超高層建築の施工法[4]

(2)超高層オフィスビルの構法と施工法

①超高層オフィスビルの構法と施工法の変遷

　霞が関ビルディング（1968年竣工）に始まった超高層建築を可能とした建築技術には、まず構造解析技術と大型H型鋼等の材料製造技術の進歩がある。当初から超高層オフィスビルの基本的な構造形式は、鉄骨ラーメン構造であった（図2・12・4左）。

　さらに、カーテンウォール等の工場生産による部品化の展開、タワークレーン・高速リフト等の機械化技術の進歩などもその実現に寄与している。また、建築工事の施工方法も連続繰返し型工程[注3]の計画手法が確立され、鉄骨工事、デッキプレートなどの床板工事、耐火被覆工事から内装設備工事までのシステム化が図られるようになった。これらの技術は、その後の超高層建築においても踏襲され、また中小規模の建築工事にも波及していった[注4]。

　1980年代後半になると、東京都新庁舎（1990年竣工）、横浜ランドマークタワー（1993年竣工）などの大型超高層オフィスビル建設工事の増加に伴い、工事の安全性向上と工程短縮を目的として、大型クレーンを使用した躯体部材の大型ブロック化（図2・12・4中）や躯体・設備・外装のユニット化による施工が進んだ[注5]。

　また、都心部再開発における超高層オフィスビルの建設工事では、軟弱地盤における大深度地下工事の増加、地下形状の複雑化や急速に整備された地下鉄・幹線道路等の都市インフラの近接に伴う変位・変形防止など複雑な工事条件への対応が必要となった。

　このような条件を持つ大規模工事の増加に伴い、1

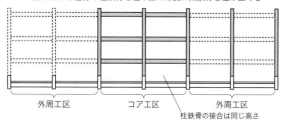

工区ごとに3層分の柱鉄骨を組み立てた後に梁鉄骨を組み立てる

図2・12・5　通常工法の概要

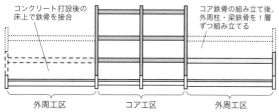

コア部分の柱・梁鉄骨を3層分先行して組み立てる

図2・12・6　コア先行型積層工法の概要

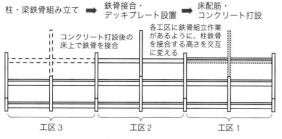

毎日、工区を移動しながら同一作業を繰り返す

図2・12・7　多工区同期化積層工法の概要

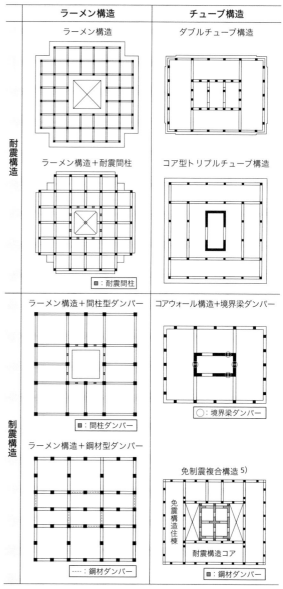

図2・12・8　超高層集合住宅の構造形式

階床を仮設または本設の構真柱[注6]により支持して先行施工し、地下掘削・地下躯体工事と地上躯体工事を同時並行で進める逆打ち工法（図2・12・4右）の適用が増加した。これには、1990年代以降の構造解析技術の進歩による構真柱設計法の合理化、施工機器の改良による構真柱の施工精度の向上、地下工事を安全に行う計測管理技術の進歩などが寄与している[注7]。

②最近の超高層オフィスビルの積層工法

超高層オフィスビルの躯体は、一般にタワークレーンを用いて、3層分の柱鉄骨と梁鉄骨を20日程度の工程で順次組み上げていくことにより構築される（図2・12・5）。

最近は、躯体の合理的な施工法として積層工法が用いられる場合が多い。積層工法には、躯体・外装を1層ずつ積み上げていく基本的な積層工法、コア部の鉄骨を2〜3層先行して組み立ててから外周の鉄骨を1層ずつ組み立てるコア先行型積層工法（図2・12・6）、工事場所を平面的に複数の工区に分けて、鉄骨の組み立てを含めて異なる躯体工事を工区別に同時並行で行う多工区同期化積層工法（図2・12・7）などがある。

(3)超高層集合住宅の構法と施工法

①超高層集合住宅の構法と施工法の変遷

超高層集合住宅には図2・12・8のような多様な構造形式がある。

我が国における最初の超高層集合住宅は、鹿島建設椎名町アパート（1974年竣工）である。躯体はRCラーメン構造であり、施工法は、柱・梁の高強度鉄筋には先組み工法が使用され、梁・床一体型のシステム型枠が用いられているが、躯体コンクリートが現場で打設される在来工法であった（図2・12・9）[注8]。

1980年代後半になると、躯体はRCラーメン構造であるが、図2・12・10に示すように、柱を工場生産のPCa型枠、床をサイトプレファブにより製造したPCa合成床、バルコニーを工場生産PCa部材とし、大梁鉄筋はキ型の先組み鉄筋として機械式継手で接合し、転用可能なシステム型枠を用いて現場でコンクリートを打設する方法がとられるなどPCaの利用が進んだ。

その後、構造技術や材料技術の進歩により、2000年代になると免震装置[注9]や制震装置[注10]（ダンパー）（図2・12・11）を組み込んだコアウォール構造・チューブ構造等による大スパン架構が使用されるようになった。その結果、多様な形状の超高層住宅がつくられるようになっている。

最近では、100N/mm²〜150N/mm²の超高強度コンクリートや高強度太径鉄筋が使用されている。太径鉄筋を用いる場合、柱や梁の主筋について径の1.5倍以上の最小かぶり厚さを確保する必要がある。超高強度コンクリートは密実なため火災時に図2・12・12のような爆裂を起こす危険性があるため、繊維を混入して爆裂を防ぐ超高強度耐火コンクリートが使用されている。

柱型枠：工場生産PCa型枠　　大梁鉄筋：先組み鉄筋

床：サイト生産PCa合成床　　大梁型枠：システム型枠

バルコニー：工場生産PCa　　大梁主筋：機械式継手接合

図2・12・10　1990年代の超高層集合住宅の構工法[7]

完成建物　　　　柱・梁先組み鉄筋工法による施工

図2・12・9　初期の超高層集合住宅の構工法[6]

境界梁ダンパー。RC壁－壁間
や壁－柱間などの、2点間が大き
く変形する部分に低降伏点鋼を
梁型にして組み込んだ鋼材系の
ダンパー

間柱型ダンパー。RC柱の中間
に設置した鋼材系のダンパーで、
設置スペースが小さく、平面プ
ランの自由度を損なわない

耐火実験後の超高強度コンクリート
（150N/mm²）

普通の超高強度コンクリート　超高強度耐火コンクリート

耐火性能を確保するために混入した繊維（火災時に溶けて爆裂を防ぐ）

図2・12・12　超高強度耐火コンクリート[9]
設計基準強度48N/mm²を超えるものは「高強度コンクリート」
とされており、80N/mm²を超えるものは「超高強度コンクリ
ート」とされる

鋼材ブレースダンパー。柱・梁フレームに低降伏点鋼をブレース
型にして組み込んだ鋼材系のダンパー

図2・12・11　架構に組み込まれるダンパーの例[8]

②最近の超高層集合住宅のフルPCa構法

　短工期化の傾向や技能労働者・施工技術者不足によ
り、柱・梁を工場生産のPCa部材とし、主要構造体の
品質の安定化を図るとともに、現場における躯体工事
を削減するために、柱梁の部材分割や接合方法が工夫
されている（図2・12・13）。

　柱PCa部材と梁PCa部材を使用する接合部には、当
初は柱鉄筋の接合部にのみモルタル充填継手を用い、
パネルゾーンや梁中間部で梁鉄筋を接合しコンクリー
トを打設する方式が用いられていた。この方式では、
パネルゾーンには柱の高強度コンクリート、床部には
それより低い強度のコンクリートと、異なる強度のコ
ンクリートを部位により打ち分ける必要があった。

　その後、より高強度のコンクリートが使用され、ま
たモルタル充填継手のコスト低減が図られたことから、
パネルゾーンを一体化した梁PCa部材を利用するよう
になり、現在ではこの方式が多く用いられている。ま
た、床についても、長スパンに対応できる工場生産の
PCa合成床が用いられることが多い（図2・12・14）。

　これらのPCa部材の利用量を増やすことにより、従
来では6〜8日要していた1フロアの躯体施工日数は、
現状では4〜5日へと短縮されている。さらに、柱・
梁の接合部まで含めPCa化したパネルゾーンPCa・梁
PCa接合タイプの構法では、1フロアの躯体施工日数
は、平均3〜4日程度にまで短縮している。

＊注
1　長手方向に主フレームとして架けるトラス。
2　吊り構造などで支柱内側へ引っ張られて倒れないよう、頂部か
　ら斜め反対方向に設けたケーブル。
3　躯体工事・仕上げ工事などを構成する一連の作業が、順次同じ日
　数で繰り返されるように計画された工程。
4　霞が関ビルディング竣工50年記念誌編集委員会『霞が関ビルディ
　ング竣工50年記念誌』（三井不動産、2018）
5　三菱地所編『横浜ランドマークタワー』（三菱地所、1994）
6　逆打ち工法において地下躯体が完成して建物荷重を支持できる
　ようになるまでの間の上部荷重を仮設的に支持する柱。
7　永田町二丁目地区開発協議会『再開発地区計画のすべて：
　AIUEO・Nによる複合市街地の再生：永田町二丁目地区再開発
　／山王パークタワー』（廣済堂出版、2002）
8　「建設業協会賞50年 受賞作品を通して見る建築1960-2009」『新
　建築』2009年12月臨時増刊
9　地盤と建物を切り離して地盤から建物に伝わる揺れを小さくす
　る装置でアイソレータとも呼ばれる。
10　建物の揺れのエネルギーを吸収する部材を組み込んだ装置でダ
　ンパーとも呼ばれる。なお「制振」「制震」の表記についてはp.38
　参照。

パネルゾーンで梁主筋を接合し、パネルゾーンを配筋した後、コンクリートを打設してPCa部材を一体化する。

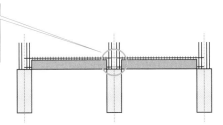

梁パネルゾーン接合タイプ

パネルゾーンの梁主筋を連続させた梁PCa部材を、柱PCa主筋を貫通させて設置し、パネルゾーンを配筋した後、コンクリートを打設してPCa部材を一体化する。

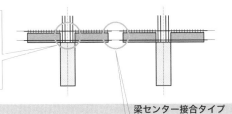

梁センター接合タイプ

梁中央で梁主筋を接合し、配筋・型枠組立後、コンクリートを打設してPCa部材を一体化する。

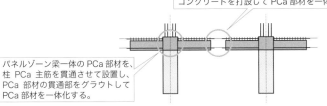

パネルゾーン梁一体のPCa部材を、柱PCa主筋を貫通させて設置し、PCa部材の貫通部をグラウトしてPCa部材を一体化する。

パネルゾーンPCa・梁センター接合タイプ

柱PCaの下向きに伸びた主筋を上からパネルゾーンPCaを貫通して下の柱PCaまで差し込み、グラウトしてPCa部材を一体化する。

パネルゾーン梁一体のPCaを横からスライドさせ、梁主筋を既に設置されているPCa部材に差し込み、グラウトしてPCa部材を一体化する。

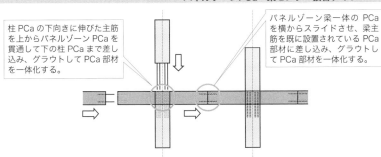

パネルゾーンPCa・梁PCa接合タイプ

図2・12・13　プレキャストコンクリート柱・梁接合部構法[10]

図2・12・14　工場生産のPCa合成床[11]

1 横浜港国際客船ターミナル

■横浜港国際客船ターミナルの構法

横浜港国際客船ターミナル（図1）は、通常の建物にある柱や梁と呼べるものがなく、建物の両側で南北に長く延びた2本の桁梁とその間に三角錐を組み合わせた屋根と床で構成された極めて複雑な形状の建物で、連続した下部構造と折板構造の複合体で構成されている。

建物の形状は、いくつかの幾何学的な設計ルールをもとに決定されている。長辺方向の断面は、そのルールをもとに連続的に変化するため、複雑な形状をした桁梁を始めとして、一見同じ形状の繰り返しに見えるものの同一部材と認められるものがほとんどない。

構造強度を確保するために、鉄骨部の接合は基本的に溶接接合を用いている。しかし、鋼板と鉄骨梁の接合にはなじみを良くするために打鋲による接合＊が行われている。

複雑な形状の桁梁（図2）は既存の型鋼を使わず、面材で構成している。一方、折板（図3）は線材（溝型鋼）の骨組に鉄板を張り付けるが、線材は小口の角度がすべて異なり、これらの正確な形状や板厚などを早期に決定する必要があった。

■横浜港国際客船ターミナルの施工法

鉄骨構造を採用し、鋼材と鋼板により工場生産された下部構造および折板の大型ブロックを大型の移動式クレーンを用いて順次組み立てていく工法を採用した。

また、大型ブロックは設置時には必ずしも自立しないため、施工中の変形や崩壊を防止するための仮設補強・支持方法や施工手順の検討を行い、施工中の位置や精度を確保する必要がある。

垂直面のない鉄骨ブロックの製作および現場取り付け

図1 横浜港国際客船ターミナルの全景[1]

図2 桁梁ブロックの設置[2]

図3 折板ユニット設置[3]

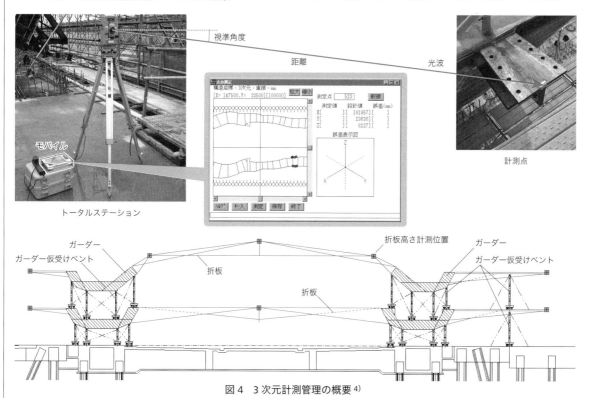

図4 3次元計測管理の概要[4]

においては、わずかな製作誤差、施工誤差が後続工事に影響を与えるため正確な座標の設定とその3次元計測管理（図4）が不可欠である。

3次元計測管理では、距離を測る光波測距儀と角度を測る経緯儀を組み合わせて同時に測量できるトータルステーションにより、3次元座標値を計測する。計測した座標データは、事前にCADデータ等をもとに計画した計測点とともに携帯型の小型パソコン上に表示され、効率的に精度管理を行うことができる。

2 モード学園コクーンタワー

■モード学園コクーンタワーの構法（図5）

モード学園コクーンタワーは、繭をモチーフとした楕円曲面で構成される特殊形状の超高層建築である。インナーコアと3つのダイアゴナル・フレーム（斜め格子状の柱梁を組み合わせたもの）で構成されている。外周を取り囲むダイアゴナル・フレームにより、建物に作用する鉛直力や水平力を効率良く地下構造へと伝達する構造となっている。

内部には12本のCFT（コンクリート充填鋼管）柱を用いたラーメンフレームが配置され、剛性の高いコアを形成するとともに、加えて15〜39階にはオイルダンパー150基を設置し、地震や風による揺れを低減している。

■モード学園コクーンタワーの施工法（図6）

構造上、最大の特徴である楕円曲面に組み上がるダイアゴナル・フレームの鉄骨精度および作業員の安全確保を検討した結果、中央のコア鉄骨を1節分先行し、これに外周部のダイアゴナル鉄骨を各階ごとにつなぎ、床・外壁を施工するコア先行型積層工法を採用している。

なお、楕円曲面に組みあがるダイアゴナル鉄骨の精度確保のために3次元計測管理を行っている。

＊ 打鋲による接合：リベットなどの頭のついた鋲を打撃により塑性変形させて部材を接合する方式。

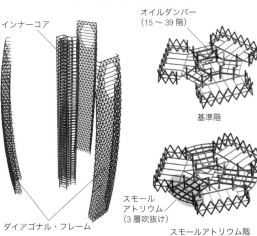

図5 モード学園コクーンタワーの架構[5]

構造概要

外周ダイアゴナル鉄骨

コアCFT柱

図6 コクーンタワーの施工概要[6]

03

各部位の建築構法

3·1 各部構法の概念

1　主体構法と各部構法

　主体構法は建物を支える躯体のシステムであり、要求される主要な性能は荷重や外力を支えることである。一方、各部構法は文字通り建築を構成する各部分の構法（構成方法）であり、躯体・下地・仕上げの層構成を含む部位や部品の納まりを指す。各部構法は主体構法とは異なり、仕上げ層を中心に直接目に触れる範囲に関わるもので、建物の印象や使い勝手に直接影響を与える。このため要求される性能も地震や台風などの災害による非常事態への対応から建物の日常的な利用に関わるものまで幅広くなる。たとえば、木造軸組構法の壁は、柱と筋かいで軸組を構成するが、これだけでは建物としての使用に耐えない。室外側には適切な外面壁により防風・防水性能を確保する必要があり、室内側にはボードで壁面を造り、壁紙を張ることにより初めて部屋としての体裁を整えることができる。ボ

ードを取り付けるためには下地として胴縁が必要であるし、断熱の機能を持たせるためには内外の壁面の間に断熱材を挿入する必要がある。このように、見栄えや断熱や遮音といった建物の利用に関わる性能は躯体だけで確保することは困難であり、各部位における下地や仕上げの各層でさまざまな部材や材料を組み合わせることにより実現されている。部材や材料の取り合う場所には、意匠や性能などの観点で各部材を矛盾なく配置するための工夫、すなわち納まりが生じる。このように各部位に性能をもたらす部材の構成とその納まりの体系が各部構法ということになる。

2　接合部の納め方

(1)部材の勝ち負け

　図3·1·1に見られるように、部材と部材を組み合わせる際には、交差部における双方の関係を調整しなければならない。この交差部を一方の材が占有することを"勝ち"と呼んでいる。部材の勝ち負けは単なる部位の構成に留まらず、空間の機能にも大きな影響を与える。図3·1·2のような建物における壁と床の関係を考えてみよう。荷重を支える原理から考えれば、壁は

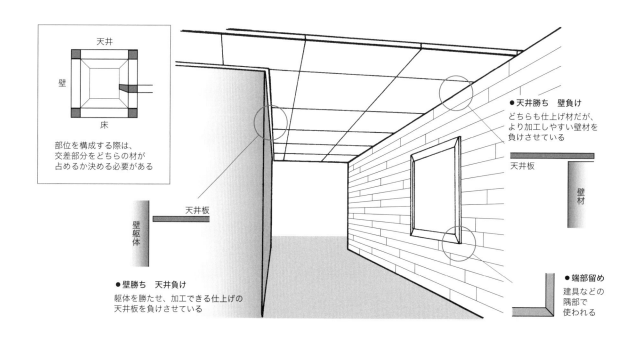

図3·1·1　勝ちと負け

床に勝っていることが望ましい。しかし、現代的なオフィスや集合住宅では、床スラブの上に置き床を設け、これを壁に勝たせている例が少なくない。床を壁に勝たせた場合、荷重面では不利になる一方で壁の可動性は高まる。これは空間のフレキシブルな利用に合致するもので、採用するメリットは大きい。

また、部材と部材の接合部には必ず継ぎ目が生じる。この継目の処理方法は使用する部材の性質も考慮すべきである。図3・1・1左側の壁と天井の取り合いにおいては、壁が躯体であるため、加工しやすい天井板を負けさせることで納まりを成立させている。一方で、右側の壁面のように間仕切り壁と天井板の取り合いにおいては、どちらの材を勝たせても納まりは成り立つが、壁勝ちで仕上げた場合は加工精度の問題から天井板端部の不陸が目立つ恐れがある。ここでは天井板を勝たせて壁の上端の見切りを強調する仕上げになっている。部材間の勝ち負けが機能的にどちらでも成り立つ場合は、意匠的な観点を考慮して選択する必要がある。壁面に設置する額縁のように接合部を留めにすると見栄えは良いが、端部の処理が精度的に難しく、加工の際は高い技能が必要となる。

(2) 材料の強弱

部位を構成する材料には加工しやすく成形が容易なものと、逆に加工しにくく成形が困難なものがある。前者の代表例は湿式材料である。しっくいやモルタルは材料の段階ではペースト状であり、接合部に対して自在に追従できる。一方で製品としての部材、たとえば鋼材などはさまざまな加工が可能であるが、施工現場での加工性は低く湿式材料に比べると"強い材料"であるといえる。木材はその中間であり、現場での加工性には富むが湿式材料のように自在に成形できるわけではない。部位の構成はこのような材料の強弱に応じて組み合わせの順を考える必要がある。一般に、強い材料は弱い材料よりも先に取り付け、接合部の空隙を弱い材料で調整しながら埋めるよう計画する。図3・1・3は材料の強弱を考慮した納まりの事例である。この散りじゃくりは強い材料に弱い材料を食い込ませることで接合面を納める手法であり、湿式材料の乾燥収縮にも対応している。

(3) 目地と見切り

仕上げ層において部材と部材が接するところを一般に目地と呼ぶ。通常、目地はレンガやタイルといった同種の仕上げの取り合いに生ずる線状の部分を指す。床板における無垢材とフローリングパネルのような異種の仕上げ材の目地は区別して見切りと呼ばれる。ボード類やタイルなどの乾式材料は製造上大きさに限界があるため、これらの材料で広い面を仕上げる場合は必ず目地が生じる。目地の納まりを図3・1・4に示す。

目透かしは目地の基本形式である。隣接する材料の間に隙間を設けることにより、製造誤差や温度、湿度による伸縮を吸収する仕組みである。一般に目地の幅（または重ね代）は部材の見込み寸法（仕上げ材の厚さ）に等しい大きさを取る。突付けは簡単な納め方であるが、誤差や変形が目立ちやすい点に難がある。面取り

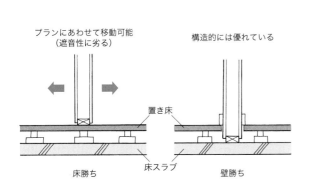

図3・1・2　壁勝ちと床勝ちの違い

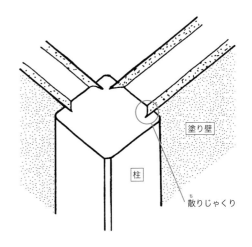

図3・1・3　塗り壁仕上げにおける柱と壁の納まり

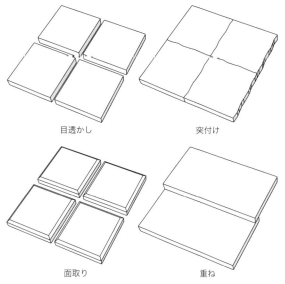

目透かし　　　　　　　　突付け

面取り　　　　　　　　　重ね

図 3・1・4　目地等の納まり

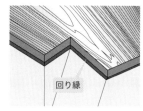

見切り縁　　　　　　　　面一

目地分かれ　　　　　　　しゃくり

図 3・1・5　見切りの納まり

は突付けにおける誤差を目立たなくする納め方である。目地による隙間を設けたくない場合は材を重ねることにより納めることができるが、仕上げ表面に段差が生じる。

　異なる材料が取り合う箇所には見切りを設ける。見切りの納まりを図 3・1・5 に示す。最も一般的な納め方は、別の部材で接合部を覆うよう配置するものであり、このような部材を見切り縁と呼ぶ。見切りの場合、突付けで処理することを面一（つらいち）と呼ぶ。面一の誤差を吸収する方法としては目地分かれ（めじわ）が挙げられる。建物はさまざまな材料の部材を用いるため、さまざまなところに見切りが生じる。代表的な見切りとしては天井と壁の納まりである回り縁（図 3・1・6）や壁と床の納まりである幅木（図 3・1・7）が挙げられる。幅木は、見切りとして視覚的効果があるが、他にも材端部の保護の役割も担っている。

回り縁

幅木

図 3・1・6　回り縁　　　　　図 3・1・7　幅木

3・2 地業・基礎

1 土の分類 （表3・2・1）

土粒子はその大きさによって粘土、シルト、砂、礫、石に区分され、それらの含有比率や地下水位の高さによって地盤の性状が左右される。

2 地盤調査

適切な地業（後述）を行い、基礎を選択するためには地盤の状態を適切に把握する必要があり、ボーリング、標準貫入試験、PS検層、スウェーデン式サウンデ

ィングなどの調査が行われる。

①ボーリング

筒状のサンプラーを土中に挿入して試料を採取し、地層の構成を直接的に把握する方法である。

②標準貫入試験 （図3・2・1）

ボーリングロッドの先端に取り付けた標準貫入試験用サンプラーに63.5kgのおもりを76cmの高さから自由落下させて打ち込み、30cm貫入させるのに要した打撃回数をN値として記録し、土質とN値とを考慮して地耐力を判定する。

③PS検層 （図3・2・2）

地表面の打撃によって地盤に振動を発生させ、伝達した振動をボーリング孔内に設置した受振器で受信し、伝達速度を測定することにより地盤の物理特性を把握する。

④スウェーデン式サウンディング （図3・2・3）

先端にスクリューポイントを取り付けたロッドを回転圧入し、おもりの重さや回転数によって地盤の物理

表3・2・1 土粒子の区分

名称	粒径 （mm）
粘土	～ 0.005
シルト	0.005 ～ 0.075
砂	0.075 ～ 2
礫	2 ～ 75
石	75 ～

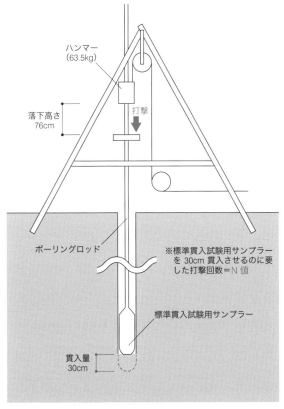

図3・2・1 標準貫入試験

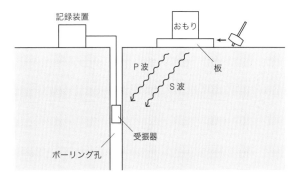

図3・2・2 PS検層

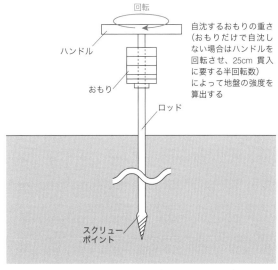

図3・2・3 スウェーデン式サウンディング

特性を把握するもので、試験が比較的簡便に行えるため、戸建て住宅などで利用されることが多い。

3　水盛り遣り方

戸建て住宅などでは基準高さを示すために、目印となる杭（水杭）と水平材（水貫）を設置し、水平材上に建物の位置を示す水糸を設置する。この作業あるいは設置された水杭と水貫を水盛り遣り方と呼ぶ（図3・2・4）。

4　根切り

土を掘削して排出することを根切りと呼ぶ。大規模な建築物では根切りの側面の地盤が崩落することを防ぐため、山留め壁が施工される。山留め壁には親杭横矢板、シートパイル、場所打ちコンクリートなどが用いられる。親杭横矢板は止水性に乏しいが比較的施工コストが低く、小規模で地下水位が低い場合に採用される。シートパイルは止水性が比較的高いが、硬質地盤を打ち抜くことができないため、小規模で地下水位が高い場合に採用される。ソイルセメント柱列壁や地下連続壁は一体の壁を現場で形成するもので、工期は比較的長くなるが止水性が高く、大規模工事に採用される。地下連続壁はそのまま残置して地下構造体とし

て使用することも可能である。山留め支保工は水平切梁工法が一般的であるが、広く浅い掘削時には地下躯体を利用することで中央の切梁が不要となるアイランド工法が、傾斜地など偏土圧が生じる場合はアースアンカー工法が用いられる（図3・2・5）。

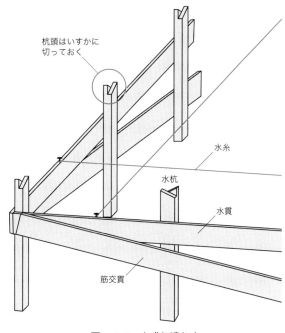

図3・2・4　水盛り遣り方

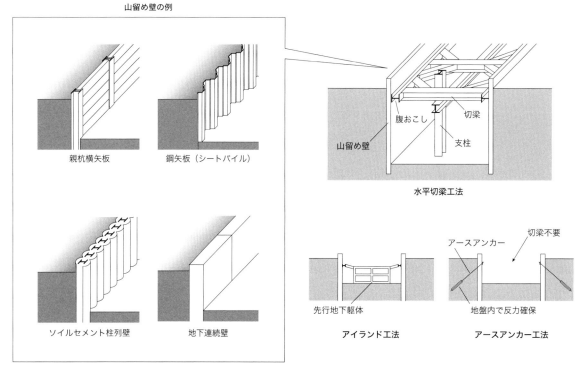

図3・2・5　各種山留め工法

5 地業

建築物の上部構造に生じた荷重や作用した外力は基礎を介して最終的に地盤が支持する。地盤がそれらの応力を適切に支持できるようにすることを地業（じぎょう）と呼ぶ。地業には割ぐり地業、版築、地盤改良、杭地業（杭基礎）などがあり、地盤の状況や上部構造、基礎の種類等によって適切な地業を選択する必要がある。

①割ぐり地業（図3・2・6）

荷重の拡大伝播と分散効果、凍結融解の軽減などのため、割ぐり石を基礎下の根切り面に並べて締め固める方法である。割ぐり石の間には砂と砂利が入れられ、その上に捨てコンクリート（構造用ではなく、型枠の支持や建物位置の基準を示すために設けるコンクリート）が打設される。現在は良質な割ぐり石を得ることが困難なことから、砕石が利用されることが多い。

②版築

土に石灰や藁などを混ぜて突き固めたものを版築（はんちく）と呼ぶ。寺社建築の基壇に用いられたり、高く施工することで土塀に用いられたりする。

③地盤改良

地盤の支持力を向上させるための方法を地盤改良と呼ぶ。地盤改良には下記のような方法がある。

・載荷盛土工法

あらかじめ上部構造と同程度以上の荷重を盛土等で載荷して地盤を沈下させ、上部構造施工後の沈下量を減少させる方法。

・表層改良

表面を掘削した後、固化材を混入しながら埋め戻すことで、表層地盤の強度を直接増加させる方法。

・サンドドレーン工法

地中に砂柱を構成して、盛土の荷重により粘性土地盤中の間隙水の排水を促進させる方法（図3・2・7）。

・サンドコンパクションパイル工法

地中に強固に締め固めた砂杭を強制的に圧入形成して地盤の強度を増加させる方法（図3・2・8）。まず、ケ

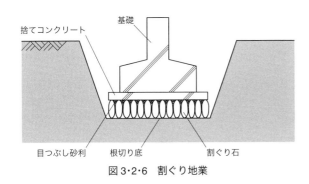

図3・2・6　割ぐり地業

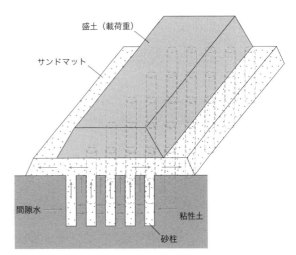

図3・2・7　サンドドレーン工法

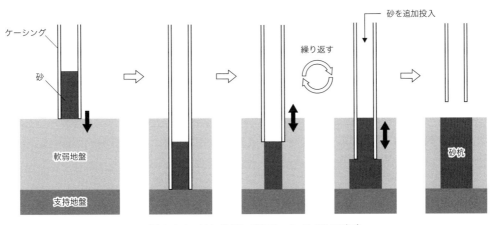

図3・2・8　サンドコンパクションパイル工法[1]

ーシングを軟弱地盤上に据え、ケーシング内に砂を投入したのち、ケーシングを揺動させて支持地盤まで貫入させる。次いでケーシングを引き抜いて打ち戻し、砂と周辺地盤を締め固める。これを繰り返して支持地盤上に砂杭を形成する。

・柱状改良

セメントミルクを注入しながら地中を撹拌掘進し、強度の高い部分を柱状に形成する方法。

6 基礎

基礎は上部構造の荷重を支持して地盤に伝えるほか、柱脚が固定端である場合は水平力によって生じた曲げモーメントを負担する。また、不同沈下を起こさないよう、一般的には地中梁（基礎梁）で連結するなどして一体的に施工される。

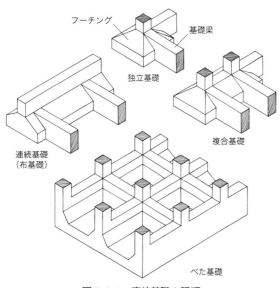

図 3・2・9　直接基礎の種類

(1)基礎の形状 （図3・2・9）

基礎の接地面積を大きくして応力を分散するように、基礎梁の底部を広げた部分をフーチングと呼ぶ。柱直下のみにフーチングを設けたものを独立基礎、いくつかの柱直下のフーチングをつなげたものを複合基礎、基礎梁全体の下部にフーチングを設けたものを連続基礎、建物全体の下部にスラブを設けたものをべた基礎と呼ぶ。基礎の形状は上部荷重の大きさと地耐力とを勘案して決定する。

(2)根入れ深さ （図3・2・10）

地表面から基礎の底版までの深さを根入れ深さと呼ぶ。根入れ深さが凍結深度より浅いと、地面の凍結によって基礎が持ち上げられたり、支持地盤が緩んだりするおそれがあるため、根入れ深さは凍結深度以下とする。根入れ深さは地耐力にも関係し、深いほど残土処理の費用がかさむが、地耐力は一般的には上昇する。

(3)基礎の支持形式 （表3・2・2）

支持地盤（建物重量を支持するのに十分な耐力を有する地盤）が浅く、基礎を直接地盤で支持できる場合を直接基礎と呼ぶ。一方、基礎を直接支持できる地盤

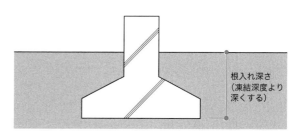

図 3・2・10　根入れ深さ

表 3・2・2　基礎の支持形式

名称	直接基礎	パイルド・ラフト基礎	杭基礎（摩擦杭）	杭基礎（支持杭）
主に作用する支持力	直接支持力	周面摩擦力＋直接支持力	周面摩擦力	先端支持力＋周面摩擦力※
概念図	支持地盤	軟弱地盤／支持地盤	軟弱地盤／支持地盤	軟弱地盤／支持地盤

※下向きに働くこともある

がなく、地中の深いところに支持地盤がある場合は杭を施工して基礎を支持することとなる。これを杭基礎と呼ぶ。

①杭基礎

杭基礎は材料によって木杭、鋼杭、コンクリート杭に分類される。木杭は松が使用され、腐朽を防ぐために地下水位以下に打ち込まれる。鋼杭は鋼管やH形鋼が使用される。適切に接合して長尺とすることが可能であるが、腐食しろを見込むなど、耐久性に注意を要する。コンクリート杭はあらかじめ工場で製作された既製コンクリート杭と現場で形成される場所打ちコンクリート杭に分類される（図3・2・11）。

・既製コンクリート杭

既製コンクリート杭はさらに打込み杭（既製杭の頭部をハンマで打撃して地中に貫入させる工法）と埋込み杭とに分類される。打込み杭は施工が早く、管理が容易であるという長所があるが、大きな騒音を発生するという短所がある。騒音対策として、あらかじめ穴を掘っておき圧入するプレボーリング工法、中空杭の内部をドリルで掘削して杭を圧入する中堀り工法、先端翼を取り付けた杭を回転貫入する回転貫入工法などがあり、これらを埋込み杭と呼ぶ。

・場所打ちコンクリート杭

場所打ちコンクリート杭はあらかじめ穴を掘って鉄筋かごを設置し、コンクリートを打設するもので、低騒音であること、土質を直接確認できることなどの長所があるが、孔壁の崩壊防止に注意を要する。この対策として、杭全長にケーシングを用いるオールケーシング工法、表層部をケーシングで、深部を安定液で保護するアースドリル工法、土砂をドリルパイプによって排出するリバースサーキュレーション工法などがある。

②摩擦杭、パイルド・ラフト基礎

支持杭のように支持地盤までは杭先端を到達させないが、杭の周面の摩擦力によって建築物の沈下を防ぐ杭を摩擦杭と呼ぶ。また、直接基礎の支持力（基礎底版の支圧）と摩擦杭の支持力とを併用して支持力を確保する基礎形式をパイルド・ラフト基礎と呼ぶ。摩擦杭、パイルド・ラフト基礎は、主に中低層建物に用いられる。

(4)地下室

地下室を設ける場合、防水対策および湿気がこもらないようにするための換気対策（ドライエリアを設ける、エアコン等で除湿をするなど）を十分に講じる必要がある。

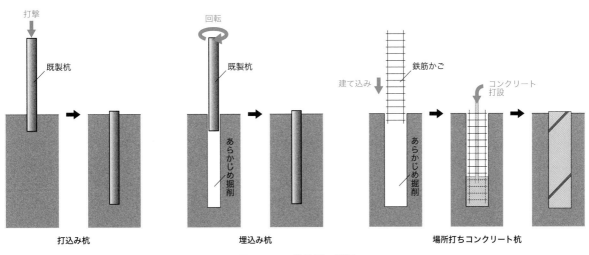

図3・2・11　杭基礎の種類

3·3 階段と手すり

　階段は、床レベルの異なる2地点間の移動用途・火災時等の避難用途というような機能的な側面に加え、吹抜け等に設置することにより上下の動線を視覚化し空間を豊かにつなぐ演出にも用いられる建築の重要な要素である。

1　階段の部位名称と勾配

(1)部位名称

　階段を構成する部位として、歩行する部分の面を「踏面（ふみづら）」、各段板の先端を「段鼻（だんばな）」、各段の高さ方向をふさぐ板を「蹴込み板（けこみ）」と呼ぶ。

　また、1段の高さが「蹴上げ（けあげ）寸法」、段鼻から段鼻までの水平寸法が「踏面寸法」となる。この蹴上げ寸法と踏面寸法により階段の勾配を規定する。踏面の奥側を上段の段鼻よりも深くする部分は「蹴込み寸法」と呼び、この寸法は踏面寸法には含めない（図3·3·1）。

　蹴込みは踏面が小さい時には足を置く寸法確保に役立つが、蹴込みが大きすぎるとかえってつま先が引っ掛かる原因となる。

　階段は、上下のフロアをつなぐという機能から竪穴状態となり、火災時には煙や火炎の通り道となりやすい。このため、煙の侵入や延焼を防ぎ、火災時にも安全な避難のルートとして使用できるよう、建物用途や規模に応じて、階段を他の部分から防火壁や防火戸で区画した階段室とすることが建築基準法に規定されている。

(2)勾配

　階段の勾配は、その階段の使用目的や使用人数、安全性、機能性を考慮して決められる。

　階段を上る時の人間の動作からは、足を高く上げると前に踏み出す歩幅は小さくなるので、蹴上げ寸法が大きくなると踏面寸法は連動して小さくなり、数式としては、「$2R + T = 63$、R：蹴上げ（cm）、T：踏面（cm）」となる階段が登りやすいという各種研究等がある。しかし、これによると、蹴上げ18cmの場合は踏面27cm、蹴上げ20cmの場合は踏面23cmとなるが、建築基準法を同時に参照しなければ、蹴上げや踏面寸法が不足する場合があるので、注意が必要である。

　建築基準法には、最低基準として、階段の用途別に蹴上げ寸法・踏面寸法・階段幅・踊り場設置等の規定がある（表3·3·1）。

　さらにバリアフリーへの配慮から、各地方自治体の条例等で規定が追加され、より緩い勾配とするよう基準等が定められているので、これらの基準を満足する

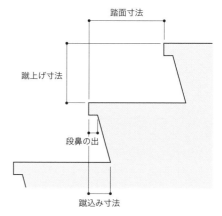

図3·3·1　階段の部位名称

表3·3·1　建築基準法施行令23条による階段の最低寸法

	階段の種類	階段および踊り場の幅（cm）	蹴上げの寸法（cm）	踏面の寸法（cm）
1	小学校の児童用	140 以上	16 以下	26 以上
2	中学校、高等学校、中等教育学校の生徒用	140 以上	18 以下	26 以上
	劇場、映画館、公会堂、集会場等の客用			
	物販店舗（物品加工修理業を含む）で床面積の合計が 1500m² を超える客用			
3	直上階の居室の床面積の合計が 200m² を超える地上階用のもの	120 以上	20 以下	24 以上
	居室の床面積の合計が 100m² を超える地階、地下工作物内のもの			
4	1〜3 以外および住宅以外の階段	75 以上	22 以下	21 以上
5	住宅（共同住宅の共用階段を除く）	75 以上	23 以下	15 以上

必要がある。

また、足を踏み外したりつまずく原因となるので、階段の勾配寸法は階の途中で変えないことが基本原則である。

2　階段の種類

(1)平面形式

階段の平面形式には、直線状の「直階段」、直角に曲がる「カネ折れ階段」、180度折返す「折返し階段」、円形状の「らせん階段」などがある。これら基本形状に変形や組み合わせを工夫することにより自由な形状の階段ができる（図3・3・2）。

(2)支持方式

階段の支持方式については、両側の側桁の間に段板を設置する「側桁方式」、段板の裏側にのこぎり状の桁を配置する「ささら桁方式」、中央1本の桁で支持する「中央桁方式」、片側から各段板をキャンチレバーにて支持する「片持ち方式」、段板と蹴上げ板を折板状にして支持する「折板方式」、段板を上部から吊って支持する「吊り方式」などがある（図3・3・3）。

(3)構成材料

階段の構成材料としては、木造戸建て住戸等に多い「木造階段」をはじめ、鉄筋コンクリート造の「RC階段」、プレキャストコンクリート製の「PCa階段」、鉄骨造の「鉄骨階段」、鉄骨桁材とPCa段板を組み合わ

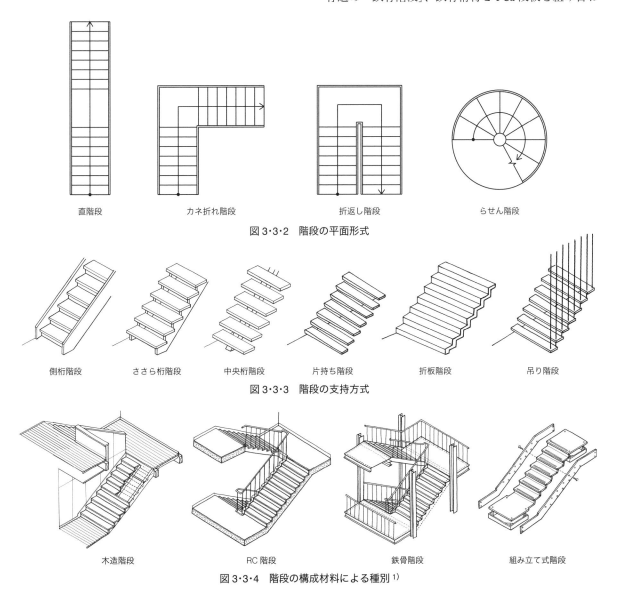

直階段　　カネ折れ階段　　折返し階段　　らせん階段

図3・3・2　階段の平面形式

側桁階段　　ささら桁階段　　中央桁階段　　片持ち階段　　折板階段　　吊り階段

図3・3・3　階段の支持方式

木造階段　　RC階段　　鉄骨階段　　組み立て式階段

図3・3・4　階段の構成材料による種別[1]

せた「組み立て式階段」等がある（図3・3・4）。

RC階段は、振動しにくく歩行音の問題は少ないが、現場での配筋工事や型枠工事が複雑となり、施工手間がかかるという側面もある。

このため、あらかじめRC階段部を工場で別に製作するものが、PCa階段である。PCa階段は、RC階段同様の長所を持ち、作業の合理化が図れるので、RC造大規模建築物では柱・梁のPCa化とともにまず検討される手法となる。

鉄骨階段は、軽量で施工性が良く、工事中に先行して設置することにより、工事動線としても利用できる。その反面、踏板がチェッカープレート等の鉄板の場合、振動しやすく歩行音に配慮が必要なため、踏板をモルタル仕上げとして振動を抑え、さらに音の出にくい床材（長尺シート・カーペット等）で仕上げる等の配慮が望まれる。

組み立て式階段は、鉄骨階段を基本に、施工性の長所を保持し、歩行音の短所改善のため、PCa段板と組み合わせたもので、鉄骨造等の大規模建築物で採用されている。

3 手すり

手すりは、その目的により、階段等の昇降補助用に設けられる「階段手すり」と、バルコニーや外部廊下、開口部等からの墜落防止に設けられる「墜落防止手すり」がある。

(1)階段手すり

階段手すりの高さについては、明確な基準はないが、大人の昇降補助用として段鼻から900mmという数値が一般的に使われてきた。しかし、墜落の恐れのある踊り場等では、後述の墜落防止手すり1100mmの高さ

が望ましい。また、最近のバリアフリーへの配慮からは、高齢者等の昇降補助用としての手すり高さ750〜850mmに、さらに配慮として600〜650mm程度の高さの下段を加えた、二段手すりを推奨する自治体等による規定がある。使用目的、使用人数、部位の状況によって安全性・機能性に配慮した手すり設計が必要となる（図3・3・5）。

その他の配慮事項として、階段においては少なくとも片側に手すりが必要であり、階段幅に対する出っ張り寸法が100mm以下の手すりは有効幅の算定において無視できる。それ以上大きく出っ張る手すりは、100mmまでは階段の有効幅に含めて算定できる（図3・3・6）。

また、昇降の安全性からは、滑り止めと視認性を兼ねて、段鼻部にノンスリップを設置する。階段の構造に応じて、溝のついたタイル製品や、ステンレスまたはアルミとゴムを組み合わせた製品などが使われる。

(2)墜落防止手すり

墜落防止手すりは、高さ1100mm以上が要求される。床から650mm以内に足がかりとなるような立ち上がりや横部材等があると、その該当部位からさらに

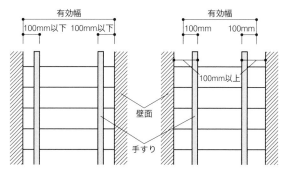

図3・3・6　階段の有効幅と手すり

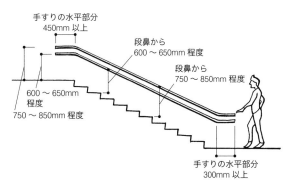

図3・3・5　階段の手すり寸法の例（昇降補助用）[2]

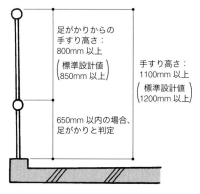

図3・3・7　墜落防止手すりの寸法[3]

800mm以上の高さが必要となる。これは、主に子どもがよじ登って転落しないための規定である（図3・3・7）。

また、縦格子状の手すり子等の場合、すり抜けて墜落することを防止するため、特に共同住宅等、乳幼児等がいる場面が想定される用途においては、隙間を110mm以下にすることが標準となる。この寸法は、標準体形の乳幼児頭部寸法が110mmより大きいとされているため、110mm以下であれば乳幼児の転落を防げるとしたものである。縦格子の隙間だけでなく、手すり下部と床面の隙間、排水溝部等で隙間が大きくなる箇所も注意が必要である。

手すりの強度は、水平荷重や鉛直荷重のほか、走ってぶつかったり、転倒時の衝撃荷重を勘案したものとする。

(3) 手すりの材料・形状

階段とともに手すりは、建築空間の演出として多様なデザインが工夫される重要な要素である。その構成材料としては、木製、コンクリート製から、強度や加工性に優れる金属製（鉄・アルミ・ステンレス等）やガラス製のもの、またそれらを組み合わせたものなどがある。それらの素材とともに、腰壁形状、縦格子形状、パネル形状などさまざまな形態を組み合わせながら、前述の安全性・機能性を確保したデザインの追求が行われる。

(4) 階段折返し部と手すりの納まり

階段折返し部は、上り始めの段と下り始めの段を1段分ずらすと、手すりのレベルが一致した納まり（a）となり、一般的にはこの納まりを採用する場合が多い。特に、鉄骨階段の場合は側桁の納まりも良くなる。上り始めの段と下り始めの段を揃えた（b）は、手すりの高さや側桁の高さに段差が生じ、納まりに工夫が必要となる。（a）とは逆に、上り始めの段を1段分手前にした（c）は、手すりの納まりは工夫が必要であるが、RC階段の場合に段裏折返し位置を揃えることができる（図3・3・8）。

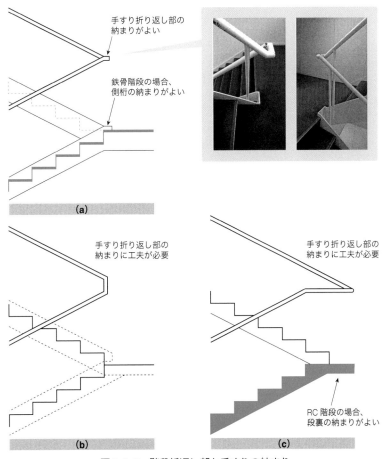

図3・3・8　階段折返し部と手すりの納まり

3・4 屋根

1 屋根の形状と部位

(1)屋根の機能と性能

屋根は建物の上部を構成し、屋外と屋内を分ける重要な部位である。屋根は一般に外部に面した部位を指し、室内側は天井となっていて両者の間には小屋組をはじめとしたさまざまな部位が存在する。屋根の機能の基本は外部からの雨・風・雪・熱・音等による影響を防ぐことである。これらをどの程度制御するのか、すなわち要求される性能は建物の立地条件とグレードによってさまざまである。高温多湿で季節による気象条件の変動が激しい我が国では、要求される性能は一般的に高い。雨量が一定以上ある地域における屋根の形状は、伝統的建物では雨仕舞の観点から傾斜屋根が基本となっている。現在は一般的な陸屋根は雨仕舞が難しく、普及のためには現在のような防水技術の一般化を待たなければならなかった。傾斜屋根は形状や勾配の観点からさまざまな種類に分類できる。また、それに対応して葺き方にも多様な種類がある。

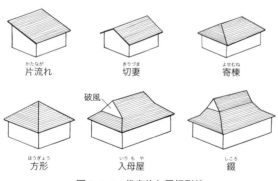

図 3・4・1　代表的な屋根形状

（片流れ　切妻　寄棟　方形　入母屋　錣）

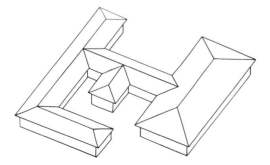

図 3・4・2　複雑な平面形状に対応する寄棟屋根

(2)屋根の形状と勾配

代表的な屋根の形状を図 3・4・1 に示す。屋根の形状は大きく片流れ、切妻、寄棟の 3 種に分類できる。片流れ屋根は屋根端部の一辺を高くして雨水を流す形状である。切妻屋根は中央部に棟を設け、その両側に雨水を流す形状である。寄棟は隅角部に隅棟を設けて、四方の軒に雨水が流れるようにしたものである。寄棟はいずれの壁面にも軒が出るため、雨水による壁面の汚損防止に効果がある。一方、切妻のように軒下の壁面に小屋裏換気口がとれないなど機能的に劣る面もある。寄棟屋根は和小屋と組み合わせることにより多様な平面形状に対応することができる（図 3・4・2）。複雑な平面形状の和風建築に傾斜屋根をかける場合、屋根面には入隅や出隅が出現するが、端部に隅棟を配置し軒高を揃えることにより任意の平面に容易に屋根を設けることができる（図 3・4・3）。切妻と寄棟を組み合わせたものとして入母屋がある。入母屋は上記の換気や汚損防止性に優れている一方で、小屋組を含めて構成は複雑である。この形式は機能性とともに意匠上の観点から寺社などの伝統的な建築で多く採用され、発展したものである。

屋根面の勾配は、角度（°）ではなく屋根面の登り高さを水平方向の長さで除した分数として表記する。屋根勾配は葺き材によって標準的な値が存在し、たとえば一般的な瓦屋根である桟瓦葺については 4/10 程度の勾配となる（表 3・4・1、図 3・4・4）。「四寸勾配」などの伝統的な表記方法は水平方向の長さ 1 尺あたりの登り高が 4 寸であることを示す。屋根面が曲面になる場合、屋根面が膨らんでいるものを「むくり」、反っているものを「てり」あるいは「そり」と呼ぶ。

屋根の各部の名称を図 3・4・3 に示す。棟や隅棟は傾斜屋根における防水上の弱点となる。この部分では最

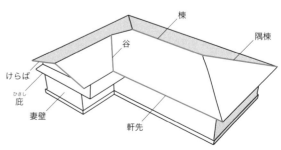

図 3・4・3　屋根の各部の名称

（棟　隅棟　谷　けらば　庇　妻壁　軒先）

上部に棟包み板を設け、また葺き材との接合部に水切りを設けるなどして頂部からの水の浸入を防いでいる。また最下層の防水層でも棟を包むように折り曲げて処理している（図3・4・5左）。屋根面の形状が複雑になると、屋根同士の取り合いの谷や壁面の立ち上がり部分で雨水が浸入するなどの問題が生じる。屋根面の谷部においては、谷どいを設けて水の浸入を防ぎ、下方に流すように納める必要がある。谷どいは金属板などを用いて漏水の原因となる継ぎ目がないように施工するが、葺き材との隙間から水が浸入しないように葺き重ねを設けるなどの配慮が必要である（図3・4・5中）。また壁面と屋根の取り合いでは屋根と壁面の接合部における水の浸入を防ぐために、水切り板の設置やアスファルトルーフィングの折り曲げ・立ち上げなどの処理が必要である（図3・4・5右）。防水の観点で屋根の形状は単純であるほうが良いが、実際には建物の平面計画や断面計画、また意匠状の要求から複雑化することも多く、各部の防水は綿密に計画する必要がある。

2　屋根の葺き方

(1)屋根の層構成

　屋根面の表面にあって雨水を流す材を葺き材と呼ぶ。葺き材から小屋組までには複数の下葺き層が存在する。垂木の上に張られ、屋根の傾斜面を構成する最下層の下地を野地板と呼ぶ。この野地板は板状の材であれば、ばら板なども使用可能であるが、近年では構造用合板の採用が多い。葺き材のみで雨水を完全に処理することは困難であるため、野地板と葺き材の間には防水層が必要である。この防水層についてはアスファルト防水紙などの製品化された材料によるシート防水が多く用いられる。葺き材には材料や形状によってさまざまな種類があるが、葺き材の葺き重ねによって雨水を流し落とす仕組みとなっている点は共通している。伝統的な構法では部位の構成材やその名称などが異なるが、たとえば板材による土居葺などにおいても、屋根の層構成の原理は同じである。

表 3・4・1　代表的な葺き材と標準的な屋根勾配

屋根の葺き材	標準的な勾配
陸屋根の防水	1/150 ～ 1/100
金属板葺	1/10 ～
スレート葺（シングル葺）	3/10 ～ 7/10
柿葺（シングル葺）	3/10 ～
本瓦葺	3.5/10 ～ 4/10
桟瓦葺	4/10 ～ 7/10
茅葺・藁葺	7/10 ～ 1/1
矩勾配（45°）	1/1

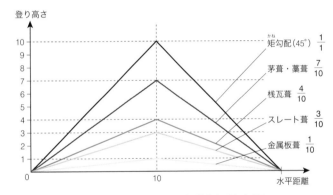

図 3・4・4　葺き材別の標準的な屋根勾配

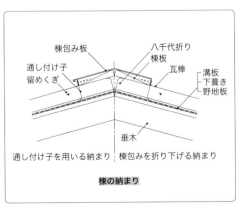

棟の納まり

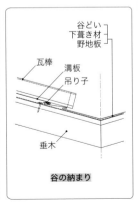

谷の納まり

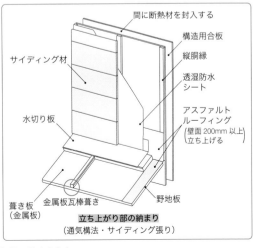

立ち上がり部の納まり
（通気構法・サイディング張り）

図 3・4・5　接合部の処理（立ち上がりと谷部の納まり）[1]

(2) シングル葺 （図3・4・6）

シングルとは薄い定形の板材の一般名称である。これらを並べて葺いたものをシングル葺と呼ぶ。

小板を並べるだけだと各々の隙間からの雨水浸入が避けられない。このため、シングルは大きく重なるように並べて水を順次流し落とせるようにしなければならない。シングルのうち屋根表面に見えている部分の寸法を葺き足と呼ぶ。シングルの素材は、自然材料としては天然スレートや伝統建築に用いる杮板（こけら）や檜皮（ひわだ）、製品としてはテラコッタやアスファルトシングル、セメントスレートなどさまざまな種類がある。シングルは単なる板状のものもあるが、製品化されたものには経済性や施工性の観点から使用枚数を減らすように葺き重ね部分の形状を工夫したものもある。

(3) 瓦葺

瓦は、土やこれに類する素材を、葺き重ねが適切に設けられるように立体的に成型して焼成した葺き材であり、これを用いた屋根葺を瓦葺と呼ぶ。瓦の種類には我が国のものとしては本瓦や桟瓦、また海外にはスパニッシュ瓦などのさまざまな洋瓦があり、それぞれ形状が異なる。また素材としての土や、焼成法などを中心とした製法からも分類することができる。

本瓦葺は丸瓦と平瓦の2種類の瓦を交互に葺いていくものであり（図3・4・7）、伝統的に寺社建築などを中心に用いられてきた。丸瓦は平瓦の間の雨水を止めるもので、雨水を平瓦に導いて流し落とす仕組みとなっている。丸瓦と平瓦の機能を1枚の瓦で実現するように改良された瓦を桟瓦（さんがわら）という。桟瓦の断面は波形になっており、葺き重ねの部分に切り欠きを設けることにより、効率的に葺けるように工夫されている。桟瓦は江戸期以降の庶民住宅で採用され、現在はごく一般的な瓦葺の手法として定着している（図3・4・8）。本瓦葺と桟瓦葺は下地の構成が異なる。本瓦葺は野地板の上に葺き土を敷き、ここに瓦を定着させて番線（銅線やワイヤー）などで固定する場合が多い。土を用いるため瓦の重さと相まって屋根面の重量が大きくなり、耐震上の弱点となる。桟瓦は瓦の裏面の突起を野地板上に設けられた瓦桟に引っ掛けて定着させるもので、本瓦葺に比べて軽く耐震上有利である。

本瓦葺・桟瓦葺を問わず、軒やけらば、また棟などの部分は特殊な形状の瓦を用いて納める（図3・4・8）。これらの瓦のように端部などで特殊な形態を持つものを一般に役物（やくもの）と呼ぶ。

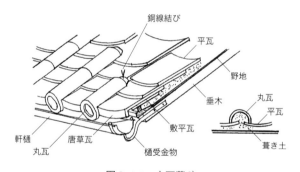

図3・4・7　本瓦葺[2]

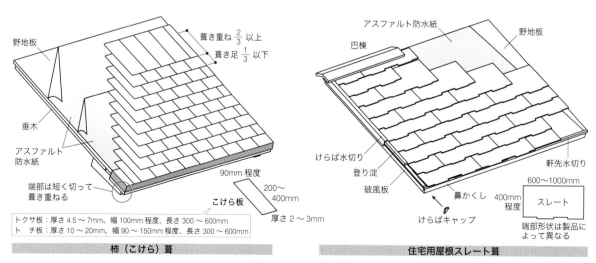

図3・4・6　シングル葺

(4) 金属板葺

金属板葺とは薄く加工した金属板を葺き材とするもので、古くは銅板が用いられたが現在は防錆加工をしたカラー鋼板やガルバリウム鋼板、ステンレス鋼板などが用いられている。鋼板類は瓦に比べて軽いため、屋根面の軽量化により耐震性が向上することや、緩勾配が実現するため広く用いられている。一方、素材が軽いため、突風による剥離や雨打ち音などの遮音の点で注意すべきことも多い。また金属系材料では防錆が大きな意味を持つ。鋼板を屋根面に留める際にくぎなどに異種金属を使用すると、イオン化傾向の違いから腐食が進行するため注意する必要がある。

金属板を比較的小さな板に分けて葺く場合は一文字葺を用いる。板の端部に折り返しを設け、これを巻き込む形で隣の板と結びつけ、屋根面を葺いていく。この折り返しをはぜという。また、板の上端部には吊り子を設け、これを野地板に留めつけて定着させる。比較的大きな部材であるカラー鋼板などの金属板を用いる場合は瓦棒葺や立てはぜ葺を用いる。瓦棒葺は野地板上に設けた心木（瓦棒）に沿って金属板を立ち上げ、ここで金属板を継いで葺きあげる方法である。近年では瓦棒を省略し、製品化された屋根板・吊り子・キャップを用いる心木なしのものが主流となっている。一方で立てはぜ葺は同じく野地板上に線状の吊子を設け、ここで金属板を巻き込みながら継ぐ方式である（図3・4・9）。その他、溶接によって大面積を葺く方法もある。雨仕舞のためには、金属板は継ぎ目を少なくするため大版のものを用いることが望ましいが、一方で温度による収縮が大きくなるため、逃げ（余裕）を設けるなどの工夫が必要となる。雨水処理の観点から、金属板の場合は軒側を固定し、棟側に逃げをとることが望ましい。

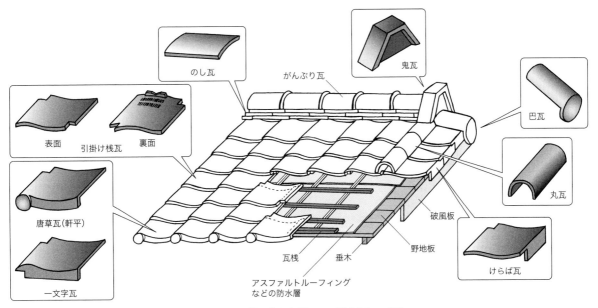

図3・4・8　桟瓦葺と各種の瓦（役物瓦の一覧）

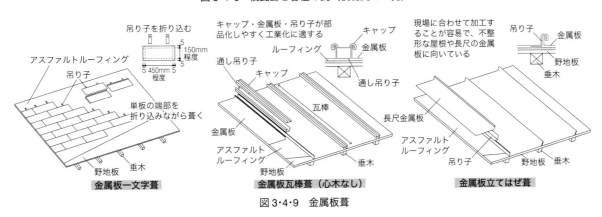

図3・4・9　金属板葺

3・5 陸屋根の防水

　降雨量の多い地域に水平に近い屋根、陸屋根を設けるためには、屋上部分に信頼性、耐久性のある防水工事を施す必要がある。コンクリートスラブなどの上に連続した面として形成される防水をメンブレン防水と呼び、アスファルト防水、シート防水、塗膜防水、金属板やFRP層による防水などがある。

　アスファルト防水は、アスファルトを合成繊維に含ませたアスファルトルーフィングを何枚か重ねて、継ぎ目のないメンブレン層を構成するため、長期に渡って高い防水性能を期待することができる。一方、作業工程が多く、手間がかかることや、アスファルト防水層相互を融接する工法の場合は、施工時に煙や刺激臭を発生することが欠点とされる。

　シート防水は、下地の形状に合わせて施工しやすく、変形に対する追従能力も高い。シート相互の接合部が弱点となりがちであるが、近年、性能が向上している。経年劣化したアスファルト防水の修理のため、既存の防水層の上にシート防水を重ねて、対応することも多い。

　塗膜防水は、ウレタンなどの樹脂を塗布する防水であり、複雑な形の屋根などに施工できる。パラペットの天端（上面のこと）、小面積の箇所や勾配のある箇所の防水にも用いられる。アスファルト防水、シート防水と比較して、耐久性に劣るため、定期的に再塗布することが必要である。

　メンブレン防水層の一種として、ステンレス等の金属板やFRPにより連続した面を構成する構法がある。ステンレスを用いる場合は、ステンレスシートの接合部を溶接することによって一体化した防水層を形成する。溶接が完全であれば、信頼性の高い防水層を形成できるが、複雑な形状の屋根に施工することはできない。一般的に金属板を用いた防水層は価格が高い。

　防水層を接続させて、大きな連続した面を形成する場合は、漏水を防ぐため、防水層相互を十分に重ね合わせる。

　屋上に溜まった雨水は屋上の水下に一定間隔で設けられたルーフドレインから、竪樋を経由して排水される。ルーフドレインは落ち葉などで塞がれることを想定して、小さな面積の屋根面でも複数、設置するのが原則である。ルーフドレインからの排水量を超える降雨があると、一時的に屋上に雨水が溜まるため、防水層の周囲は立ち上げて漏水を防ぐ。

　防水層を納めるため、外壁を立ち上げてパラペットを設けるが、パラペットの天端は、日射を受けやすいため、コンクリート躯体に亀裂が生じがちである。亀裂に雨水が浸入し、躯体内部の鉄筋を発錆させることを防ぐため、アルミニウムの笠木でパラペットの天端を覆ったり、ウレタン塗膜防水を施したりして保護する（図3・5・1）。アスファルト防水層の立ち上がり部分は、ボード等の乾式保護材でカバーし保護する。アスファルト防水層の折れ曲がり部分は直角には折り曲げることはできないので納まりに留意する。屋根面は太陽光を受けて、夏冬、日夜で温度伸縮するため、押えコンクリートには一定間隔（3mに1箇所程度）に伸縮目地を設けて、防水層を保護する。熱膨張した押えコンクリートがパラペットに力を加えることを防ぐため、パラペットの近くにも伸縮目地を設ける。

　陸屋根の場合、雨水を円滑に排水するため、1/100以上の水勾配を設けることが必要である。平面的に規模が小さい建物の場合は、押えコンクリートで水勾配を確保することもあるが、一般的には、構造躯体である屋根スラブに勾配を設けて、固定荷重を増やさないようにする（図3・5・2）。ただし、将来、建物の上部に増築を予定している場合は、躯体である屋根スラブには勾配を設けないことが多い。

　アスファルト防水層の上部に設けられる押えコンクリートなどによる保護層は、日射や飛来物から防水層を保護すると同時に、歩行を可能とすることもある。屋上に置かれた設備機器のメンテナンス時に歩行する程度にしか屋上を利用しない場合は、アスファルト露出防水などの、簡易な防水仕上げとする。

　屋上には屋上への出入り口、エレベーター機械室、設備機械室、配管、アンテナ、手すりなどが設けられることが多く、その周辺では防水層の納まりに留意が必要である。

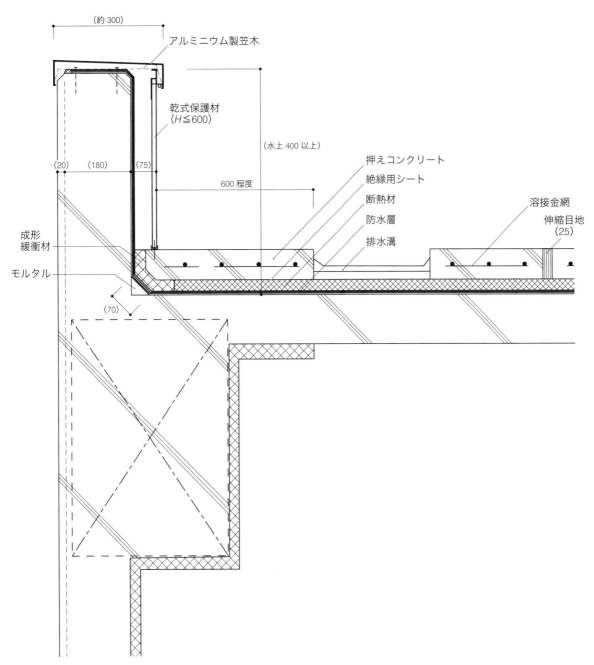

（約300）

アルミニウム製笠木

乾式保護材
（$H \leqq 600$）

（水上 400 以上）

（20）　（180）　（75）

600 程度

押えコンクリート
絶縁用シート
断熱材
防水層
排水溝

溶接金網
伸縮目地
（25）

成形
緩衝材

モルタル

（70）

図3・5・1　アスファルト防水層の納まり[1]
屋根は外断熱構法、外壁は内断熱構法の場合

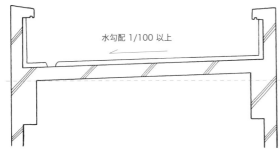

水勾配 1/100 以上

図3・5・2　陸屋根の勾配と立ち上がり

3・6 外周壁

外周壁とは、建物内部空間を外部から区切る壁を指す。外周壁は、建物内部空間を外部環境の変化から守るため、雨水に対する止水機能、太陽光や風や外気温からの断熱性能、気密性能、および外部騒音からの遮音性能などが要求される。

1 壁の種類

外周壁に対し、内部空間同士を区切る壁は、間仕切り壁または内壁と呼ばれ、そのうち、集合住宅等で隣戸との住戸間を区画する壁は、戸境壁と呼ばれる。

また、壁構造や組積造の壁のように、構造躯体の一部として建物全体を支えるものを耐力壁と呼び、これに対して、構造フレームの間にはめ込まれただけで外力を負担しない壁は非耐力壁と呼ぶ。

施工法の分類からは、コンクリート打設や左官作業によって形成する湿式工法と、パネルやボード類をくぎやボルト等で取りつける乾式工法がある。

2 壁の構成

壁の構成方法には、鉄筋コンクリートの壁やALCパネルの壁のように、その素材が詰まった状態の固体壁と、木材や鉄骨材の骨組みの表面に板やパネルを取り付けた中空壁がある。

伝統木造構法では、壁体は柱間に配置される場合が多く、その場合、柱芯に壁体を設置し柱が見える状態の壁を真壁と呼び、仕上げ材で柱を隠す壁を大壁と呼ぶ（図3・6・1）。最近の構法では、乾式で各種素材を重層する中空壁の構成が多い。

3 壁材料による種別

(1)塗り壁

在来構法の湿式工法では、水と練られた材料を左官によって壁に塗り付けて成形し硬化させる塗り壁がある。不定形の材料で継ぎ目のない面を構成できるが、収縮亀裂を生じやすい欠点があり、また熟練職人の不足が問題となっている。仕上げ材によって、土壁・漆喰壁・モルタル壁などの種類があり、土壁の下地には、伝統的に竹で組まれた小舞が用いられた（図3・6・2）。

その他の下地材料としては、ラスボード等のボード下地や、板材を張った木ずり、メタルラスを使用したラスシート下地などがある（図3・6・3）。

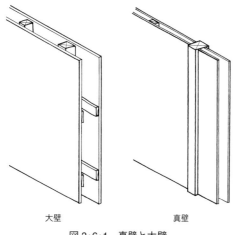

大壁　　　　　真壁
図3・6・1　真壁と大壁

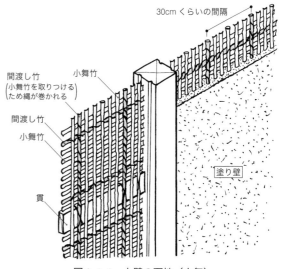

30cmくらいの間隔

間渡し竹
(小舞竹を取りつける
ため縄が巻かれる)

小舞竹

間渡し竹

小舞竹

貫

塗り壁

図3・6・2　土壁の下地（小舞）

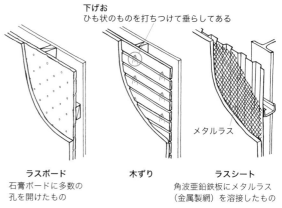

下げお
ひも状のものを打ちつけて垂らしてある

メタルラス

ラスボード
石膏ボードに多数の
孔を開けたもの

木ずり

ラスシート
角波亜鉛鉄板にメタルラス
（金属製網）を溶接したもの

図3・6・3　壁の下地材料

(2) 板張り壁

工業化部材が発達する前は、戸建て木造住宅では、20〜30cm幅程度の木板を打ち付けて外壁としてきた。板の接合部が雨仕舞の弱点となるので、その張り方によって種々の工法が工夫されている。

縦に板を張る「縦羽目張り」、横に張って端部を重ねる「下見張り」があり、下見張りには、実（板端部の凹凸加工）の取り方や押し縁の方式から、実加工により重ねを取りながらフラットな壁面となる「ドイツ下見」、実加工し、段々形状の壁面となる「南京下見」、板を重ねながら棒材で押さえる「押し縁下見」「ささら子下見」などの種類がある（図3・6・4）。

現在では戸建て木造住宅の外壁パネルとして、窯業系または金属サイディングボードと呼ばれる下見板張り調やリブ形状の意匠の建材が多種つくられている。これらのパネルは、接合部の重ね合わせ形状を工夫し

雨仕舞の改善がなされ、さらに仕上げパネルと透湿防水シートの間に通気層を取り、パネル裏に雨水が回っても乾燥させることができる構法（通気構法）が標準となっている（図3・6・5）。

(3) 鉄筋コンクリート壁

鉄筋コンクリート造の場合は、外周壁も柱梁と同様に鉄筋コンクリートで同時に打設され構成される。壁厚は、通常柱や梁の厚さよりも薄いので、中央芯合わせや、内面合わせなどの位置を、内側の断熱材や仕上げとともに検討する（図3・6・6）。

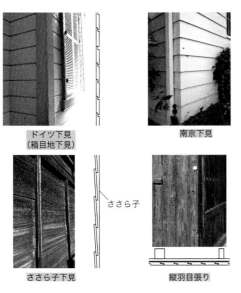

ドイツ下見（箱目地下見）　　南京下見

ささら子

ささら子下見　　縦羽目張り

図3・6・4　板張り壁

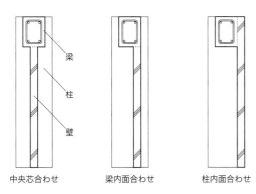

中央芯合わせ　　梁内面合わせ　　柱内面合わせ

梁
柱
壁

図3・6・6　鉄筋コンクリート壁

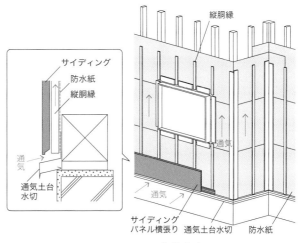

縦胴縁

サイディング
防水紙
縦胴縁

通気

通気土台
水切

サイディング
パネル横張り　通気土台水切　防水紙

通気

図3・6・5　通気構法[1]

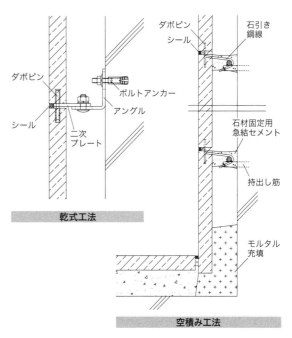

ダボピン
シール

ダボピン
シール
二次
プレート

ボルトアンカー
アングル

乾式工法

ダボピン
シール

石引き
鋼線

石材固定用
急結セメント

持出し筋

モルタル
充填

空積み工法

図3・6・7　鉄筋コンクリート壁の石張り仕上げ[2]

外壁面は、撥水剤等のみでコンクリートを見せる「打ち放し仕上げ」、防水型塗装とする「塗装仕上げ」、タイルや石を張る「タイル張り仕上げ」「石張り仕上げ」などがある。タイルは、従来モルタルで張られてきたが、施工の不具合による剥落の危険性があるため、乾式工法や弾性接着剤による接着張りが増えている。石張りは重量が大きくなるため、ダボピンや引掛け金物・受け金物を使って、固定用急結セメントを使用する空積み工法や、固定用急結セメントを使わずに、アンカーと金物で躯体に固定する乾式工法により施工される（図3・6・7）。

(4) ALCパネル壁・押出し成型セメント版壁

工業化されたパネル形状の建材としては、ALC（Autoclaved Light-weight aerated Concrete；蒸気養生軽量気泡コンクリート）パネルや、押出し成型セメント版が使われる。

ALCパネルは軽いため、鉄骨造の建物の外壁（図3・6・8）のほか、超高層集合住宅のバルコニー部の外壁等に使用される。定規アングルと呼ばれる金物によって壁面位置を調整し、ウケプレートと呼ばれるアングル金物で荷重を受け、イナズマプレートと呼ばれるZ形金物で層間変位の変形を許容するよう取り付けられる。

(5)ガラスブロック壁

ガラスブロックを使った壁は、断熱性・遮音性・防火性を持つだけでなく、他の壁材とは異なり光を拡散透過することができる。

ガラスブロック壁は、周囲に緩衝材を設置することで地震などによる変形に対応できる（図3・6・9）。

4　壁体の要求性能

(1)止水性能

外周壁は、屋根と同様に、雨風、特に雨水を防ぐことが必要となる。

鉄筋コンクリートやALCパネル等の固体壁による壁の場合は、その固体壁自体が一定の遮蔽物となるが、雨水が浸透することのないように外面には防水性能を持った塗装等により防水性を持たせる。固体の微細なひび割れ等からの漏水を避けるため、この防水塗膜にはある程度追従性のある弾性を持った塗料が選定され、一定期間ごとに塗り替えメンテナンスが必要となる。

木造や鉄骨造の骨組みとパネル・板により構成される中空壁の場合、表面材は固体壁よりも薄いものとな

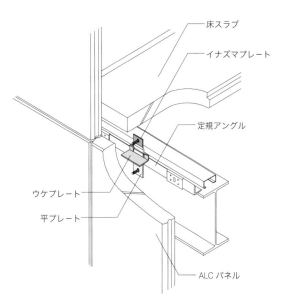

図3・6・8　ALCパネル外壁[3]

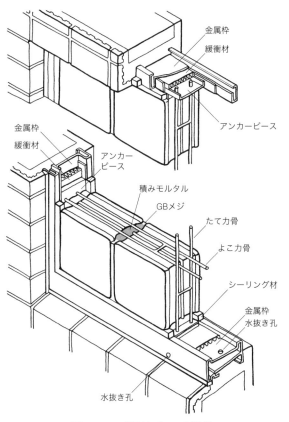

図3・6・9　ガラスブロック壁[4]

るので、表面のパネル・板とその防水性塗装のほかに、中間に透湿防水シートを施工することにより止水性能を確保する。

(2)断熱性能

外周壁は、外部環境にさらされるため、内部温熱環境を一定範囲に保つために断熱性能が要求される。省エネルギーへの要求の高まりとともに、求められる断熱性能基準も上がってきている。

外周壁の壁体の室内側に断熱材を配置する方法を内断熱と呼び、日本では標準的に使われてきている。

固体壁による壁の場合は、壁体室内側に現場発泡の硬質ウレタンフォームを一定厚み以上吹き付ける工法や、ポリスチレンフォームやグラスウール等の断熱材を貼りつける工法により断熱性能を持たせる。

中空壁の場合、木造や鉄骨造の骨組みの中空層の中にグラスウール等の断熱材を押し込み充填する工法により断熱性能を持たせる。

断熱材は種類によって、長所短所があるので部位ごとに使い分ける。吹付けウレタンフォームは、不定形に壁面を覆うことができるが可燃性であるため注意が必要である。グラスウールは、水分を含むと断熱性能が低下するので気密シート等での湿気結露対策が必要となる。これらに対し、押出しポリスチレンフォーム板は、水や湿気に強く、土木工事にも使われる素材である。

上記の内断熱に対し、建物躯体の外側をすべて断熱材で覆うのが外断熱である。内断熱は、柱や梁・床部分において、断熱材が連続しない部分が生じ、その部分が熱橋（ヒートブリッジ）と呼ばれる断熱性の弱点となる。これに対し、外断熱は、躯体の外側全体を断熱するのでヒートブリッジが減り、熱容量を持つ躯体自体が外部環境の影響を受けることを軽減できる。ただし、断熱材が外部側に設置されるので、耐水・防水性能に加えて不燃性、耐久性に配慮が必要である。

(3)気密性能

断熱性能の向上とともに、外乱要素を排除するために気密性能の向上が求められる。

また、中空壁体へのグラスウール系断熱材は、水を含むと断熱性能が低下するため、断熱層での結露を防止するために湿気遮断として気密シートが施工される。

気密性能が上がると、内部環境を人工的にコントロールすることは容易になるが、すべてを機械に頼って空調・換気すると、エネルギー消費が増える場合もあるので、春秋の中間期には自然換気ができるように風通しに配慮することも必要である。

(4)遮音性能

外周壁は、外部からの騒音や内部からの音を遮断する役目も有している。

建物の遮音性能は、壁体の質量に比例する。軽量素材でつくられた壁体は重量素材の壁体より遮音性は低い。

内部側の仕上げの共振が生じると遮音性能が落ちる場合がある。鉄筋コンクリートやALCパネル等による固体壁の内部側には、石膏ボード等による内装壁を設置する場合が多いが、接着剤を団子状に盛り上げて直接ボードを貼りつけるGL工法は、共振を起こしやすいため近年はあまり採用されておらず、木や軽量鉄骨の下地にボードを貼りつける工法が標準である。これは遮音性とともに、超高層建物等では内装壁の変形追従性を考慮したものである。

3・7 カーテンウォール

1　カーテンウォールの概要

　カーテンウォール（CW）とはカーテンのように空間を仕切るだけの、建築の構造に寄与しない外壁をさす。現在、カーテンウォールといえば建物外周部にある帳壁（非耐力壁）、それも工場生産された部材を上下の床や壁に直接かけ渡して下地などを組まずに支えるタイプのものを指し、主材料が金属のものを「メタルカーテンウォール」、コンクリート版のものを「プレキャストコンクリートカーテンウォール」と呼ぶ。カーテンウォールの歴史は19世紀後半のヨーロッパを起源とし、その後シカゴで大きなガラスを持つカーテンウォールの建物が現れた。鉄骨造という当時の新しい構造躯体の出現によって、それまでの荷重を支える組積造の壁と異なり、非構造部材であるカーテンウォールによって外壁を構成できるようになった。カーテンウォールは自由なファサードを実現するだけでなく、外壁を軽量化し、構造躯体の負担を軽減できる。

　超高層ビルを建設するには、大量の外壁材が必要となる。大規模な建築物の外周壁は、構成する部品の数が多いため、工場などであらかじめ生産する「プレファブリケーション」の手法を用いることが一般的である。カーテンウォールにおいても、外装材や開口部などの部材をあらかじめ工場で一体的な製品として組み立てることにより、工事現場で煩雑な組み立て作業をすることなく、建物に取り付けることができる。工場で生産することにより、建材や部品の性能が安定し、製品の精度も向上する。現場作業が削減されるため、工事中、高層階で働く作業員の数を減らすことができ、工期の短縮にもつながる。工場から工事現場への運搬効率を考慮して、製品をあえて部品の状態で出荷し、現場で組み立てるノックダウン工法と呼ばれる手法もあるが、近年、特に超高層ビルのカーテンウォールは現場での組み立て作業を要しないユニット工法と呼ばれる手法が増えている（図3・7・1）。一般的に外部足場は不要で、室内から取り付けることが可能であるため、高所の危険な作業を削減できる（図3・7・2）。カーテンウォールの生産には専門的な技術が必要であるため、カーテンウォールの生産を専門とする企業が存在しており、設計者は外壁に求められる要求性能を設計図書に示し、その具体的な仕様や製造方法は企業に委ねる「性能発注」と呼ばれる発注方法が採用されることが一般的である。

2　カーテンウォールの基本性能

　カーテンウォールには、耐風圧性、耐震性（層間変位追従性）、水密性、気密性、遮音性、断熱性、耐火性、耐久性、耐温度差性など多岐にわたる性能が求められる。それらの要求性能は定量的に評価され、グレードまたは数値で表示することにより、設計、生産されている。要求性能として代表的なものを以下に示す。

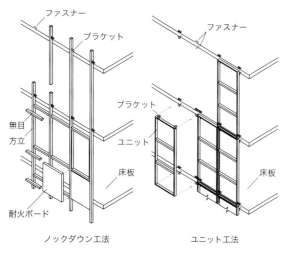

ノックダウン工法　　ユニット工法

図3・7・1　カーテンウォールの施工方法

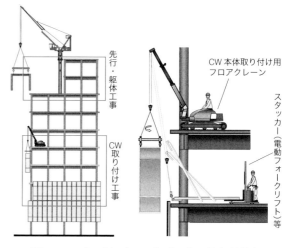

図3・7・2　カーテンウォール（CW）の取り付け方

①耐風圧性能

　風は建物にぶつかった時、建物を押し（正圧）、裏に回った時には渦をつくって建物を引く（負圧）。単位面積あたりどのくらいの風圧に耐えられるかを耐風圧性能 Pa（N/m²）という。

②耐震性能

　地震や風の力を受け、建物の上階の床と下階の床は相互に水平方向にずれ、層間変位が生じる。どれだけの層間変位に耐えられるかを層間変位追従性、階高 H に対するずれ $\triangle x$ の割合を層間変形角 R（ラジアン）と呼び、耐震性能を表す。

③水密性能

　降水時に、どの程度の風圧まで、雨水の浸入を防げるかを水密性と呼び、Pa（N/m²）で表す。

3　構成材料

　カーテンウォールを構成する金属系の主材料としては、アルミニウム、スチール、ステンレス、ブロンズ、耐候性鋼などが用いられる。アルミニウムは押出や鋳造により自由な形状をつくりやすい。また、比較的薄くて軽いため建物全体を軽量化できる。ただし日射などの熱による伸縮量が大きいため、取り付けには「逃げ」を設けることが必要である。

　カーテンウォールを構成する部材は、窓になるガラスの部分をどのように支持するか、風圧をどのように躯体に伝えるかという役割を担っている。表面を構成する部材は、各種ガラスやアルミニウムに代表される金属、石材（図3・7・3）などがある。外皮としての機能をになう部材としては、強度的役割をもつ構造部材、カーテンウォールと躯体を接合するファスナー、気密材、シーリング材、耐火材などがある。

　カーテンウォールは構成している部材の形状によって、主に線状の部材を用いるものと、パネル形状の部材を用いるものの2つに大別することができる。線状の部材を上下階の床に掛け渡し、ガラスやスパンドレルパネルをはめ込む方法を方立（マリオン）方式と呼ぶ。一方、パネルを並べて、壁面を構成する方法をパネル方式と呼ぶ（図3・7・4）。

　コンクリートを主材料としたプレキャストコンクリートカーテンウォールは、パネル方式が主流である。金属系に比べて、遮音性、耐火性に優れ、耐火被覆の一部とすることも可能である。また、彫りの深い表情を構成することができる。

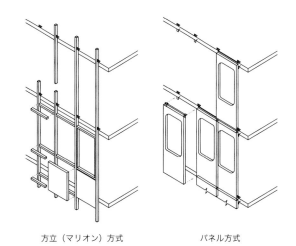

方立（マリオン）方式　　　　パネル方式

図3・7・4　方立（マリオン）方式（左）とパネル方式（右）

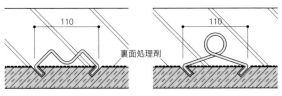

シアコネクター

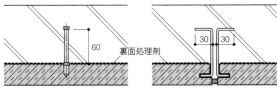

ボルトM6・ホークアンカー6φ　　　かすがい3.2φ

図3・7・3　プレキャストコンクリートカーテンウォール表面への石材の取り付け方
落下防止のため金物でコンクリートに石を固定する

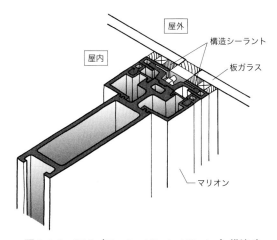

図3・7・5　SSG（Structural Sealant Glazing）構法[1]

4 構成方式

(1)方立(マリオン)方式

初期の方立（マリオン）方式のカーテンウォールでは、ガラスはマリオンの奥に取り付けられ、マリオンの縦線が強調されるデザインが主流であった。

その後、「バックマリオンタイプ」という、マリオンの前面(室外側)にガラスを取り付けるSSG (Structural Sealant Glazing) 構法が開発された（図3・7・5）。SSG構法ではガラスをサッシ枠で保持するのではなく、ガラスをシーリング材で内側の方立（マリオン）に接着して保持する。

なお、方立（マリオン）に相当する構造部材を水平に設けて、そこにガラスやスパンドレルをはめ込む方式を無目通し（トランザム）タイプと呼ぶ。

(2)パネル方式

パネルを並べれば壁面が構成されるので、現場の取り付け作業は単純化されるが、パネルとパネルの間の目地の処理が課題となる。パネルの中に窓を独立して設けるとポツ窓の表現になる。

パネル組み合わせタイプは、何種類かのパネルを組み合わせて外壁面を構成し、残った部分にガラスを入れて窓とする構成方法である。

柱・梁カバータイプは、構造躯体の柱・梁を包み込み、柱・梁を強調した表現となる。スパンドレルタイプは、外周部の大梁と腰壁の部分をパネルで覆い、上下階のパネルの間にガラスを入れて、横連窓の表現とする方式である。

5 カーテンウォールの取り付け方

カーテンウォールを躯体に取り付ける金物をファスナーと呼ぶ（図3・7・6）。カーテンウォールは地震時等に層間変位に追従する必要があるが、プレキャストコンクリートパネルは面内剛性が高いので、躯体の層間変位に追従する接合部を設計する必要がある。スライド（スウェイ）方式は、パネルが面内水平方向にずれることによって、層間変位に追従する方式である。ロッキング方式は、パネルを回転させることによって層間変位に追従する方式であり、自重支持点を中心に回転する（図3・7・7）。

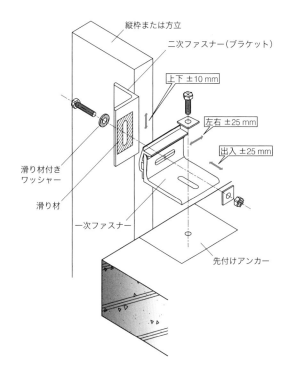

縦枠または方立
二次ファスナー（ブラケット）
上下 ±10 mm
左右 ±25 mm
出入 ±25 mm
滑り材付きワッシャー
滑り材
一次ファスナー
先付けアンカー

図3・7・6　カーテンウォールを躯体に取り付けるファスナー

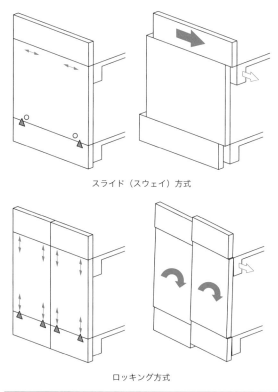

スライド（スウェイ）方式

ロッキング方式

○	ピン接合	：自由に回転できるが、上下左右の方向には固定されていて動かない
↔	ローラー接合	：矢印の方向に自由に動く（矢印に直角の方向には動かない）
▲	自重支持	：カーテンウォールの自重を支持する

図3・7・7　スライド（スウェイ）方式とロッキング方式

6 オープンジョイント

　カーテンウォールの接合部は、重力、表面張力、毛細管現象、運動エネルギー、気流、気圧の差等、雨水の動きに関わる自然法則に則り、設計する（表3·7·1）。カーテンウォールの接合部をシールにより止水するクローズドジョイントに対して、パネルの接合部を外部に開放し、外気とパネル内部を通気させる構法をオープンジョイントと呼ぶ。パネル内部に外気圧と気圧が同じ「等圧空間」が設けられるため、雨水が気圧差により内部に浸入することを防ぐことができる。プレキャストコンクリートカーテンウォールは一定の厚みが

あるので、その厚みを利用して、等圧空間内に雨水が浸入することを防ぐレインバリアを外気側に設けて気圧差以外による雨水の浸入を減らし、等圧空間と建物内部との間にウィンドバリアを設けて気密性を確保している（図3·7·8）。

7 ガラスのカーテンウォール

　ガラスの強度性能の向上、日射や熱の透過性、反射性などの性能向上に伴い、大きな外壁面をガラスで覆うことが可能になった。
　日本のガラスファサードデザインは欧米の影響を受け、1990年頃から積極的に開発がなされ、オフィスビ

表3·7·1　雨水の浸入原理と防水の方法

	雨水の浸入原理		防水の方法	
重力	重力により下向きに落下する。		水平目地は上向き勾配にする。水返しを設ける。	上向き勾配　　水返し
表面張力	表面上を伝わる。		水切りを設ける。	水切り
毛細管現象	狭い隙間の内部に入り込む。		目地の幅を広くする。	エアポケット　広い隙間
運動エネルギー	風に乗って水滴が建物内部に入り込む。		飛び込んでくる水滴を止める障害物を設ける。	迷路
気圧差	建物内外の気圧差により水滴が浸入する。		目地の内部空間を外部と同じ等圧空間にする。	

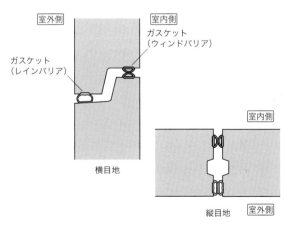

図3·7·8　プレキャストコンクリートカーテンウォールのオープンジョイント　等圧空間の室外側にレインバリアを、室内側にウィンドバリアを設置する

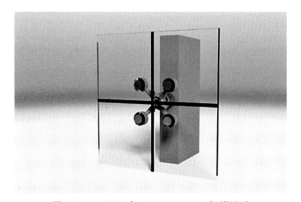

図3·7·9　DPG（Dot Point Glazing）構法[2]

ルの足元等に用いられていたリブガラス構法[注1]のガラスカーテンウォールに加え、DPG（Dot Point Glazing）構法が用いられるようになった。DPG構法は、孔が開けられた強化ガラスを用いて、特製ヒンジボルトによりガラスを点支持している（図3・7・9）。サッシを設けなくて良いため、透明感の高いファサードを実現できる。

　地球温暖化防止を目的とした法整備が進み、エネルギー基本計画や建築物のエネルギー消費性能の向上に関する法律（建築物省エネ法）などが制定されると、ダブルスキンやLow-Eガラスといった新構法、新材料が積極的に外壁に採用されるようになった。

8　環境配慮型の外壁システム（図3・7・10）

(1)ダブルスキンシステム

　ダブルスキンシステムとは、外部に面する外壁の一部または全面に、ガラスで覆われた空気層を設けて、その内部を換気することにより、建物内部の温熱環境を向上させ、省エネルギーを図る手法である。ガラスに覆われた空気層の上下に開口部を設けて、下部からとり入れた外気を、日射熱により生じる浮力を利用して上部から排気する。夏季は日射熱による温度上昇を軽減させ、冬季は保温効果を発揮する。採用実績が増えるにつれ、ガラスとガラスの間の空気層の幅は、狭くなる傾向があり、幅が300mm程度のコンパクトな構法も用いられている。

(2)エアフローシステム

　エアフローシステムもダブルスキンシステムと同様に、外壁に面して空気層を設けることにより、空調負荷を低減し、室内の温度差を緩和する効果があるが、エアフローシステムでは室内の空気をファンにより循環させている。

＊注
1　フェイスガラスとリブガラスを、金属部材を使用しないで、シリコーンで接着して固定する工法。

※　本節の図版のうち特記なきものは、『カーテンウォールってなんだろう　2016』（一般社団法人 カーテンウォール・防火開口部協会、2016）をもとに作成した。図版掲載にあたり、一般社団法人カーテンウォール・防火開口部協会の協力をいただいた。

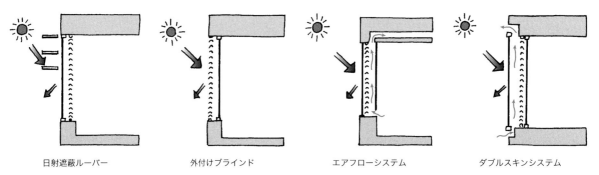

日射遮蔽ルーバー　　外付けブラインド　　エアフローシステム　　ダブルスキンシステム

図3・7・10　環境配慮型の外壁システム

3・8 開口部・建具

1 建具に求められる性能

　建築の外壁や内部の間仕切り壁には人や物が出入りする戸が、外壁には窓等が設けられている。換気や給排気のためのガラリや屋根面に設けるトップライトなどもある。それらを総称して開口部という。開口部には出入り口の扉のように開閉する戸が設けられるが、それを一般的に建具と呼ぶ（建具を取り付けるための枠も含めて、建具と呼ぶこともある）。外壁面に設ける建具を外部建具、建物内部に設ける建具を内部建具と呼ぶ。開閉しない嵌め殺し窓も開口部の一種である。一般的な建物の建具にガラスが用いられるようになったのは近代以降であり、伝統的な民家の中には、風雨が入っても採光と換気のために壁面に開口を設けただけのものや、竈上部の土壁に排気のための小さな穴を設けているもの（図3・8・1）、日中は壁面を大きく開放し夜間はけんどん式（枠の大きさに余裕を持たせて戸をやり返しではめる方式）の板戸で閉じるもの（図3・8・2）なども見ることができる。

図3・8・1　ベトナムの農家の排気口
外壁面に小さな開口部が設けられている。内部の 竈 の手元に光が差し込み、調理の煙を外に出すことができる

図3・8・2　ベトナムの民家（縁側先端のけんどん式の建具）
縁側の先端に、約10cm角の角材をけんどん式で設置することができる。出入りする人の数に応じて、取り外す角材の本数を調整する。夜間などは、角材を嵌めることにより、縁側を閉鎖することができる

　屋根や外壁には、日射、風（空気）、音などを遮断する機能があるが、そこに設けられる窓や出入口扉、換気ガラリなどは、遮断と透過を適度に調整して、望ましい室内環境を実現している。日本の伝統家屋では、外部に面する建具を夏は換気しやすいものに交換して、季節に応じて、室内環境を制御していた。

　私たちは朝起きたらカーテンを開いて光を入れ、窓を開けて換気をするなど、毎日の生活の各場面において、建具を活用して生活している。窓のガラス戸は日射、風（空気）、音、虫などを制御する機能がある。外部からの視線、内部からの視線を制御するため、不透明なガラスを使ったり、レースのカーテンを使用したりしている。日射を遮るためにはブラインドやカーテンを設ける。温暖な我が国では蚊等の害虫の侵入を防ぐため網戸も必要である。雨戸やシャッターは夜間の防犯性を確保し、台風時の暴風雨からガラス戸を保護している。防犯のためには鍵を設けて施錠するが、外部建具に面格子を設けて安全性を高めることも多い。私たちは、ほとんど無意識のまま、雨戸、ガラス戸、網戸、不透明のカーテン、レースのカーテンなどを開閉して、外部環境の変化に対応して室内環境を快適な状態に保っているが、どのような作用因子をどのように制御して、建物に求められる性能を確保しているのかを理解することは、建築構法設計の基礎を学ぶ良い機会になる（図3・8・3）。

2 建具の開閉方式

　開閉方式は、壁面に対して並行（面内方向）にスライドして開閉する引戸と、壁面に対して垂直（面外方向）に開閉させる開き戸に大別される。襖や障子に代表されるように、日本の伝統的な建具は引戸であった。柱と開口部上部の鴨居、開口部下部の敷居に囲まれた大きな開口部に建具を入れて、外部と内部、部屋と部屋を区画した（p.158、図3・9・14）。車椅子利用者や高

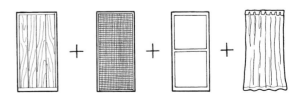

図3・8・3　開口部における環境制御
雨戸、網戸、窓ガラス、カーテンを開閉させて、風、虫、風雨、日射、視線などを制御している

齢者への配慮が重視される建物では、開閉しやすく、大きな開口部を設けることができる引戸を用いることが一般的である。大きな引戸は重いため、建具を上部の枠から吊ることにより、開閉を円滑にする。引違いの窓は、2枚のガラス戸が左右にスライドし、室内側から安全にガラスの外面を清掃できるため、住宅の外部建具（窓）に用いられることが多い（図3・8・4）。1枚の戸が片方にだけ開閉するものを片引き、雨戸のように戸袋を設けて建具を収納するものを引込み戸（図3・8・5）と呼ぶ。事務所ビルなどの横連窓において、清掃をしやすくするため、左右に動く引戸（窓）を設けたものをバイパス窓（図3・8・6、自由片引き窓）と呼ぶ。上下方向に引違いとなっている窓は、上げ下げ窓（図3・8・7）と呼ぶ。伝統的建築に用いられる無双窓（図3・8・8）は、建具の見付け面積の半分が左右にスライドすることにより、開口面積を調整できるものである。

　開き戸は一般的に、壁面に対して面外方向に、吊元側にある軸を中心に、どちらか一方向に向けて開く（両方向に開くものもある）。一般的に人の動線を考慮して開き勝手（開く方向）を決めるが、火災時等の避難方向に向かって開くことが重要である。通路に面して外に開く扉は、外を歩く人に配慮が必要であり、壁

面からセットバックして設置することもある。日本の集合住宅の玄関扉は、室内側の空間を確保するため外開きとすることが多い。開き戸の幅（横方向の有効開口寸法）は原則として、車椅子でも問題なく通行できる寸法とする。一般的な開き戸は、幅850mm、高さ2100mm程度の戸を1枚設けた片開き戸（図3・8・9）であるが、大勢の人が通過する場所や大きなものを搬出入する場所には、扉を2枚組み合わせた両開き戸を設ける。大きな物品の出し入れに対応するため一時的に広く開放する必要がある箇所には、たとえば幅850mmの片開き戸に幅350mmの小扉を組み合わせた親子扉（図3・8・10）を採用する。

　窓の上部を回転軸として、窓を外側（室外側）に突き出して開けるものを突出し窓（図3・8・11）と呼ぶ。雨仕舞が良く、室内に雨が入りづらいのが長所であるが、床面に近い低い位置に取り付けると、物が落ちたり子どもが落ちたりする危険性があるので、床から高い位置に設けて安全を確保する。窓の下部を回転軸とし、上部が突き出されるものを外倒し窓と呼ぶ。外倒し窓は事務所ビルの自然排煙窓などに用いられる。窓の下部を回転軸として、窓を内側（室内側）に開けるものを内倒し窓（図3・8・12）と呼ぶ。室内にブラインドやカーテンを設ける場合には採用できず、住宅の浴

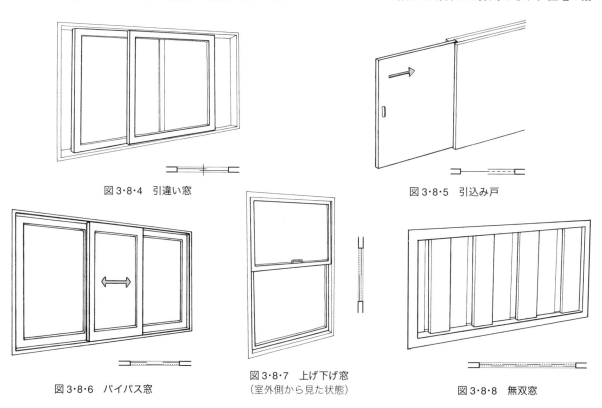

図3・8・4　引違い窓

図3・8・5　引込み戸

図3・8・6　バイパス窓

図3・8・7　上げ下げ窓
（室外側から見た状態）

図3・8・8　無双窓

室やトイレなどの小さな換気用の窓に使用されることが多い。窓枠の室内側に建具がつくため、雨仕舞(あまじまい)が難しい。

外部建具に外開き戸を採用した場合、建具の外面に手が届かないので、室内側から清掃することが難しい。建具の回転軸を、枠の中心付近に設けて、戸を回転させる方式の建具は、室内から建具の外面を掃除できる。これには回転軸が垂直方向の縦軸回転窓（図3・8・13）、回転軸が水平方向の横軸回転窓（図3・8・14）がある。回転窓は大きく開放すると強風が吹いた際に煽(あお)られて、時には落下する危険性があるため、ストッパーを設けて、換気のためには10cm程度しか開かないようにしている。外部建具に縦軸回転、横軸回転を用いた場合、室内のブラインドやカーテンに当たるため、ガラスを二重にして内部にブラインドを組み込んだ建具もある。

回転軸を枠に沿ってスライドさせて、建具を外に向

かって押し出す方式の滑(すべ)り出し窓もある。これには回転軸を水平方向に設けて、建具を下に向かって外に押し出す横軸滑り出し窓（図3・8・15）、回転軸を垂直方向に設けて建具を外に向かって押し出す縦軸滑り出し窓（図3・8・16）がある。滑り出し窓は、室内側に建具がはみ出さないので、室内のブラインドやカーテンと競合しないが、機構が複雑になり高価になる。窓が外壁面より外に向かって突き出す形式の外部建具を設ける場合は、窓の下に庇を設けたり、植栽を設けて人が窓の真下に近寄らなくするなどして、開口部から物が落下しても安全が確保できるように対策を行う。風のあおりを受けやすい外開き窓を使用する場合は、万一、建具が落下しても安全が確保できるように配慮が必要である。

物流施設などの荷捌(にさば)き場には、できるだけ大きな開口部を設け、かつスピーディに開閉する必要があるた

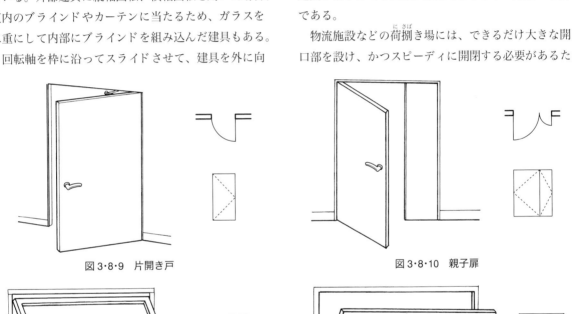

図3・8・9　片開き戸

図3・8・10　親子扉

図3・8・11　突出し窓（室外側から見た状態）

図3・8・12　内倒し窓（室内側から見た状態）

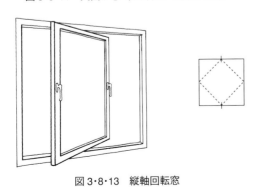

図3・8・13　縦軸回転窓

図3・8・14　横軸回転窓

め、広い幅で上部にはね上げることができるハングドアが用いられる。店舗などで営業時間中は外部と一体となった大きな開口部を設け、閉店後は閉鎖する必要がある箇所には、スライド式の扉が設けられる。

高層ビルは室内外の気圧差が大きくなるので、出入り口には風除室を設けるが、人の出入りが多い場合は、風除室の内外の扉が両方開いた状態になるため、回転扉を設けて、気流を制御する。電動で動く回転扉には大きな力が掛かっているため、人が挟まれると大きな事故になることに留意し、設計に際しては、背の低い子ども、車椅子利用者、歩行に困難がある人に対する安全対策が欠かせない。

3 建具の仕様

1つの建物に設けられる建具は数が多いため、設計図書に建具表（たてぐひょう）を作成して整理している。これには、建具の大きさ（正面から見た見付け寸法、厚みを示す見込み寸法）、開閉方法、表面仕上げ、ガラスの仕様（種類、厚さ）などを記載する。一般的に建具の寸法は、有効開口寸法を示す。建物の性能にとって重要な外部建具の水密性、気密性や、意匠上重要なアルミ建具の表面仕上げ等については、仕様書にその性能、仕様を特記する。

外部建具には気密性、水密性が要求されるため、加工がしやすいアルミニウムが使用されることが多いが、寒冷地などでは樹脂製、あるいは木製の断熱性の高いサッシが用いられることもある。冬期に雪に埋もれて発錆の懸念がある箇所などにはステンレス製の建具を用いる。建具を構成する材料によって製作する企業が異なるため、見積もりや工事発注の利便性を考慮して、建具表は材料別に整理されている。現代建築は枠と内

部の建具を同じ企業が製作することが一般的であるが、日本の伝統的建築では、架構を造る大工が鴨居、敷居までを製作し、中に入れる建具は専門の職人である経師（きょうじ）が製作した。

建具は何十万回と開閉されるため、強度が求められる。建具の周囲に枠を設けた框戸（かまちど）が伝統的な建具であるが、内部建具は軽量化も重視して、薄い心材の両面に薄い仕上げ材を貼ったフラッシュ戸を用いることが多い。開き戸の場合、扉を取り付けるための枠を周囲に設ける。枠は壁と建具を見切るために必要な部材である。四周に枠があるものを四方枠（しほうわく）と呼ぶ。四方枠は床面との取り合いに沓摺（くつずり）を設けて、気密性を確保し、建具前後の床仕上げの違いを見切るが、床段差を設けると車椅子の利用などに支障があるため、建具の上部と両脇にのみ枠を設けた三方枠（さんぽうわく）を採用することもある。

火災時の防火区画として設置される防火戸や防火シャッターは、建築基準法等において防火設備、特定防火設備として規定される仕様（鋼板の厚みなど）にする必要がある。防火戸が日常の通行の障害になる箇所には、火災を感知して自動的に閉鎖する常時開放式のものを使用する。設備機械室の扉には遮音性を確保した防音扉を設ける。音楽ホールなど特に静寂性が求められる部屋には遮音材を内部に入れた防音扉を附室の前後に設けて、高い遮音性を確保する。

新鮮な空気を建物に取り入れる給気口、汚れた空気を外に出すための排気口は、屋上部分に設けられることもあるが、一般的には外壁面に設けられるため、立面のデザインに大きな影響を与える。設備設計の担当者と基本設計段階から十分に打ち合わせて、ガラリが設けられる位置や大きさの調整を行う。給気ガラリから鳥や虫が入り込まないように網戸を設けることもあ

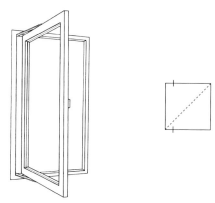

図 3・8・15　横軸滑り出し窓（室外側から見た状態）　　図 3・8・16　縦軸滑り出し窓（室外側から見た状態）

る。一方、多雪地域では雪によってガラリが目詰まりしないように配慮が必要である。

建具の開閉は原則としては手動によるが、多くの人が通過する箇所には自動扉も使用される。自動扉の脇に設けられる柵と可動するガラスの間に子どもが挟まれる事故が起こっているので柵の設置位置には注意を要する。風圧によって自動的に開閉する自然換気用の窓もある。

4　板ガラス

板ガラスにはフロート板ガラス、型板ガラス、網入板ガラス、熱線反射板ガラス、熱線吸収板ガラスなどがある。外部建具に用いるガラスの厚みは風圧力に基づき決定するが、内部建具に用いるガラスも一定以上の厚みを確保し、人や物がぶつかっても破損しにくく、万一、破損しても大きな事故にならないように設計する。2枚のガラスの間にシートを挟んだ合わせガラスは、万一、ガラスが破損しても飛散しにくく安全性が高い。

近年、省エネルギーのため、複数枚の板ガラスの間に乾燥空気やアルゴンガス等を封入したり、あるいは中間層を真空状態にして高い断熱性能を確保した複層ガラスが普及している。中間層に面した板ガラスの表面に酸化スズや銀などの特殊金属膜をコーティングしたLow-E ガラス（Low Emissivity ＝低放射）を用いて複層ガラスとしたものは、開口部としての熱伝達率が低く、断熱性能が高い。室内側のガラス面（中間層側）に金属膜をコーティングした複層ガラスは、日射熱を取得しやすく寒冷地等で使用される。一方、室外側の

ガラス面（中間層側）に金属膜をコーティングした複層ガラスは、日射熱を遮熱する効果がある。

5　建具金物

建具には、開閉させるための金物、戸締りのための金物などが取り付けられる。開き戸には扉を回転させるため丁番（ちょうばん）などが取り付けられる。外開きの建具は、外部に面して丁番が設けられるため防犯対策が必要である。重い扉は丁番では支持することができないため、フロアヒンジなどにより建具の上部と下部を軸で支える。風に煽られるなどして、急激に扉が閉じると危険なので、ドアクローザーを設けて扉の開閉速度を調整する。ドアクローザーを扉上部に設けるのではなく扉に内蔵させたものもある。トイレブースに用いられる扉は、ラバトリーヒンジと呼ばれる特殊なヒンジを用いて、使用していない時は少しだけ開いた状態になるようになっている。

鍵（かぎ）（key）と錠（じょう）（lock）を対にして使うことにより施錠を行う（図3・8・17）。鍵を錠に差し込み、鍵の凹凸に合わせて、錠内部のシリンダーに並んだピンを動かして開錠する方式のピンタンブラー錠が普及しているが、最近は磁気カードにより電気的に施解錠する扉も増えている。

扉からデッドボルトと呼ばれる閂（かんぬき）を飛び出させて、枠と確実に固定する錠を、本締り錠（ほんじまりじょう）という。施錠する必要のない扉は、ばねで自動的に出入りするラッチボルトを設けて、扉を閉じるようにし、開閉をしやすくしている。ラッチボルトだけが設けられたものを空錠（そらじょう）と呼ぶ。機械室など遮音性が求められる扉には、扉を枠に引き寄せて締めることができるグレモン錠を用いる。建物のどの扉を本締り錠や空錠にするのかは、施設の使い勝手に影響するので、施設利用者、運営者と十分に打ち合わせて決定する。

建具を開閉するためには、人が操作する金物が必要である。開き戸の開閉には、以前は、球形の握り玉や、ワインカップと呼ばれる形状の金物も用いられたが、握力がない人には使いづらいため、現在はレバーハンドルが多く使われている。トイレには押し板、引手が用いられる。開き戸より引戸のほうが、ユニバーサルデザインのためには良い。引戸に設ける引手の高さは子どもや車椅子使用者の利用を考慮して決定する。

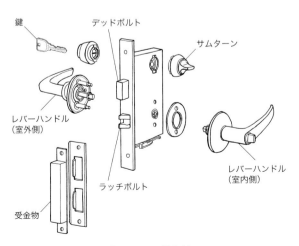

図3・8・17　鍵と錠

鍵
デッドボルト
サムターン
レバーハンドル（室外側）
ラッチボルト
レバーハンドル（室内側）
受金物

3·9 床・天井・間仕切り

1 床・天井・間仕切りに要求される性能

　床、天井、間仕切りは建物内の空間を遮断して室を形成するだけでなく、目的に応じてさまざまな性能が要求される（表3·9·1）。

(1)床の構造性能

　床には当該階の荷重を支持するための性能が求められる。床の構成に応じた固定荷重(p.34、表2·2·1)、室の用途に応じた積載荷重（p.34、表2·2·2）に対して十分安全性が確保できるような強度が求められるほか、荷重積載時や歩行時に有害な傾斜や振動が起こらないように剛性も確保する必要がある。

　また、地震や風などの水平荷重時に耐力壁やラーメンフレームなどの水平抵抗要素が有効に働くように、床構面の面内剛性を高くする必要がある。床構面の面内剛性が低いと、図3·9·1のように、剛性の低い水平抵抗要素が大きく変形してしまい、大きな損傷を受け

表3·9·1　床、天井、間仕切りに要求される性能の例

部位	要求される性能の例
床	荷重支持、剛性（鉛直方向）、面内剛性、適度な摩擦、設備スペース、防音、断熱、防水、電導性、弾力、吸音、反射特性
天井	仕上げ（美観）、吸音、気密、断熱、反射特性
間仕切り	遮音

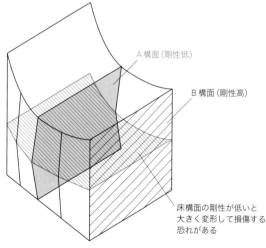

図3·9·1　床構面の剛性

A構面（剛性低）
B構面（剛性高）
床構面の剛性が低いと大きく変形して損傷する恐れがある

る恐れがある。

(2)その他の床の性能

　床面は歩行のために適度な摩擦係数が必要であり、そのために室の用途に応じた仕上げを選択する必要がある。場合によっては床下空間を設備用の配線、配管スペースとして利用することもある。室の用途や集合住宅などでは下階への防音性能が必要である。床面が外気に接する場合は断熱性能が必要になることもある。さらに、特殊な用途の室では防水性能や電導性、弾力性、吸音性、光の反射特性などが求められることもある。

(3)天井の性能

　原始的な建築では屋根の下面が室の上限であった。我が国の住宅建築で天井が登場したのは平安時代末期、寝殿造において一部の部屋に用いられたのが初めとされる注1。天井は床組や小屋組などの構造躯体を隠したり、天井ふところに配線や配管を設置する場合はそれらを隠したりする役割を持つ。また、屋根直下の天井においては、太陽光によって温められた屋根直下の空気が室内に流入することを防ぐほか、天井面に断熱材を設置することで断熱性能を確保する役割を持つ。さらに、天井が張られていない場合に比べて室の容積を小さく抑えることができるので、室内の空気環境をコントロールしやすくすることができる。

　天井は直接触れないため、床のような明確な機能を持たないが、一般的に室を取り囲む面の中では天井が最も一様な大きな面を構成するため、音、光環境上大きなウェイトを占める。したがって、吸音性材料を使用して吸音効果を付与したり、角度をつけて残響をコントロールしたりすることがある。また、反射率を調整して積極的に光環境をコントロールすることもある。

(4)間仕切りの性能

　間仕切りは建物内において部屋を水平方向に仕切る部位である。隣り合う室が別住戸や、騒音を発生する室などの間仕切りは、遮音性能を付与することがある。

2 戸建て住宅の内装システム

　日本では戸建て住宅は木造軸組構法によるものが多い。ここでは木造軸組構法に多く用いられる内装シス

テムを床・壁・天井に分けて述べた後、幅木と回り縁、和室の造作、床の間について解説する。

(1)内装システム

戸建て住宅は後述する集合住宅とは異なり、間仕切り壁や床によって仕切られるそれぞれの空間は同一家族が使用することが一般的であるため、高い遮音性能は求められないことが多い。また同様に集合住宅とは異なり、床下の設備配管等は下階の天井ふところ内に納められることが多い。それぞれの内装システムは洋室か和室かで大きく異なる。

(2)床

1階床は土台と大引に支持された根太に荒床を載せ、その上に床仕上げ材を張る。1階床は1階の積載荷重と床組の自重を支持すればよく、地震時の面内剛性は要求されない。一方、2階以上の床構面は面内剛性が要求されるため、合板の四周にくぎを打てるように根太を大入れとして落とし込む構法が増えてきている（図3・9・2）。

戸建て住宅における一般的な床仕上げ材は洋室ではフローリング、和室では畳である。フローリング材の厚さは一般的に12mm程度であり、畳は55mmあるいは60mmである（表3・9・2）ため、床下地が同一だと仕上げ面に段差が生じる。段差を生じないためには畳直下の下地床を通常より下げる必要がある（図3・9・3）。

この場合、畳の側面に梁側面が接することがあるが、外周部における金物等による結露に十分注意し、断熱材を入れる等の対策をとる（図3・9・4）。

2階以上の床は遮音性への配慮が必要なことがある。最近ではマット状の部材を挟み込んだり、石膏ボードを付加するなど、遮音性を高めるさまざまな構法が提案されている。

(3)壁

ここでは間仕切り壁について述べる（外周壁については3・6節参照のこと）。

戸建て住宅における一般的な間仕切り壁の仕上げ材は洋室ではクロス（壁紙）、和室では塗り壁とすること

表3・9・2　畳の寸法（JIS A5902 2004）

記号	寸法（mm）
95W-55	1910 × 955 × 55
91W-55	1820 × 910 × 55
88W-55	1760 × 880 × 55
88W-60	1760 × 880 × 60

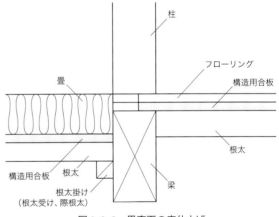

図3・9・3　畳直下の床仕上げ

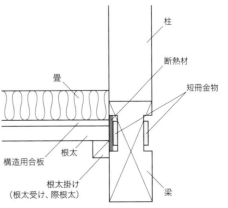

図3・9・4　畳の側面に梁が接する場合

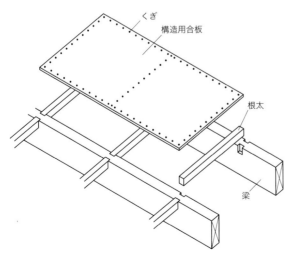

図3・9・2　根太落とし込み構法

が多い。洋室は大壁、和室は真壁とすることが多いが（p.140、図3・6・1）、防耐火上の理由などから和室を大壁で仕上げたり（大壁和室と呼ぶ）、これに付け柱を取り付けて真壁風に仕上げたりすることもある（図3・9・5）。

洋室でも珪藻土などの湿式材料で仕上げることもある。

大壁は柱と間柱に石膏ボードをねじ留めあるいはくぎ留めとし、クロス仕上げとする（図3・9・6）。クロス仕上げの場合、下地に凹凸があると目立ちやすいので、パテで平滑にする必要がある。石膏ボードの代わりに合板や各種耐力面材（p.62、表2・5・5）を用いることもある。石膏ボードは梁まで張り上げないことが多いが、耐力面材は一般的に梁にもねじ留めあるいはくぎ留めする必要があるため、天井ふところに配線や配管をする際は十分に注意する（図3・9・7）。

真壁の伝統的な構法としては小舞壁で土壁下地とし、じゅらく、砂壁、繊維壁、漆喰などで仕上げる方法があるが、最近では貫や横胴縁にラスボードを取り付けてこれを下地とすることもある。

真壁では柱よりも壁面が後退している。柱面から壁

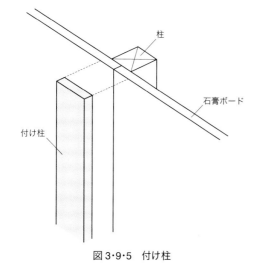

図3・9・5　付け柱

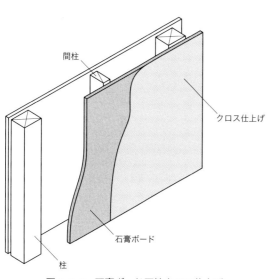

図3・9・6　石膏ボード下地クロス仕上げ

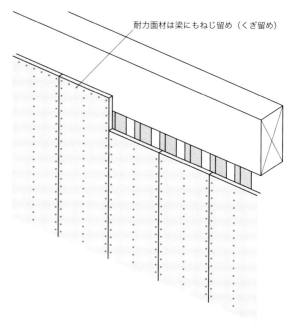

図3・9・7　耐力面材と梁

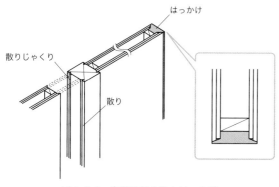

図3・9・8　真壁の納まりとはっかけ

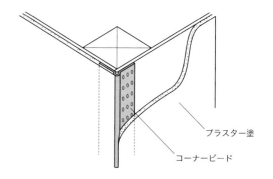

図3・9・9　壁の出隅部分

面までの距離またはこの部分を「散り」と呼ぶ（図3・9・8）。面と面を同一面に仕上げることを「面一」と呼ぶが、これは施工に非常に高い精度が要求される（わずかな段差も目立ってしまう）ため、通常は行われない。湿式壁は乾燥によって収縮することがある。柱に溝を設けておき、塗り材を柱に飲み込ませて仕上げておけば、湿式壁が収縮しても見えがかり上隙間が生じない。この溝を散りじゃくりと呼ぶ。

　湿式壁の端部に配置する部材を見切りと呼ぶ。数寄屋などでは見切り材を台形状の断面として見えがかりを細く見せることがある。この加工方法を「はっかけ」と呼ぶ（図3・9・8）。

　壁の出隅部分には一般的に見切り材としてコーナービードを埋め込む（図3・9・9）。湿式壁の出隅部分は直線状に仕上げることが難しいが、コーナービードがガイドとなる。また、出隅部分は物が当たって傷つきやすいが、コーナービードはこれを保護する役割もある。

　見切り材はそこを境に仕上げを切り替えたい場合にも設置される。

(4)天井

　天井は一般的に梁や吊り木受け材から吊られている吊り天井である。上階の歩行振動による影響を避けるため、吊り木受け材は外周壁や間仕切り壁直上などの梁に取り付けるのがよい。洋室の天井は野縁に石膏ボードを取り付けて下地とし、クロスで仕上げることが多い（図3・9・10）。最近では野縁や野縁受けを薄鋼板による形鋼とする例も見られる。

　和室の天井は一般的に竿縁天井で仕上げる。竿縁天井は吊り木で吊った竿縁の上に天井板を並べる構法である（図3・9・11）。天井板は乾燥収縮しても隙間を生じないように、稲子を用いて可動式の重なり部を設ける。竿縁は一般的に床の間に平行する向きに設置する。竿縁を床の間に直交する向きに配置することは床差しと言って嫌われる。竿縁天井より上位の部屋は格縁を

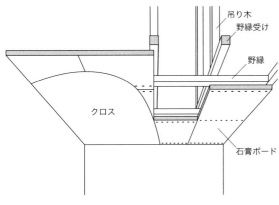

図3・9・10　クロス仕上げ天井

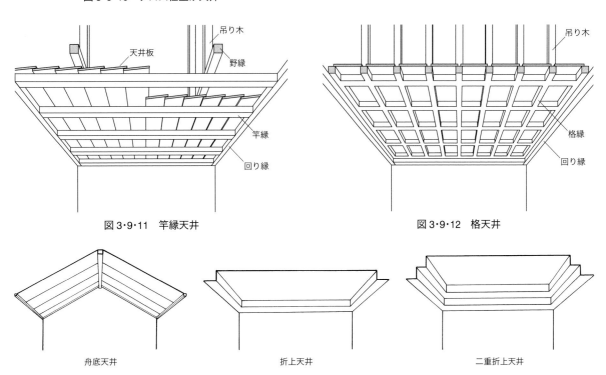

図3・9・11　竿縁天井

図3・9・12　格天井

舟底天井　　　　　　折上天井　　　　　　二重折上天井

図3・9・13　天井の形状

用いた格天井を用いることがある。竿縁天井では一般的に、野縁で保持した竿縁に天井板を載せて固定する。格天井では一般的に、吊り木で保持した格縁の各格子に天井板を載せて固定する（図3・9・12）。

天井高は戸建て住宅では2.4m程度とすることが多い。一般的に天井は水平に仕上げるが、意匠上の効果を狙って船底天井や折上天井などとすることもある（図3・9・13）。

(5)幅木、回り縁

面と面が交差する部分は原理的には直線となるが、実際に直線状に仕上げることは難しい。このような部分には一般的に見切り材を用いる。天井と壁との取り合い部分に用いられる回り縁（p.124、図3・1・6）や、床と壁との取り合い部分に用いられる幅木（p.124、図3・1・7）も見切り材の一種である。回り縁は意匠上の目的で設置されるものであるが、幅木はそれに加えて壁を保護するという機能も併せ持つ。真壁の場合には幅木は用いられず、畳仕上げの場合は畳寄せを畳と同じ高さに、床板仕上げの場合には雑巾摺を床面より少し高い位置に取り付ける。

(6)和室の造作 （図3・9・14）

造作とは建物完成後に見えがかりとなる、開口部枠、階段、床、天井、各種仕上げなどの木工事を指す。現在の和風住宅の平面・意匠は中世に成立した書院造において確立したと言われており[注2]、特に和室の造作の構成方法は一定のルールによって成り立っている。様式は材料や技術の進歩によって変わるものであるが、一定の基本的なルールを理解しておくことは、これらを応用して優れた仕上げを実現する上で重要なことである。

真壁和室における開口部の下部の溝付きの部材を敷居、上部の溝付きの部材を鴨居と呼ぶ。敷居と鴨居の間を内法と呼び、この寸法を内法高さと呼ぶ。内法高さは5尺7寸または5尺8寸とする。

真壁和室における部材と部材の取り合い部分は原則として面一になることを避け、段差を設ける。これは前述のように美しく仕上げるための工夫である。敷居および鴨居と柱との取り合い部分も同様で、敷居および鴨居の幅は柱の隅部を面取りした分小さくするのが一般的である。これを「面内に納める」という。

開口部でありながら襖や障子がない部分に設置する、

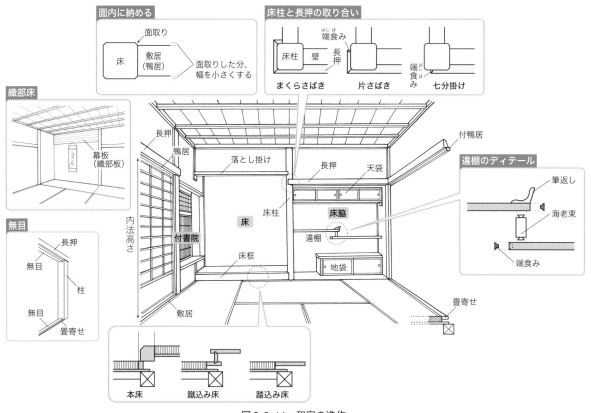

図3・9・14　和室の造作

敷居や鴨居に相当する材を無目と呼ぶ。溝が1本のものを一筋と呼ぶ。また、壁のある部分にも鴨居に相当する材を取り付けることがあり、これを付鴨居と呼ぶ。

鴨居の上部にあって柱を挟むように設置されている部材を長押と呼ぶ。古くは柱を両側から挟み込んで曲げモーメントに抵抗できるようにする構造材であったが、貫が出現してからは意匠材となった。一般的な住宅の和室では長押は鴨居の上にのみ設置するが、天井の高い部屋などでは長押を複数設置することがある。鴨居の直上の長押を内法長押、回り縁と内法長押の間の長押をあり壁長押と呼ぶ。あり壁とは天井直下の壁の塗り壁表面が柱面よりも前面に出ている壁のことで、柱が天井から切り離されて軽快に見えるという意匠上の効果を狙ったものである。あり壁と通常の壁との段差の見切りとなる部材があり壁長押である（図3・9・15）。

(7)床の間

和室には床の間を設けることがある。床の間空間もまた様式化されたものであるが、さまざまなバリエーションがある。これらの基本を理解しておくこともまた重要である。

基本的な床の間空間は床、床脇、付書院で構成される。向かって左に付書院、右に床脇があるものを本勝手、逆のものを逆勝手という。

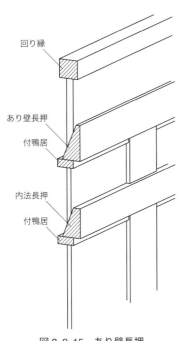

図3・9・15　あり壁長押

床を構成する部材で重要なものは床柱、床框、落とし掛けであり、これら3つの部材の種類や仕上げは床の間空間の意匠決定に大きな影響を及ぼす。床柱は床の間と床脇との境の柱であり、柾目の角柱が基本であるが、銘木を用いて数寄屋風とすることもある。床の間には畳を敷くことが基本であり、その前面には床框を配置する。床の間の上部の小壁の下端に配置する水平材を落とし掛けと呼ぶ。床框を省略して蹴込を設けたものを蹴込床、さらに段差を省略したものを踏込み床と呼ぶ。また、床の間空間を省略して壁面に幕板を取り付け、床の間と見なすものを織部床と呼ぶ（図3・9・14）。

和室の造作では木口を見せないことが基本である。床柱と長押の取り合い部分はまくらさばき、片さばき、七分掛けなどによって、いずれも木口を見せない納まりとなっている。

床脇は違棚・天袋・地袋などで構成され、本来は生活用品を置く場所であった。違棚の端部には筆返しが設置され、木口は端食みが用いられる（図3・9・14）。地袋の天板の裏側には吸付桟が用いられる。筆返し、はしばみ、吸付桟は木材のそりを防止するためのものでもある。

付書院は明かりとりの窓を有する出窓状の造り付け机が装飾化したものである。

3　集合住宅の内装システム

日本の集合住宅においては、中低層から高層・超高層のものまで、鉄筋コンクリート造とされるものがほとんどである。これは、安価に耐火建築物が構成できること、鉄骨造よりも振動特性・風揺れ性能等において良好な居住環境が確保しやすいこと等によるものである。したがって、ここでは鉄筋コンクリート造の集合住宅を前提として、内装システムを床・壁・天井に分けて述べる。

(1)内装システム

鉄筋コンクリート造の集合住宅において、上下階の床スラブと外周壁、隣戸との戸境壁および共用廊下等との区画壁によって区切られた空間が住戸専有部となる。この区画となる構造躯体や外周壁は共用部分として個々の住人（区分所有者）が改変できない部位とされ、その内側に二重床・二重天井・内装壁を構成する

ものが内装システムである。

　住戸専有部の区画壁の中に二重の入れ子状態に内装システムを構成するのは、構造躯体との間の空間（中空ふところ）が機能的に必要とされるためである。二重床の中（床ふところ）は給排水ルートとして使われ、壁内部は外周壁に対して断熱が施された状態で配線・配管ルートとなる。二重天井の中（天井ふところ）は給排気ダクトルートや配線ルート、設備器具埋込みしろとして必要となる。通常、床ふところの寸法は水廻り下部では給排水管ルートとして300mm程度、居室下部でも床暖房や給湯器配管ルートとして150mm程度が必要となる。すべて300mm以上ふところを取り将来の模様替えに対応する場合もある。同様に天井ふところは、電気配線・スプリンクラーのみの部分は150mm程度、ダクトが通る場合は350mm程度が必要となる。全面に350mm以上のふところが取れればフラットな天井が実現できるが、それでは天井高さが低くなりすぎる場合は、ダクトルートだけを梁型のように下がった天井とすることが多い。

(2) 床

　集合住宅の床は、鉄筋コンクリートの床スラブの上に、防振ゴムを先端に介した支持脚を立てて合板等の下地ボードを敷き込み二重床を構成し、その上に床暖房パネルおよびフローリング等の床仕上げを敷き込む（図3・9・16）。

　支持脚から下地ボードまでの構成は二重床システムとしてフロア業者が施工する。重量衝撃音および軽量

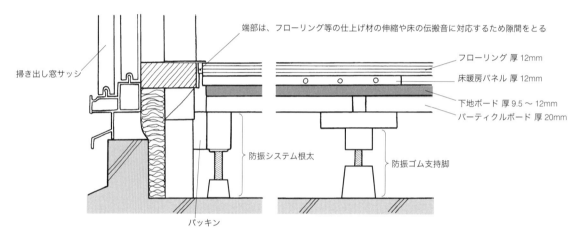

図3・9・16　二重床システムのディテール[1]

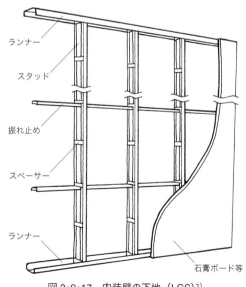

図3・9・17　内装壁の下地（LGS）[2]

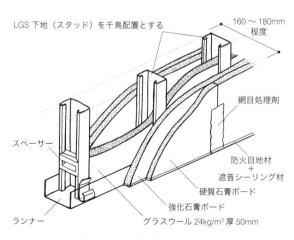

図3・9・18　乾式耐火遮音壁[3]

衝撃音の遮音性能等によって、材種や層構成の異なる各種の二重床システムがある。

(3) 壁

壁は、外周壁、住戸間の戸境壁、共用部との戸境壁、さらに住戸内の間仕切り壁の4種に分かれる。

外周壁（3・6節）は、鉄筋コンクリートの壁体の内側に直接断熱材が施され、その室内側に、構造上の変形追従性、遮音性能低下回避等の観点から、独立した木製または軽量鉄骨（LGS）製の下地を組み立てる。その下地に石膏ボード等を張った内装壁を構成し、表面に塗装やクロス等の仕上げが施される（図3・9・17）。

戸境壁は、壁体が鉄筋コンクリート壁で構成される場合は前述の外周壁と同様である。超高層棟の場合には、純ラーメン構造による非耐力壁化や躯体軽量化のために、ボード数種類の構成による乾式耐火遮音壁が採用される（図3・9・18）。

乾式耐火遮音壁は、通常のLGS壁と同様の中空壁であるが、LGS下地を千鳥配置にすることにより、相手側住戸のボードへとLGS下地を通じて音が伝搬しにくいように配慮されている。必要な耐火性能・遮音性能によって、ボードの種類・厚み・枚数の組み合わせを選定する。

通常は、LGS千鳥支柱（スタッド）の両側それぞれにボード2〜3枚程度を張り重ね、総厚160〜180mm程度の壁となる。コンセントの埋設孔やくぎ打ち等による欠損が起こらないように、必要に応じて、さらにふかしたLGS下地にボードを張ったふかし壁を設置する場合もある。

共用部との区画壁は、共用部が外部廊下等である場合は外周壁と同様の扱いになり、内部廊下等の場合は住戸間の戸境壁と同様の扱いとなる。

(4) 壁先行工法と床先行工法

二重床は、各室の間仕切り壁との取り合いによって、壁先行工法と床先行工法の2種類の工法に分かれる（図3・9・19）。

壁先行工法では、最初に住戸内プランに従って各室の間仕切り壁が立てられる。この時、床ふところとなる床面には、設備配管等が縦横に施工されている状態であり、間仕切り壁を貫通するルートはそれぞれ処理が必要となる。間仕切り壁が立った後に、二重床が各室ごとに施工され、廊下と室内の二重床は建具位置で自然と縁が切れる状態となる。将来の間仕切り変更工事等においては、壁位置を変えると同時に二重床の変更工事も必要となる。

これに対し、床先行工法では、二重床がまず全住戸内を連続的に覆い、その上に各室の間仕切り壁が立つので、床面と床下空間が全室連続する状態となる。これは、床下の給排水管等の設備システムと間仕切り壁の干渉がなくなるため、施工管理がしやすい利点がある。

将来の間仕切り変更工事等の容易性を言われる場合もあるが、（変更対応可能な補強が先行して行われている特殊な床工法を除き）通常の床先行工法では、壁ライン直下に追加支持脚を配置するので、間仕切り変更位置に支持脚がなければ支持脚追加の床工事も発生することになり、壁先行工法との大きな差異はない。

各室間の遮音性能においても、音の伝搬経路のうち床下部分によるものは大きくないので、床先行工法と壁先行工法による遮音性の差異はほとんどない。ただし、床先行工法では床材が連続することによって、廊下で飛び跳ねたような時の振動が室内にまで伝わりやすい傾向はあるが、実生活へ影響が出る差異ではないとされている。

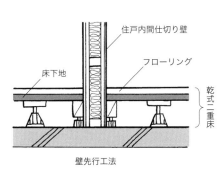

壁先行工法

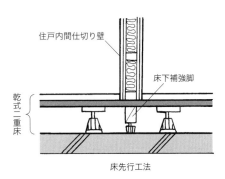

床先行工法

図3・9・19　壁先行工法と床先行工法

(5)天井

天井においても、壁と同様に、LGSで下地を組んだ面にボード等を張り、塗装やクロスで仕上げる（図3・9・20）。通常は一定ピッチの吊り材で下地が吊られるが、このアンカーは上階スラブ打設時にその下面の型枠にあらかじめ打ち込まれたものである。

天井形状は、設備ダクト等により、下がり天井や折り上げ天井等の段差が発生する場合が多く、その形状に合わせてLGS材は現場加工される。

吊りアンカーの個数を減らすため、通常のC型のLGS材よりも強度のある□型のLGS材を天井下地に使用する別工法もある。

(6)スケルトン・インフィル

この章で述べた集合住宅の内装システムは、「スケルトン・インフィル」の考え方を反映したものである。

［スケルトン＝構造躯体］から、［インフィル＝内装システムの床・壁・天井］が分離して構成され、その入れ子状態のふところスペースが設備ルートとして利用される。

［インフィル＝設備システム］も、［スケルトン＝構造躯体］から分離し、必要に応じて点検口が設置される。共用立管等のパイプスペースは共用廊下に面して配置され、共用部側からメンテナンスできる。

耐用年数の異なる構造躯体、内装システム、設備システムが、それぞれ分離されることにより更新が容易になり、建物寿命の有効な活用が可能となる。

4　オフィスビルの内装システム

日本のオフィスビルにおいては、鉄筋コンクリート

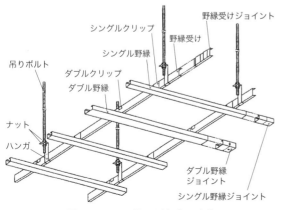

図3・9・20　天井の下地（LGS）[4]

（RC）造、鉄骨（S）造、鉄骨鉄筋コンクリート（SRC）造などさまざまな構造が採用される。これは、低層小規模のものであればRC造が安価に成立する一方、中規模以上のオフィスビルになると無柱空間のオフィスを成立させるためには大きなスパンが必要となり、S造やSRC造が選択されるためである。小規模オフィスビルは敷地条件・コスト・要求性能等において個別性が大きいため、ここでは中規模以上のオフィスビルを念頭に、その一般的な内装システムを床・壁・天井に分けて述べる。

(1)内装システム

オフィスビルの構造躯体は、前述のようにRC造、S造、SRC造等が種々の必要条件から選択されるが、いずれもその内部に、上下階の床スラブと外周壁によって区切られた空間が内部空間となる。オフィスビルの内部空間は、エレベーター（EV）、階段や廊下などの共用部分と、執務空間となるオフィス専有部分に分かれる。

共用部分と専有部分それぞれにおいて、必要とされる機能の内蔵スペースを床下や天井裏等に確保して、入れ子状に内装システムが構成される。

・共用部分の内装

共用部分にあるEVや階段は、竪穴として防火区画が必要とされる。このため上下階の床スラブ間は、必要な耐火時間を満たす壁で囲われる。通常安価に防火区画を形成できる材料として、ALCパネル（Auto-claved Light-weight aerated Concrete；蒸気養生軽量気泡コンクリート）や、軽量鉄骨（LGS）の下地に石膏ボードを複数枚重ねて壁体とするものが使われる。

表面仕上げは、用途やグレードに応じて、金属パネル・石・クロス・塗装などで仕上げられる。仕上げ材の選定においても、壁体の耐火性能や準不燃・不燃等の内装制限規定等に適合するものを検討する。

また共用部には全体オフィス空間の性能を担保するための設備スペース、PS（配管スペース）、EPS（電気配線スペース）、DS（ダクトスペース）があり、床下スペースと天井裏スペースがその配管・配線・ダクトルートとなるので、その寸法調整を設備・構造上の観点から検討し、二重床・二重天井を設定する。

・オフィス専有部の内装システム

オフィスビルには、本社ビルや支店ビル等自社使用

するいわゆる「自社ビル」と、フロアや区画ごとに2〜3年程度の期間で賃貸契約する「賃貸オフィスビル」の2種類がある。賃貸オフィスビルにおいては、テナント入れ替わり時の模様替えや内部レイアウトの変更、さらには競争力を維持するため最新設備に更新できるフレキシビリティが求められる。自社オフィスビルにおいても、組織変更やレイアウト変更、設備更新性が求められる。そのため、オフィス専有部分の内装システムとしては、可変性・更新性に配慮したシステムを選定する。

(2)床

オフィスの床下スペースは、オフィス機器の電源やLAN接続等の弱電ルートに使われる。床下からの空調方式を選択した場合は、空調ダクトルートにもなる。特にコンピュータ関連の技術更新のスピードは速いので、更新が容易にできるよう、システム化されたパネルによる二重床システムが開発されている。このような二重床システムでは、防振ゴムを持った支持脚と取り外し可能な床パネルの上に、仕上げとしてタイルカーペット等が敷き並べられる。床パネルには、耐荷重強度、耐震性、更新時の負担を軽くする軽量化等、相反する要求性能に対応するため、スチール製、アルミ製、コンクリート製等の床パネルシステムがある（図3・9・21）。

寸法も各種モジュール化されており、450mm角、500mm角、600mm角などが、900mmモジュール、1mモジュール、1.2mモジュールに対応し、オフィス家具レイアウトや天井システムと合致する。床パネルシステムの寸法は、構造体柱割モジュールを決定するにあたり、地下駐車場レイアウトともに最初に企画検討されることとなる[注3]。

設備更新時には、必要部分のタイルカーペット等の仕上げと床パネルを取り外すことにより、容易に床下設備システムの更新工事が可能となる（図3・9・22）。

(3)壁

オフィススペースの壁は、廊下との区画壁のように固定化しても良い壁と、会議室や各個室の間仕切りのように頻繁にレイアウト変更が行われるものがある。

固定化して良い壁は、軽量鉄骨（LGS）の下地に石膏ボードを打ち付け、仕上げ材を張ることで安価に成立する。必要な耐火性能・遮音性能等に応じて石膏ボードの種類や枚数等の構成が選択される。

可変性が求められる間仕切り壁については、床上から天井下までの間仕切り壁として、床・天井のモジュール寸法に合わせてパネル化された間仕切り壁システム（パーティションシステム）が多種開発されている。スチール製やアルミ製、ガラス製等があり、ドアや欄間開口などをさまざまに組み合わせることができる。

またオフィス家具レイアウトに応じて同様の素材の低い囲いでグルーピングを行うローパーティションも多く使われる。このようなパーティションのレイアウト変更は、軽微な撤去・構築作業で行うことができる（図3・9・23）。

さらに特別な作業なしに常時可変状態にしておくことが求められる会議室の間仕切り等には、可動間仕切りが使われる。天井部のレールに沿ってパネルを可動させるものが多いが、天井面および床面とのクリアランス（隙間）が遮音性・気密性の弱点となる。この対

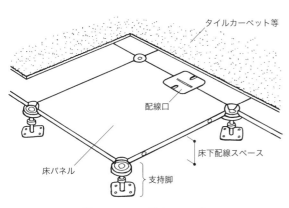

図3・9・21　二重床システム

タイルカーペット等
配線口
床下配線スペース
床パネル
支持脚

図3・9・22　二重床パネル[5]

策として、可動後に遮音材をレバー操作で下ろしてクリアランスを塞ぐ機構を持つものもある。

(4)天井

オフィスの天井は、床ほど頻繁に更新されることは少ないが、照明・空調・防災等の設備機器が効率的に配置され、可動壁によってレイアウト変更があっても支障なく使用できるように、床と合わせたモジュールでシステム天井が組まれる。1mモジュールでは3mシステム、800mm モジュールでは 3.2m システム、900mm モジュールでは 3.6m システム等で、各種設備がセットされ、ユニット化された天井をシステム天井という（図3・9・24）。

図3・9・23　間仕切り壁システム[6]

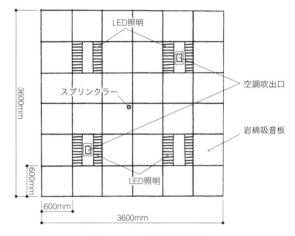

図3・9・24　システム天井

*注
1　澤村仁 他『新建築学大系〈2〉日本建築史』（彰国社、1999）
2　太田博太郎『日本建築史序説　増補第三版』（彰国社、2009）
3　地下駐車場がある場合、そのレイアウトは柱割等の構造計画に最も大きな影響を与えるので、基本設計の最初期に検討を行う。それと同時にオフィスレイアウトの基本モジュールも決定することとなる。

3・10 建築設備の構法

1 構法計画における建築設備

建築を計画する場合、耐震性を確保するための構造計画やカーテンウォールなどの構法計画とともに、照明設備、機械式給排水設備、空気調和設備、エレベータ、防災設備などの建築設備の計画が不可欠となる。

建築設備を建築構法に組み込んで、建築物の室内空間に要求される快適性・利便性・安全性・環境性・防災性・経済性などを実現すること、あわせて構法の合理性や設計の自由度を向上させることが建築設備を含めた構法計画の目的である。

建築設備は、一般に機器と配管・配線などがつながったシステムとしてその機能を発揮する。機器には、天井面に設置される器具と機械室に設置される機械設備があり、その配置計画が重要である。配管・配線は、天井内や床下に設置され、部分的に建築物の床・壁などを貫通するため、必要な空間の確保と貫通部の処理が構法計画における課題となる。

建築基準法第2条第三号における建築設備の定義は、「建築物に設ける電気、ガス、給水、排水、換気、暖房、冷房、消火、排煙若しくは汚物処理の設備または、煙突、昇降機若しくは避雷針をいう」というものである。

建築設備は、通常、電気設備、給排水衛生設備、空気調和設備、防災設備、搬送設備に分類される。ここでは、それらについてオフィスビルと、戸建て住宅、集合住宅の事例を解説する。

2 オフィスビルの建築設備の概要

(1)給排水衛生設備

給排水衛生設備の一例を、消火設備を含めて図3・10・1に示す。

給水は、水道本管から引き込み、計量器を通して受水槽に貯水し、給水ポンプで建物内の衛生機器などに供給する。高層の場合は高置水槽を利用することが多い。給湯には、ガスまたは電気を使う。

衛生機器などの排水は、トラップを通して排水管に流され、汚水槽に貯留し、ポンプで汚水ますへ排出した後、下水本管に流される。また、排水管内の流れを円滑にし、管内気圧の変化に対応するため、通気管を設置する。雨水も同様に雨水管を通して下水本管に排水される。

(2)空気調和設備

空気調和設備は、室内空気の温度・湿度・気流など

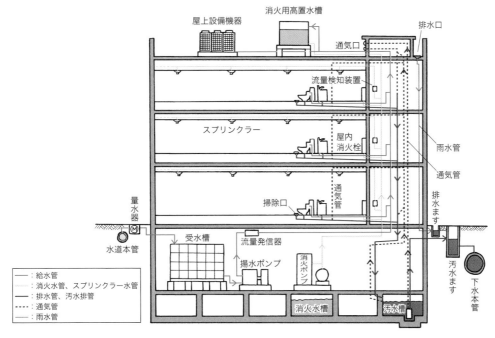

図3・10・1　オフィスビルの給排水衛生・消火設備の構成例

を快適な状態に保つための設備である。

　空気調和設備で使用する空気は、外部より給気口などから取り入れる。冷凍機やボイラなどの熱源設備でつくった冷温水や冷媒を配管で空気調和機に送り、そこで空気の温度・湿度などを調節して、送風機・ダクトなどの熱搬送設備により室内に供給する。

　日射や外気温の影響を受ける建物外周部の窓面には、ファンコイルユニットと呼ばれる空気調和機を設置し、冷温水や冷媒を通して空調する。

　供給された空気の一部は排気ダクトを通し排出され、残りはフィルターなどで浄化した後に新鮮な外気と混ぜて利用する。

　大型のオフィスビルでは、建物の地下に配置された空気調和機械室の大型空気調和機からダクトを経て、冷温風を各階に送る中央方式が一般的である。最近では、規模、要求機能、省エネルギー性などに応じて、図3・10・2のようなさまざまな空気調和方式が用いられている。

　また、搬送動力を軽減させるために、搬送効率の悪い空気搬送ではなく水搬送や冷媒の利用、大型機器による中央方式から小型機器による分散型の個別方式を利用する方向にある。

(3)電気設備

　電気設備の一例を図3・10・3に示す。電力会社から高圧の電気を地中配線で供給してもらう場合、キャビネットを通じて引き込み、受変電設備で動力や照明・コンセントなど用途に適した電圧に変圧する。受変電設備で変圧した電気は、電気パイプシャフト内の幹線設備を通して、各所の分電盤に配電する。空調機器、給排水ポンプなどの動力設備には動力分電盤から動力幹線を通して配電する。電灯（照明）・コンセント設備には電灯・コンセント分電盤を経由して配電する。

　また、電話設備、放送設備、インターネット通信設備、テレビ共同受信設備などの通信情報や感知器などからの防災情報を扱う情報通信設備がある。

(4)その他の設備

　その他の重要な設備として、消火設備、警報設備、避難設備などの防災設備や、エレベータやエスカレータなどの搬送設備がある。

　なお、建物や敷地内に含まれない公共の設備である

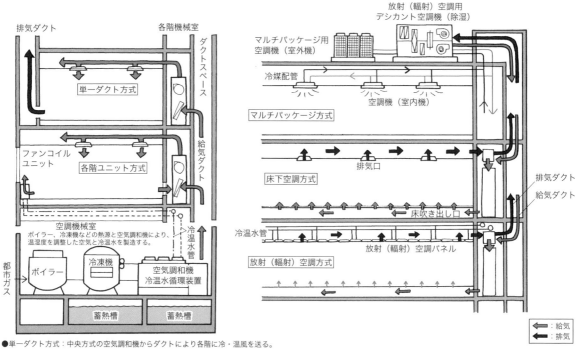

●単一ダクト方式：中央方式の空気調和機からダクトにより各階に冷・温風を送る。
●各階ユニット方式：各階に設置した空気調和機からダクトにより各階の部屋に冷・温風を送る。窓側は、ファンコイルユニットに冷温水を送り熱交換する。
●マルチパッケージ方式：1台の室外機で複数の空調機を個別運転する。
●床下空調方式：床下空間を空調スペースとして使い、床全面から均質に空調空気を供給する。天井裏のダクトは不要となる。
●放射(輻射)空調方式：天井に冷温水を通す放射(輻射)パネルを設置し、人間などとの放射(輻射)により室内の温度を調節する。湿度調整のため床下空調を併用する場合がある。

図3・10・2　オフィスビルの空気調和設備の構成例

上下水道管、ガス管、電力・情報幹線などの都市の基盤（インフラストラクチャ）となる設備もある。

3 戸建て住宅の建築設備の概要

図3・10・4に戸建て住宅の設備の一例を示す。

給水は水道本管から引き込み、敷地内に設置した水

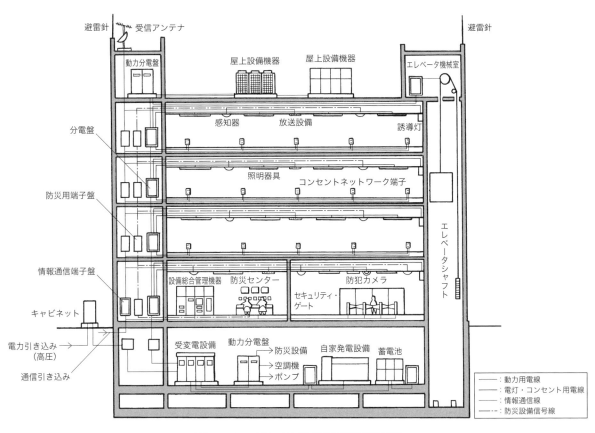

図3・10・3　オフィスビルの電気設備の構成例

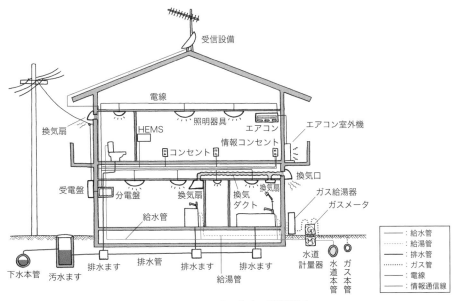

図3・10・4　戸建て住宅の設備概要

道計量器を経て、水道管の水圧力で約10mの高さまでの間に接続された機器に給水する。機器からの排水はトラップを通して排水管に流し、排水ます・汚水ますを経由して下水本管に排出する。下水道が整備されていない地域では、浄化槽を設置し、河川などに放流してよい水質まで浄化してから排水する。

空気調和は、室外機を使用するヒートポンプ式エアコンを居室ごとに設置して行う。また、暖房には、ガスを熱源とする床暖房設備を使用することも多い。

熱源として使うガスは、ガス会社のガス本管からガスメータを通して引き込み、給湯器やガス機器に供給する。

台所、トイレ、浴室などの換気が必要な箇所には、換気設備として個別に換気ファン（換気扇）を設置する。

電気は、電力会社の電柱から受電盤へ引き込み、分電盤を通してエアコン・照明・コンセントなどの系統に分岐して配電する。照明や家電等の100V電源の他に、大きな電力を使うIHクッキングヒーターや空調機などには200V電源が必要になる。

情報通信設備としては、電話、インターホン、インターネットなどの回線・機器の他に、エネルギーの利用状況を把握するためのHEMS（Home Energy Management System）の設置も一般化しつつある。

4　集合住宅の建築設備の概要

図3・10・5に集合住宅の設備の一例を示す。

集合住宅の設備は、共用部である廊下、パイプシャフトなどに設置する給排水立管などの共用部設備、専有部である住戸内に設置する給排水横引き管などの専用部設備に分けられる。共用部設備は、長期修繕計画で設備の改修・更新時期が設定されている。

また、屋上・機械室や共用部に設置した機器・配管の騒音・振動が住戸に伝わらないように配置の工夫や防振・防音対策を行う。

(1)給排水衛生設備

集合住宅の給水には、主に受水槽方式が用いられている。最近は受水槽を使用しないで水道管に直結して増圧ポンプで加圧して給水する増圧直結給水方式も用いられている。

給水・給湯配管には、給湯器やパイプシャフト等の周辺にヘッダーを設け、ヘッダーから各給水・給湯栓まで樹脂性のさや管注1を敷設し、その中に後から樹脂

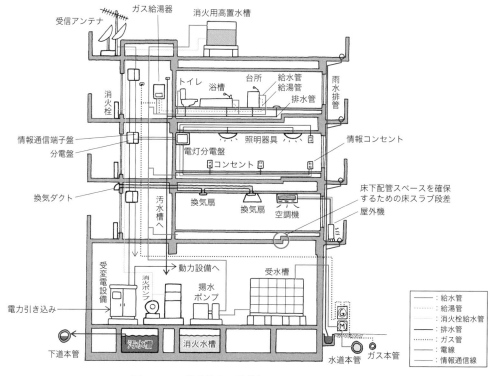

図3・10・5　集合住宅の設備概要

管を通管するさや管ヘッダー工法（図3・10・6）が採用されることが多い。ヘッダーと給水・給湯栓以外に接続箇所がないため従来の分岐配管に比べ漏水の発生が少なく、樹脂管を使用するので配管経路の自由度が高い。

高層・超高層の集合住宅では、大きな排水負荷に対応するために太径の排水立管を使用する。その際に、各階あるいは各住戸で排水管を更新できるように排水立管の接合方式を工夫した、特殊継手排水システム（図3・10・7）が採用されることもある。

パイプシャフト内の配管・配線・機器等は、容易に点検・修繕・交換できるように配置し、交換時の予備配管スペースなども含めて必要な作業空間を確保する（図3・10・8）。

設備と建築躯体を分離させ、点検頻度や耐用年数に応じて配置するなど、設備機器・配管の更新を考慮しておくことはとても大切である。

(2) 空調・換気設備

集合住宅では、台所・浴室等が外壁面から離れた位置に設けられることが多い。これらの場所の換気には、換気ファンとダクトを用いる給排気システムが用いられる。

また、気密性が高い集合住宅は、シックハウス対策として、住戸の中を24時間連続で換気することにより、室内の有害物質を排出する換気設備を設置する必要がある。

(3) 電力設備

集合住宅では、オフィスビルと同様に電力会社から高圧の電気を引き込み、受変電設備で動力や照明・コンセントなど用途に適した電圧に変圧する。変圧した電気は、共用部の配線スペースで立ち上げられた電力幹線ケーブルにより各階の分電盤に配電される。各階の分電盤から住戸ごとに電力ケーブルが分岐され、電力会社の電力計を介して住戸内の分電盤に配電される。住戸内分電盤以降は、戸建て住宅と同様である。

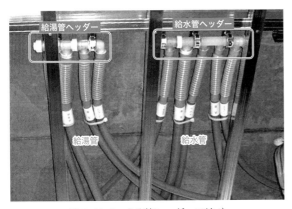

図3・10・6　さや管ヘッダー工法[1]

図3・10・8　集合住宅のメーターボックスとパイプシャフト[3]

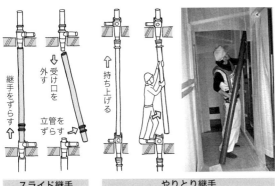

スライド継手
下部の継手を上にずらし、立管上部の受け口を外して、立管を横にずらして外す。

やりとり継手
立管上部に取り付けたソケット型継手の上部立管差込み長さのゆとりを利用して、立管を持ち上げて下部を外す。

図3・10・7　特殊継手排水システム[2]

図3・10・9　はと小屋

5　構法計画上の対応

建築設備の配置計画や配管系統等の計画には、構法計画や詳細設計との接点が多い。オフィスビルと集合住宅について構法計画上の対応を示す。

(1)オフィスビル設備の構法計画上の対応
①屋上設置設備と建物との取り合い

一般に、建物屋上への階段室や、エレベータなどの機械室としてペントハウス（塔屋）を設ける。その上部には、避雷針設備や建築物の高さを利用して給水圧を確保するための高置水槽が置かれることが多い。

また、屋上には、受変電設備や空調設備用の冷却塔・屋外機などの機器が設置される。これらの設備につながる配管やダクトは、屋上スラブを貫通し下階へ通じている。この取り合い部分の防水性能を確保し維持管理しやすくするため、はと小屋（図3・10・9）のようなコンクリート製の小さな箱を通して、下階からそれぞれの機器に接続するなどの工夫が必要とされる。

②設備スペースの配置

建物の階段室、エレベータ、トイレなどの共用空間や設備スペースを集約させた共同部分をコアという。コアの配置には、建物の中央に設置するセンターコア型、片側に設置するサイドコア型、両側に設置するダブルコア型などがある。コアから執務空間へ配管・ダクト等が展開されるため、コアの配置は設備機器・配管の経路等を決める上で重要である。

縦方向の給排水配管やガス管を通す垂直方向の空間をパイプシャフト（PS）、空調ダクトを通す垂直方向の空間をダクトシャフト（DS）、電気幹線を通す垂直方向の空間を電気幹線シャフト（EPS）といい、通常、個別の空間として計画する。

一般に各階のコアに設置される水廻り（トイレや給湯室など）は、排水管の勾配を確保し、立配管への接続距離を短くするために、パイプシャフトの近くに計画する。

③ゾーニングと天井内・床下の納まり

オフィスビルでは、執務空間が大空間となるため、空間内の位置に合わせた適切な設備方式の計画が必要であり、空調・照明などを図3・10・10のようにゾーニングして計画し、制御する。

建物外周から5m程度までのゾーンは、内側のインテリアゾーンより日射や外気温の影響を受け、冷暖房の負荷が大きくなるため、ペリメータゾーンといわれている。このゾーンには、冷暖房を調節するファンコイルユニットや熱気を外部に逃がす自然換気システムを設置するなどインテリアゾーンと異なる対策が必要である。

大空間における空調ダクトは長くなり大口径となるため、天井内に十分なふところが必要であり、一般には梁に貫通口を設けてダクトを通す計画とする。

また、天井内にはダクトとともに、空気を送るファンなどの機器や、消防用のスプリンクラー配管、天井の耐震補強部材などが設置される（図3・10・11）。これらの位置関係についてBIM（p.194、図4・4・27参照）などを用いて事前に検討しておく。

天井内の設備機器は、上階床より吊りボルトにより

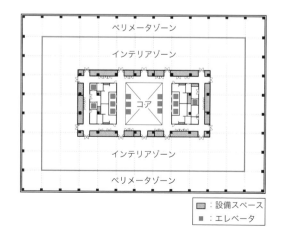

図3・10・10　オフィスビルの設備スペースとゾーニングの例

図3・10・11　オフィスビルの天井内設備[4]

支持する。機器によっては躯体に振動を伝えないための防振対策が必要となる。

オフィスビルの床ふところは、おもに電気・情報の配線空間として使われ、そのために床はフリーアクセスフロア（二重床）とする場合が多い。また、床下空調方式を用いる場合のフリーアクセスフロアには、孔あきOAフロアパネルと通気性のあるカーペットを使用する（図3・10・12）。

④設備機械室

設備機械室は、建物の地下階などに設けられ、大型の設備機器などを集中して配置する（図3・10・13）。

その際、大型機器の更新のための経路を事前に計画し、必要に応じて機器搬出入用のマシンハッチやドライエリアなどを設置する。また、設備機器や主要な配管などの周辺には、日常的な保守点検や維持管理に必要な空間を確保する。

⑤設備機器・配管のユニット化

設備工事の生産性を向上し工程を短縮するために、躯体工事に合わせて設備機器・配管をユニット化して施工することが多い。

ユニット化の方法には、ユニットバス、ユニットトイレ、パイプシャフトユニットのような設備機器・配管を含む空間ユニットとして主に工場で生産するもの、ユニット・フロアのように設備機器・配管を建築部材と一体化したユニットを現地で生産するもの等がある。

いずれの場合も、配管の接合方法・手順を考慮してユニットの寸法・構成を検討する（図4・4・15、4・4・20参照）。

(2)集合住宅設備の構法計画上の対応

①給排水システムと床ふところ

集合住宅において、水漏れ事故は居住者のみならず下階の第三者にも被害を引き起こしかねず、最も重大な事態である。このため、水廻りと呼ばれる住宅設備3点（キッチン・トイレ・ユニットバスおよび洗面）は、もっとも管理が必要となり、工場製作等のユニット化が進んだ部位となっている。

ユニットバスは、下面の防水パンが一体ものとして成形されており、その上にバスタブや四方の壁パネルを建て込み、上部に天井パネルおよび換気ファンや浴室乾燥機、照明などが組み込まれる。

そこに接続される給水給湯配管はキッチン・洗面等と一体的に接続された樹脂管ユニットを工場製作し使用することが多い。樹脂管ユニットの現場での接続箇

図3・10・12　孔あきOAフロアと通気性カーペット[5]

図3・10・14　床下給水・給湯・排水・床暖房配管

図3・10・13　オフィスビルの設備機械室

図3・10・15　水廻りの躯体における床段差

所は、給湯器部分および各水栓箇所、共用配管接続箇所等の点検口近くの目視できる部分に限定され、水漏れの恐れのある個所を減少させている（図3・10・14）。

給水給湯配管の引き込み部が外部廊下側となり、防水納まりと絡む場合は、樹脂管ユニットを天井裏に設置することも多い。

排水管は必ず仕上げ床下のコンクリート床との間に設置され、通常使用される排水横管の径（50〜100mm）により1/50〜1/100以上の排水勾配が必要とされる。

通常、床ふところは一般部分では150mm程度で、水廻りではスラブ段差で下げて300mm程度確保して、共用廊下に面した共用排水立管から排水勾配がとれる距離に水廻りを計画する（図3・10・15）。

②空調換気システムと天井ふところ

空調には、壁掛け空調機や天井カセット型空調機が採用されることが多く、空調ダクトまで使用することは少ない。

ダクトはおもに給排気・換気系に使用する。キッチンのレンジフードと接続される給気ダクトおよび排気ダクトはφ150mmに保温材巻きが施されφ200mmとなる。トイレとユニットバスの排気はユニットバス上部の天井裏に浴室乾燥機能と合わさったファンが設置され、同じファンでトイレの排気を分岐ダクトによって排気する構造になっており、レンジフードダクト同様の太さとなる。さらに、機械換気として、全熱交換器を組込んだ換気ファンが採用されることも多く、φ125mmの保温材巻きダクトで外気を取入れ、各室へφ100mmのダクトで配ることになる。これらのダクトも工場製作されることが多い。

したがって、6〜8本以上のダクトが行き交うことになり、ダクトの通る部分の天井ふところは通常

350mm程度必要となる。どうしてもダクト2本の交差が必要となる場合はふところ500mm程度必要となるので、住戸プランとあわせて検証し、収納上部や天井高さが下がってもよい位置を調整することとなる（図3・10・16、3・10・17）。

③電気配線のプレファブ化と電気容量

電気配線は、電力・電話・TV・インターネット等があるが、これらの配線も工場でプレファブ配線として製作される。

オール電化の採用やIHクッキングヒーターのオプション設定によっては、電気容量が増加変動するので、戸別の分電盤容量の対応はもちろん、全体の電気幹線容量の設定にも需要とコストの見極めが必要となる。

＊注
1　その中に配管を通すための径のひとまわり大きな管。

図3・10・16　天井内ダクト配管配線

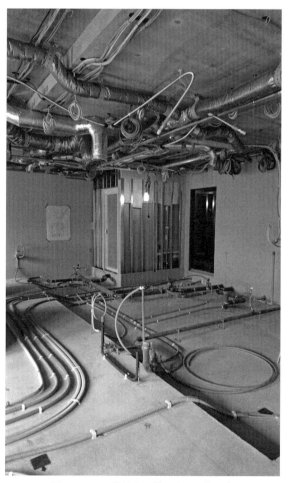

図3・10・17　住戸内天井・床下配管配線

04

設計実務と建築構法

本章では、設計実務プロセスにおける
構法計画上の理論的背景や、
最近の実践事例について紹介する。

4・1 モデュール

(1)モデュールとは

　建築物の部位や部品の長さや大きさを構成するための基準寸法をモデュールと呼ぶ。たとえば、日本において伝統的に用いられてきた木造建築用のモデュールは、「間モデュール」と「木割」である。近代以降、工業化の普及に伴って、部品の工場生産、プレファブリケーションが進行したことを背景に、生産すべき部品の寸法を効率的に決定するために、モデュールの研究と開発が進められた。原則として、部品の種類を少なくすれば部品生産効率は上がるが、設計の自由度、すなわちフレキシビリティは減少する。しかしながら、優れたモデュールを用いることによって、効率とフレキシビリティの双方をバランスさせるデザインが可能となる。モデュールは、比例関係・プロポーションを考慮し、建物をリズム良く秩序だった空間として、効率的に設計するための指針としても有用である。このようなモデュールを考慮した生産手法と設計手法との間の調整手法を「モデュラー・コーディネーション」と呼ぶ。

(2)江戸間と京間／
　　シングルグリッドとダブルグリッド

　日本に根付いていた畳寸法の江戸間と京間は、モデュールが地域特有の考え方で固有に発展してきたことを示している。両者とも基本的な寸法基準は、1尺（303mm）であるが、江戸間が一定寸法のグリッドへ柱と畳を配置するのに対して、京間は柱を設置する幅を畳寸法とは独立して考慮しているために、畳寸法と柱幅という2種の寸法を組み合わせたものが空間の基準グリッドとなっている（図4・1・1）。江戸間のように、柱芯でグリッドを構成するものを「芯押え」「シングルグリッド」と呼び、京間のように、柱の面で一旦グリッドを切って、別に柱分の幅をとる考え方を「面押え」「ダブルグリッド」と呼ぶ（図4・1・2）。

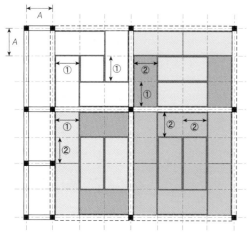

江戸間の例（色分けした畳の寸法がすべて異なる）

$$① = \frac{(3A-b)}{3} \qquad ② = \frac{(4A-b)}{4}$$

A：江戸間のグリッド間隔
a：京間の畳短辺の長さ
　＝954 mm（3尺1寸5分）
b：柱辺の長さ

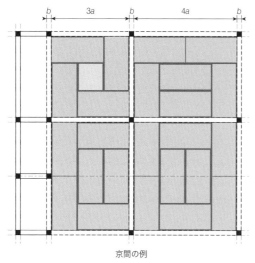

京間の例

図4・1・1　江戸間と京間

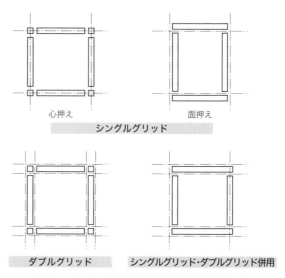

心押え　　　　　　面押え
シングルグリッド

ダブルグリッド　　**シングルグリッド・ダブルグリッド併用**

図4・1・2　シングルグリッドとダブルグリッド

(3)モジュールの発展

　モジュールは、内田祥哉によるDφ、ヨーロッパ生産性本部によるEPA案など、歴史的に多数の提案がなされ、世界基準としてのモジュールを統一することも提案目的の1つとされてきた（図4・1・3）。まずは部品の種類を少なくするために、等差数列、等比数列、ルナール数、フィボナッチ数列などの各種の数列が援用された。建築空間は、人間が生活・活動するために計画されるものであるから、モジュールは、人間の寸法を考慮して設定されるのが一般的である。代表的な事例としては、ル・コルビュジエが提案し使用した「モデュロール」であり、これには人体寸法とフィボナッチ数列が組み合わせて用いられている。

(4)3種の寸法

　モジュールによる設計に限らず、いかなる設計でも、図面通りの寸法を実現するには、実際には制作誤差を見込んだ寸法の調整が必要である。部品寸法には、呼び寸法、設計（制作発注）寸法、実寸法がある（図4・1・4）。呼び寸法とは、ある部品が据え付けられるための余裕寸法のことである。設計においては、設計（制作発注）寸法と実寸法の制作誤差を考慮して、見込まれる誤差以上の寸法上の空き（マージン）をつくるよう呼び寸法、設計寸法を定めることになる。

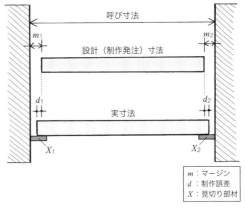

m：マージン
d：制作誤差
X：見切り部材

図4・1・4　部品寸法

●いろいろな数列

●等差数列

[初項1、公差1]　　　　1、2、3、4、5、6、7、……

●等比数列

[1を中心とした2倍系列]

……、$\frac{1}{32}$、$\frac{1}{16}$、$\frac{1}{8}$、$\frac{1}{4}$、$\frac{1}{2}$、1、2、4、8、16、32、……

●フィボナッチ数列　$\phi(n) = \phi(n-1) + \phi(n-2)$

[初項1、第2項2]　　　1、2、3、5、8、13、21、……

[となり合う項の比]

$\frac{2}{1}$、$\frac{3}{2}$、$\frac{5}{3}$、$\frac{8}{5}$、$\frac{13}{8}$、……→$\frac{1+\sqrt{5}}{2}$

図4・1・3　モジュールの例

●モデュロール（ル・コルビュジエ）[1]

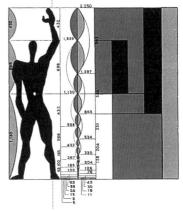

●Dφ（内田祥哉）[2]

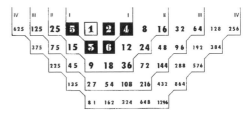

4・2 スケルトン・インフィル方式 とオープンビルディング

(1)スケルトン・インフィル方式の概要

　建築物を、構造体・基幹設備（スケルトン）と、内装・設備等（インフィル）に区別して建設する方式をスケルトン・インフィル（SI）方式と呼ぶ。スケルトンは英語の Skeleton（骨組）を日本語表記したものであるが、米語では建物の基本的な骨格をなす構造体を base building ということが多い。インフィルは米語では fit out と表現される。

　スケルトンは、建築物のうち、基幹的な部分であり、耐久性があり、より共同的な性質の強い社会的部分といえる。それに対してインフィルは建築物のうち、末端的な部分であり、耐久性に乏しい消耗的性質の、より個別的な性質が強い私的部分といえる（図4・2・1）。

　建築物を性格の異なる2つの部分から構成されるものとして建設し、使用する方法は、歴史的に見ても世界各地で自然に行われてきた。たとえば、江戸時代の大阪などでは「裸貸し」と称して賃貸住宅を建具や畳なしの構造体だけの状態で貸していたとされる[注1,2]。現代の商業ビルでは内装工事はテナントが自ら、設計・施工することが主流である。

　米国のオフィスビルは、構造体、外装、エレベータ、階段、設備まわりなどのみが施工された状態で賃貸に供され、内装工事は入居者が自社の仕様で設えるシェル・アンド・コア（Shell and Core）方式で計画されることが多い。経済が発展段階にある途上国では、公的機関の乏しい財源で少しでも多くの住宅を供給するため、自治体などはインフラの整備とスケルトンの建設だけを行い、内装・設備は入居者が自らセルフビルドで行うサイト・アンド・サービス（Site and Service）方式が採用されてきた。中国では集合住宅が大量に建設されているが、最近、内装・設備が施工された物件が増えてきたとはいえ、住戸内の内装・設備は入居者が自ら設えるのが一般的であった。

　マルセイユの戦後復興住宅ユニテ・ダビタシオン（1952年竣工、ル・コルビュジエ設計）や日本住宅公団が東京・晴海に建設した高層アパート（1958年竣工、前川國男設計）は、スケルトン・インフィル方式の概念によるパイオニア的プロジェクトである。

(2)集合住宅生産合理化の一環としての発展

　我が国の鉄筋コンクリート造の集合住宅の内装工事は、黎明期には大工が伝統的工法により施工していたが[注3]、生産の合理化、品質の向上のため、建築部品・建材、住宅設備の開発が行われた。入居者が特定されない集合住宅において、いかに多様な入居者のニーズに応えるか、「多様性」の実現は建築計画上、重要な課題である。しかも我が国の集合住宅の住戸面積は狭いものが多く、その限られた面積の中で家族が住み続けるためには、ライフスタイルや家族構成の変化に対応できるよう間取りに「可変性（順応性）」を持たせることが有効であると考えられた。賃貸住宅はもちろん、分譲住宅においても入居者が変わる際に内装を変更することがあり、インフィルに可変性を持たせることは、スケルトンを長く使い続けるためには必須の要件である。

　建設省（住宅部品開発センター）、日本住宅公団、民間企業が協力して研究開発した KEP（Kodan Experimental housing Project）が導入した可動間仕切り、可動収納壁はインフィルを改修しながら、長く住み続けることに寄与した。それに続く CHS（Century Housing System）では、一定の年数ごとに更新が必要となる内装・設備と、寿命の長い躯体等との接続方法（取り合い）を整理して、内装・設備が円滑に更新できる長期耐用住宅が開発された。

　住宅・都市整備公団が開発した KSI（Kodan Skeleton Infill、図4・2・2）では、①高い耐久性を有した鉄筋コンクリートの躯体、②間仕切り壁を自由な位置に配置

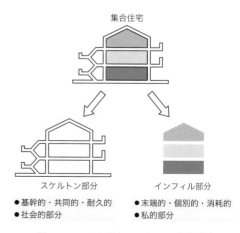

集合住宅

スケルトン部分 ／ インフィル部分

●基幹的・共同的・耐久的　●末端的・個別的・消耗的
●社会的部分　　　　　　　●私的部分

図4・2・1　スケルトン・インフィル方式[1]

しやすい小梁のない大型一枚床版、③排水ヘッダー方式を用いた共用立配管の共用部への設置、④直天井配線システム（テープケーブル工法）による電気配線の躯体からの分離などの技術が確立され、その後、社会一般に普及した[注4]。共用立配管を専有部に設けると維持管理、更新の障害になるため、共用立配管を共用部に配置することは、スケルトン・インフィル住宅では必須の要件とされ、その後の住宅性能表示制度における維持管理・更新がしやすい住宅性能の考え方等に反映されている。

(3) 長期耐用住宅として

　資源環境問題の重要性が高まるにつれ、インフィルに可変性を持たせて、スケルトンを長く使い続けることは社会的要請となった。しかしスケルトン・インフィル方式を実施するには、技術開発だけでなく不動産登記や融資などの社会システムの整備を並行して行う必要があった。二段階供給方式の研究や、後に「つくば方式」の実現につながる建築研究所の一連の取り組みなどが、スケルトン・インフィル住宅が日本の諸制度のもとで実現することに寄与した。

　実験集合住宅 NEXT21（1993 年竣工）は、二段階供給方式の研究や都市整備公団、建築研究所の一連の研究成果等を踏まえた集大成となるプロジェクトである（図 4・2・3 〜 4・2・5）。そこではスケルトン、インフィルに加えて、クラディング（外壁、戸境壁）の概念が導入されている。NEXT21 に続く「ふれっくすコート吉田（大阪府住宅供給公社、1999 年）」では、インフィル管理システムの開発やスラブの下がった場所を各階で交互に設ける市松ラーメンの構造躯体を採用することが試みられた。水廻りの設計の自由度を志向するスケルトン・インフィル住宅では、設備配管用に一定の高さの二重床が必要になるが、市松ラーメンは住戸幅の半分だけを二重床とし、各階でその位置を交互に配置することにより、建物全体の階高を抑え、コスト増になることを回避する設計である。「アーバネックス三条」では、京都市中心部の市街地の環境（アーバンティシュ）と整合性のあるスケルトンの姿が、地域住民と専門家の対話により生み出されたもので、伝統的な京町家の環境共生手法が応用されている。

　我が国でスケルトン・インフィル住宅が、日常的に不動産業界の広告で言及され、またその趣旨が「長期優良住宅の普及の促進に関する法律」に活かされた背

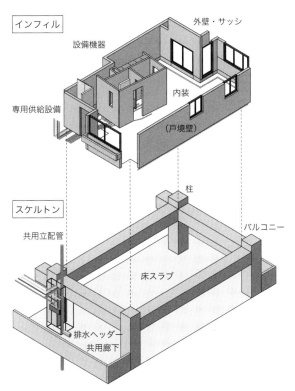

図 4・2・2　KSI の概念図[2)]
スケルトンは、100 年以上の長期耐久性を持ち、インフィルの変化を可能とするラーメン構造として、インフィルは、住まい手のライフスタイルやライフステージの変化に応じてつくり替えることが可能なものとして提案された。

図 4・2・3　実験集合住宅 NEXT21　外観[3)]
大阪ガスが近未来の都市型住宅の研究のため 1993 年に建設した集合住宅で、定期的に入居者を入れ替えて、インフィルの可変性を検証している。スケルトンは周辺の街との連続性を考えた立体街路として計画されている。（設計：大阪ガスNEXT21 建設委員会［総括：内田祥哉＋集工舎建築都市デザイン研究所］）

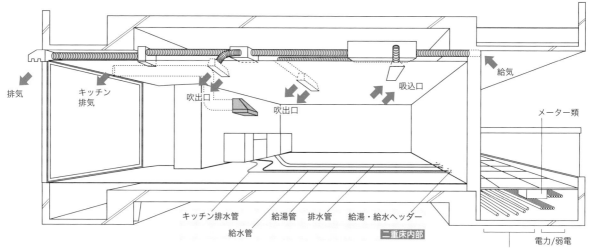

図 4・2・4　NEXT21 における躯体と設備の関係 [4)]
住戸内は二重床になっており、水廻りのレイアウトが自由である。立体街路の下に設備配管のスペースがあり、配管のメンテナンス、追加工事、住戸の水廻りの位置変更に対応できる。

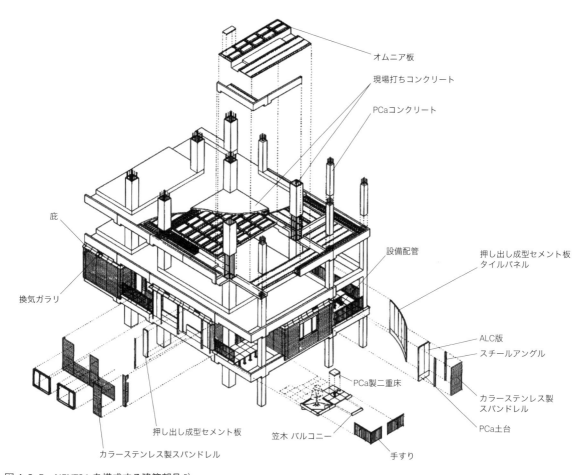

図 4・2・5　NEXT21 を構成する建築部品 [5)]
階高は 4.2m（1、2 階）、3.6m（3 ～ 6 階）。3 階以上の住宅階は 7.2m 角の塔状建物が 6 本、3.6m の間隔を空けて立つ形状。外装システムをクラディングと呼び、スケルトン、インフィルとは独立したサブシステムとしている。外壁などはオープン部品として規格化・部品化されており、その取り替えや移設を容易に行うことができる。

景には、国が総合技術開発プロジェクト[注5]を実施し、また優良住宅部品（BL部品）認定制度を確立するなど、産官学連携で継続的に取り組んできたことがある。スケルトン・インフィル住宅は、スケルトン賃貸、スケルトン定借など、所有か賃貸の二者択一ではない新たな住宅の供給方法として、さらに発展する可能性があり、引き続き、技術開発と社会システムの整備が進むことが期待される。

(4) オープンビルディングの考え方と実施例

　我が国の集合住宅の計画手法は海外の先進事例も参考にしながら発展してきた。オープンビルディングと呼ばれる建築の考え方もその1つである[注6]。1961年、オランダの建築家N. J. ハブラーケンは『サポート　マスハウジングに替わるもの』を出版して、戦後のマスハウジングにおける居住者不在の問題点を指摘した。そして、その改善手法としてインフィルをサポート（スケルトン）から分離し、サポートは都市との関係に基づき建築家が設計するが、内装・設備（Detachable Unit）は入居者が意思決定の主体になれるべきであると主張した。住宅産業（生産組織）としても、サポートは地元の工務店などが地域の実情に応じて建設するが、内装・設備は工業化された部品や建材として、生産や流通の合理化が図れることを予見した。この考えに共鳴するヨーロッパの建築家たちはオープンハウジング、後にオープンビルディングと呼ばれる建築の考え方を進めることになる。

　オープンビルディングの考え方の特色は、都市や建築を時間の経過とともに変化するものとして認識すること、居住環境をヒエラルキーを持った構造として認識すること、居住環境や構築物はレベルに応じてコミュニティや居住者が関与することにより絶えず変化するものとして認識することなどにある（図4・2・6）。

　オープンビルディングの最近の事例として注目されるものには、アムステルダムに建設されインターネットオークションによりテナントを決めた用途自由のスケルトン賃貸ビル、ソリッド（Solids；図4・2・7）やヘルシンキに建設された約5mの階高を持つスケルトン分譲集合住宅ティラ（Tila；図4・2・8）がある。

＊注
1　中古品の建具を扱う店もあったが、それが実現したのは、関西では柱間寸法が畳（京間）の寸法の倍数になる内法制で造られており、建具の寸法が共通であったことが背景にある。我が国の伝統的な木造住宅では、ある意味ですでにスケルトン・インフィル住宅が目指しているシステマチックな寸法体系や、インフィルの流通市場が確立していたとも言える。
2　高田光雄「二段階供給（スケルトン・インフィル）方式の課題と展望」『都市住宅学』41号、pp.2～7、2003年4月
3　公益財団法人 建築技術教育普及センター編『集合住宅のインフィル改修　インテリアの新技術』（井上書院、2014）
4　KSI住宅の第1号プロジェクトは、シティコート目黒（2002年6月入居開始）。
5　投資効率向上・長期耐用都市型集合住宅の建設・再生技術の開発（1997～2001）、工業化インフィル住宅の工法等の開発（1999～2001）、多世代利用型超長期住宅及び宅地の形成・管理技術の開発（2008～2010）など。
6　南一誠「N. J. ハブラーケン教授とオープンビルディング」『建材試験情報』2017年7・8月号、pp.32～38

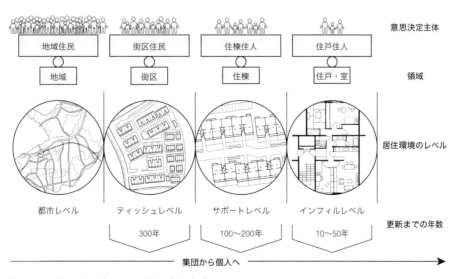

図4・2・6　オープンビルディングの考え方[6]
居住環境のレベルと意思決定主体、変化する年数の関係に注目。

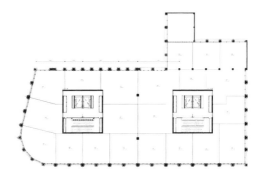

図 4・2・7　アムステルダムのスケルトン賃貸ビル、ソリッド（Solids）

建物用途の自由度が高いプロジェクトがアムステルダムの湾岸部に近年、実現している。ソリッド（Solids）と呼ばれる建物で、第 1 号の物件 Solids 1、2 は延べ面積約 4 万 m² の大規模な開発である。非営利法人であるアムステルダムの住宅協会ヘット・オースッティン（Het Oosten）が開発するスケルトンの中に、入居希望者は必要とする部屋を必要面積だけインターネット・オークションにより入札し、一番高値で落札した者が賃借する権利を獲得する仕組みである。ソリッドとは、どのような用途にも用いることができる汎用性の高い建築（generic building）であり、アムステルダム市の規制緩和により工場、風俗営業以外、建物の用途は自由である。賃貸できる最低面積は 90m²、入札最低賃料は 7 ユーロ /m² 程度であった。スケルトン賃貸方式であり、内装は入居者自身が施工する。退去時には次の入居者に内装を売却することが原則とされている。

周辺の発展とともに、施設の構成が変化することも視野に入れて、コアの位置、廊下の配置、床の開口処理などに工夫がなされており、建設時においては住居、事務所、商業など多様な用途が併存できることを、また使用開始後は用途変更を行い長期間に渡って建物が使い続けられることを目標に設計されている。

外観

内装を施工する前のスケルトンの状態。約 5m の階高を有する

内装を施工した後の状態

図 4・2・8　ヘルシンキのスケルトン分譲集合住宅ティラ（Tila）[7]

ヘルシンキ・アラビアンタ地区に建設された 39 戸の集合住宅 Tila-Neo-Loft apartments。住戸は 50m²、68m²、100m² であり、2 層吹き抜けの 5m の階高を有する。管理規約により、住戸床面積の 3 分の 2 まで、中 2 階を設けることができると定めている。内装は入居者自身が、自由に設計している。トイレとシャワーの設備ブースは、入口近くにあらかじめ設置されており、台所への配管とその接続口やダクトは設備ブースに設けられている。Talli 建築設計事務所の建築家ピア・イロネン氏が設計を担当。

4・3 再生構法計画

(1)建築の再生

近代以降の我が国の建築生産は、新築が中心であった。しかしながら、欧米などの諸外国では、既存ストックの再生が建築プロジェクトの半分近くを占める国も多く見られる。日本でも、環境への配慮、経済的な停滞、人口減少による余剰ストックなどの要因によって、再生工事が増加しており、再生のための構法計画が必要とされてきている。

・再生レベル

集合住宅の再生の内容は、たとえば結果として得られる性能レベルによって分類することができる（図4・3・1、4・3・2）。「再生の手法」のレベルⅠとは、「初期性能への回復」を目的とする再生行為であり、建設時の性能状態に戻す再生である。この行為は、一般的に「修理」や「修繕」「補修」と呼ばれる。レベルⅡとは、「再生行為の行われる時点での標準性能への引き上げ」を目的としている。たとえば、20年前の建設時には一般的であった浴室内部設置型の風呂釜を、20年後に一般的になった屋外型の風呂釜に変更し、浴槽を広げて足を伸ばせるようにする、といった変更である。これは「改良」・「改修」と表現できる。レベルⅢは、「空間性能の包括的引き上げ」を目的とするもので、たとえば、2つの住戸を1つにして面積を一気に2倍にしてしまうといった再生を指す。広い意味では、「建替え」も環境の「再生」行為に含めることができる。上記のレベルⅠ～Ⅲで再生するよりも、古い建物を壊して新しい建物を建てたほうが社会的・経済的・環境的に有利であると判断される場合には、「建替え」という「第4の選択肢」が選ばれることになる。「コンバージョン」「用途変更」「転用」と呼ばれる、建物用途を変更する再生行為も行われる。再生に伴って、建物の性能は賦活更新され、結果として建物の長寿命化が可能となる。

・組織と合意形成

再生の実行においては、関係主体の合意形成が必要である。合意形成メカニズムを、合意に関わる主体が

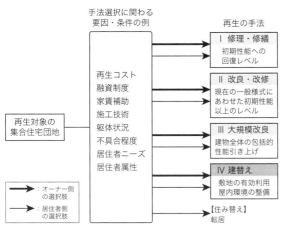

図4・3・1　再生手法のレベル

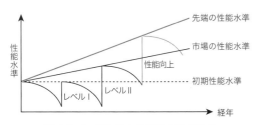

図4・3・2　再生による性能水準の変化

図4・3・3　再生手法のボキャブラリ

図4・3・4　建築再生の事例（戸畑図書館、2014年、福岡県）[1]

再生から得る効用（以下「再生効用」）と、主体の費用負担による非効用の関係に着目することにより記述すると、合意という意思決定は、関連主体 P1（住み手）・P2（所有主体）・P3（公共主体）の再生効用が、各々の費用負担を上回ることによって成立する。再生工事前にその成立を確認するプロセスが合意形成である。再生における合意形成を扱う上では、再生の規模によって意思決定に関わる住民の範囲を考えることが重要である。たとえば、集合住宅団地を例にとると、住戸内の再生（住戸レベル）は家族の構成メンバーで決定すれば良いのに対して、階段やエレベーターといった住棟共用部の再生（住棟レベル）は数戸〜数十戸分の家族が決定に関わってくる。団地内の公園や駐車場の再生は、さらに幾つかの住棟が集まった地区全体（地区レベル）の問題である。こういった関わりの範囲に加え、地区外を含めた社会的意思決定レベル（社会レベル）の考慮も必要となる。再生構法計画は、既存の利用者が存在しない新築用の構法とは異なり、合意形成の技術を含めることが必要となる。

(2) 再生のボキャブラリ

適切な再生レベルが合意形成とともに選択され、再生のための要求条件が決定された後に、再生構法が策定される。大規模な再生構法として一般的なものは、たとえば集合住宅の場合、「バルコニーの室内化」「エントランスの改造」「屋上増築」「エレベーターの付加」などがある（図4・3・3）。21世紀の建築に求められる「環境負荷の軽減」も、再生の重要な目的となっている。また、「空間」だけでなく、「人々の経済状況の再生」が空間再生と同時に行われることもある。

(3) 建築再生事例

建築の再生工事は、一般的に、調査・検査、設計、減築、解体・躯体の補修、耐震補強、内外装工事というプロセスで進行する。図4・3・4は、築80年以上経過した旧区役所庁舎を図書館にコンバージョン（用途変更）した再生事例（設計：青木茂建築工房）の空間再生操作を示した図である。帝冠様式の外観を保存しつつ、内部へ鉄製のアーチフレーム補強を行うことにより、新しい機能と新築並みの安全性を実現している。

1 減築による当初建物への復元

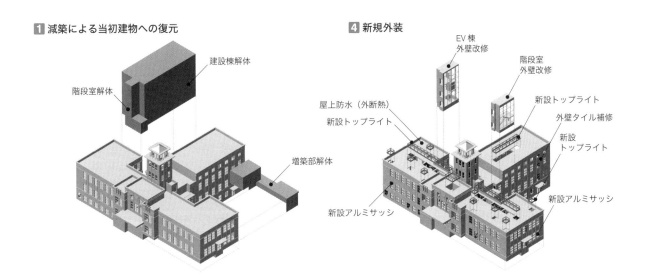

階段室解体

建設棟解体

増築部解体

4 新規外装

EV 棟
外壁改修

階段室
外壁改修

屋上防水（外断熱）

新設トップライト

新設トップライト

外壁タイル補修

新設
トップライト

新設アルミサッシ

新設アルミサッシ

2 解体による軽量化
　 躯体補修
　 中性化対策

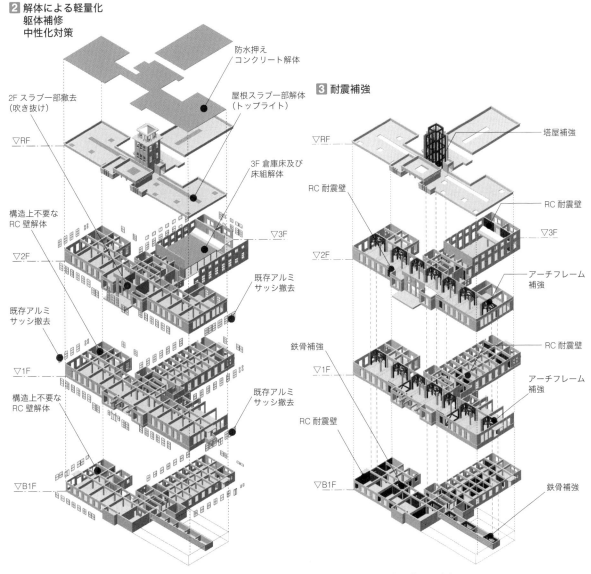

防水押え
コンクリート解体

屋根スラブ一部解体
（トップライト）

2F スラブ一部撤去
（吹き抜け）

▽RF

3F 倉庫床及び
床組解体

構造上不要な
RC 壁解体

▽3F

▽2F

既存アルミ
サッシ撤去

既存アルミ
サッシ撤去

▽1F

構造上不要な
RC 壁解体

既存アルミ
サッシ撤去

▽B1F

3 耐震補強

塔屋補強

▽RF

RC 耐震壁

RC 耐震壁

▽3F

▽2F

アーチフレーム
補強

RC 耐震壁

鉄骨補強

▽1F

アーチフレーム
補強

RC 耐震壁

▽B1F

鉄骨補強

図 4・3・4 (続き)　建築再生の事例（戸畑図書館、2014 年、福岡県）[1]

4・4 現代の構法計画

1 構法計画における最近の対応課題

建築を取り巻くさまざまな環境が変化する中で、高度化・多様化する社会・市場ニーズに応えるため、さまざまな分野で新しい取り組みが行われている。最近の注目すべき社会環境の変化としては、東日本大震災によって再確認された安全・安心の向上、低炭素化を目指す地球環境の保全、建築の資産価値保全などの経済的価値観の変化への対応などがある。

これらの変化を受けて、現代の建築は以下の課題への対応が求められている。

①大規模地震防災対応等の事業継続計画（BCP: Business Continuity Plan）（図4・4・1）に基づく施設機能・性能の向上

②性能保証に対応した安全性、耐久性、環境性、資産性等の施設性能の保証

③地球環境負荷を低減するための施設の省エネ化、低炭素化、ゼロエミッション化

④施設の長期耐用化、プロパティマネジメントに対応した施設価値の向上

⑤事業性重視の観点からの施設建設の短工期化・ローコスト化

これらの課題を解決するための技術開発として以下

の取り組みが行われている。

①リスク評価に基づく施設機能・性能向上技術としての地震防災対応の免震・制震構法、被害予測・リスク評価シミュレーション技術の開発

②性能保証対応の評価手法としての性能モニタリング技術および設計施工手法としての工業化・複合化等の合理化構工法の開発

③環境に配慮したゼロエミッション施工・資源循環システムの開発

④施設の長寿命化・価値保全を目指す耐震改修術、免震レトロフィット工法の開発

⑤生産性向上を目指す合理化施工システム、ユニット化生産システム、BIM（Building Information Modeling）等を利用した情報化生産管理システムの開発

現代の構法計画では、これらの技術を活用して建築

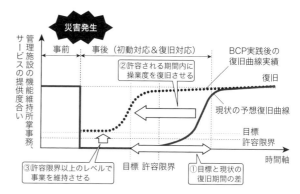

図4・4・1　BCPの概念[1]

構造解析シミュレーション

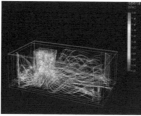

気流解析シミュレーション

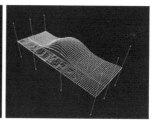

振動解析シミュレーション

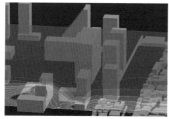

風環境シミュレーション

視環境シミュレーション

図4・4・2　性能シミュレーションの例（構造、温熱環境、床振動、視環境）[2]

に要求される性能・品質を合理的に確保していくことが求められる。

①施設機能・価値向上への対応

大規模化する自然災害リスクに対応するためには、建築に必要とされる性能基準の設定が重要である。最近では、この設定を事業継続計画（BCP）や生活継続計画（LCP：Life Continuity Plan）に基づいて検討する方向にある。

事業継続計画（BCP）では、優先業務を特定し、目標とする復旧時間・復旧レベルの設定、その継続に必要な要素の保全等を図り、可能な限り短い期間で事業活動上最も重要な機能を再開できるように、事前に計画・準備し、継続的メンテナンスを行う。

構法計画においても、事業継続の観点からリスク評価を行い、計画シミュレーションに基づき要求性能水準を設定し、それを実現できる耐震・制震・免震等の技術を評価していく必要がある。

②施設性能保証への対応

生産施設、医療施設、情報施設などでは、事業継続への要請とともに、耐震性能のみならず振動性能、クリーン環境性能、省エネルギー性能などにおいて保証が求められる要求性能が高度化している。また、規制緩和、建築基準法改正、住宅性能表示制度の確立、性能発注への対応等により施設性能保証に対する要求も高まっている。

構法計画においても、性能規定化に対応できる各種の合成構造・混合構造や防耐火構造等の設計技術や性能検証のためのシミュレーション技術（図4・4・2）とともに、低炭素・省エネルギー等の設備性能を検証するためのエネルギー管理システムや、構造の健全性を評価するためのモニタリング装置を用いた構造ヘルスモニタリングシステム（図4・4・3）などの性能検証・評価技術の利用についても検討する必要がある。

③地球環境保全への対応

省エネルギー化は、限りあるエネルギー資源に対する取り組みであり、低炭素化は気候変動への対応である。建築の断熱性の向上とともにパッシブエネルギーや再生可能エネルギーの利用などに取り組むことは重要である。

特に、構法計画においては、資源の消費を最小にすること、資源再利用を最大にすること、再生可能な資源・リサイクル可能な資源を用いることを検討しなければならない。また、既存建物やそれを構成する部材の有効利用を図ることも重要であり、耐震改修や用途変更改修とともに地下部分や杭の再利用や、風格・品格に優れた建物そのものや外壁・外装をできるだけ保存・再

図4・4・3　構造ヘルスモニタリングの設置例[3]
建物の構造部材に取り付けた加速度センサーや変位センサーで、地震によって建物に加わった力やそれによる建物の変位の程度などを測定し、迅速に建物の健全性を診断できる。

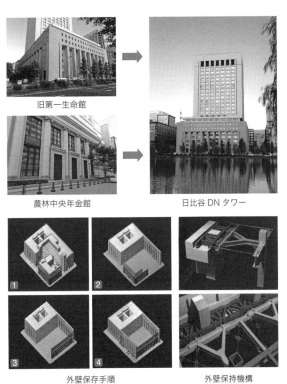

旧第一生命館　　　　　　　　　　日比谷 DN タワー

農林中央年金館

外壁保存手順　　　　　　外壁保持機構

図4・4・4　外壁の再利用例（日比谷 DN タワー）[4]

利用することも検討しなければならない（図4・4・4）。

また、最近では建築躯体部材の再利用を可能とする構法の開発も行われている（図4・4・5）。

④施設の長寿命化・価値保全への対応

ストック型社会では、これまでの「つくってはこわす」というスクラップアンドビルドではなく、長期間の耐用性を有する建築など社会資産の蓄積を重視している。

国土交通省の推進する長期優良住宅は、超長期にわたって循環利用できる質の高い住宅を供給し、きちんと手入れして長く大切に使う住宅の普及を目指す施策であり、図に示す耐震性、耐久性、可変性、更新性、維持管理容易性、バリアフリー性などについて一定の認定要件を設けている（図4・4・6）。

最近では、施設を利用する際に新築建物を建設するのではなく、既存建物を評価して取得することが増えている。このような場合に、取得建物の法的・経済的・物理的なリスクや経済的予測を把握するために、事前に調査を行うことは、デュー・デリジェンス（Due Diligence）といわれている。

建物の費用対効果の評価には、建物を企画・設計・建築し、その建物を維持管理して、最後に解体・廃棄するまでの、建物の全生涯に要する費用の総額であるライフサイクルコスト（Life Cycle Cost）が一般的に用いられる。

構法計画に対する評価においても、建設段階の初期投資だけで評価するのではなく、運用段階で要する費用を含めた総費用で評価することが適切である。

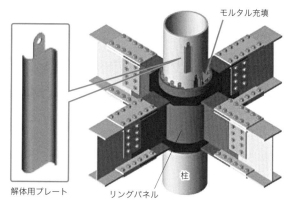

モルタル充填
解体用プレート
リングパネル
柱

図4・4・5　部材リユース対応型柱・梁接合構法の例[5]
鉄骨柱・梁をリングパネルという鋼製の接合部品を介して剛接合する構法で、梁とリングパネルは高力ボルトによって、柱とリングパネルはモルタルや粘弾性体等を充填することで剛接合される。充填部にはZ形のプレートを挿入しておき、このプレートを引き抜いて柱とリングパネルの間に空隙をつくり、柱と梁を無傷で解体できる。

構造躯体の耐久性
数世代にわたり住宅の構造躯体が使用できること ●措置の例 鉄筋が錆びないように措置を講じること

構造躯体の耐震性
大規模な地震の後、構造躯体の必要な補修をすることによって使用を継続できること ●措置の例 地震力に対して強い構造とするか、地震力を弱める工夫をすること

住環境への配慮
住環境に関する地方公共団体が行う各種の規制・誘導措置に沿って、良好な住環境が確保されていること

変化に対応できる空間の確保
居住者のライフスタイルの変化等に応じて間取りの変更が可能な措置が講じられていること

●間取りの変更のイメージ

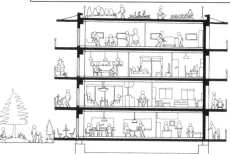

水廻りの大幅改修
間仕切りの新設
収納の移動

長期に利用される構造躯体において対応しておくべき性能
①必要な断熱性能等の省エネルギー性能が確保されていること ②将来のバリアフリー改修に対応できるよう共用廊下等に必要なスペースを確保

計画的な維持管理
定期的な点検・補修等に関する計画が策定され、点検等の履歴が蓄積されること等 〈記録される情報内容〉 ・設計図書等 ・材料・設備 ・施工者名 ・点検、補修、リフォームの実施時期・内容 　　　　　　　　　　　　　　　　等

内装・設備の維持管理の容易性
構造躯体に比べて耐用年数が短い内装・設備について、維持管理（清掃・点検・補修・更新）を容易に行うために必要な措置が講じられていること ●措置の例 専用、共用の配管の点検・交換等が容易に行えること （点検等が構造躯体の仕上げに影響を及ぼすことなく実施できること等）

図4・4・6　長期優良住宅（共同住宅）の認定基準[6]

⑤施設生産の生産性向上

　最近の建築技術者および技能労働者の不足に対応しながら、高性能化・複雑化する施設を建設するにあたって、構成部材をできるだけ単純化・標準化・規格化して工場生産の割合を増やし、現場では、機械力を用いて合理的に建設・管理するための部材接合部や接合法などの開発が進められている。

　構造材料が高強度になると、躯体工事において、より大型のPCa部材（図4・4・7、4・4・8）や複合ユニット等の活用が図られ、省人化と作業時間の短縮が進むと期待されている。

　コンクリート・鋼材を始め構造材料が高強度化していく中、複雑な形状の大型建築物を構造性能・生産性・経済性を含めて最適な構法と施工法の組み合わせを追求することが重要となっている。それに伴いBIMをはじめとするICTの活用が推進され、構法計画においても利用が進んでいる。

2　建築生産合理化の概念と構法計画

　現在の建築生産は高度に分業化し専門化が進んでおり、プロジェクトごとにあるいはその段階ごとに、異なる組織の多様な専門家が協働する生産システムとなっている。

　また、構工法に関する技術開発も高度化しており、基本計画や基本設計のような生産プロセスの初期段階から合理化構工法の適用を検討することの重要性が認識されている。

　構法と工法に関する情報や知識を幅広く収集し設計と施工の間で共有するとともに、設計・製造・施工の技術者が協力して綿密な検討を行い、その多様な組み合わせを評価しながら設計計画と施工計画を並行して進めることが重要となっている。

　建築生産工業化、生産設計、ビルダビリティ（Buildability）、コンストラクタビリティ（Constructability）は、このような分業化と専門化が進んだ建築生産において、生産面からの検討を効率的かつ的確に行うための仕組みであり、また概念と位置づけることができる。

①建築生産工業化

　建築生産合理化の概念として最も早く提唱されたのは、建築生産工業化である。建築生産工業化の定義としては以下の6項目からなる国連ヨーロッパ経済委員会による定義が最も包括的かつ合理的な定義とされている[注1]。

1) 需要の安定した流れをも意味する生産の連続性
2) 生産物の標準化
3) 全生産プロセスの各段階の統合
4) 作業の高度な組織化
5) 手作業に代わる可能な限りの機械化
6) 生産と密着した研究および組織的実験

　建築生産工業化のもつ概念は、現場作業の工場への移行ばかりでなく、設計機能と施工機能の統合と分散による効率的な生産機能の構築など、建築とその生産システムを合理的に確立することに重点が置かれている。

②生産設計

　古阪は生産設計を「設計段階でつくりやすさ、経済性、品質の安定性などの点から設計を見直し、施工の実現性を図ること」と定義している[注2]。

　したがって、本来、生産設計は設計段階において設計側で行うものである。しかしながら、設計と施工の間で相互調整する範囲は広く、現実には生産設計の進

図4・4・7　梁2スパンPCa[7]

図4・4・8　柱梁接合部一体型PCa[8]

め方もプロジェクトの特質によって異なる。

生産設計活動における5つの基本項目を以下に示す。

1) 生産に有利な構工法の選定：有効な構工法の選択と同時に、それらの信頼性付与と入手性の検討を行う。

2) 寸法精度の設定：寸法公差や代用特性の規定を含めた設計品質を確定する。

3) 最適材料の選択：信頼性・保全性を考慮して材料選択を行う。

4) 構造の単純化・規格化・標準化：部品・部材の標準化、標準品・規格品の利用、繰返し性の活用を意味し、躯体断面の標準化はその代表例である。

5) 市販品や規格品の採用：発注してから納品されるまでのリードタイムの考慮とその工程表作成、また市販品や規格品市況の理解を含む。たとえば、RC造躯体におけるプレキャストや工業化製品を採用する場合、その採用部位、設計詳細、接合方法、施工性などの検討を設計段階において行うことである。鉄骨製品は市況によりリードタイムが非常に長くなることがあり、施工段階において構造や構法の変更を余儀なくされた事例もある。やはり設計段階での検討が重要であることを示している。

表4・4・1　ビルダビリティの設計原則9)

1. 十分な調査
2. 設計段階における現場でのアクセスの検討
3. 設計段階における資材置場の検討
4. 地下工事の工期を最小化する設計
5. 上部躯体・止水工事の早期完了可能な設計
6. 適切な材料の使用
7. 採用可能な技能を考慮した設計
8. 単純な組み立てを考慮した設計
9. 繰り返し／標準化を極力高めた設計
10. 仮設設備の最大利用
11. 妥当な誤差の容認
12. 作業の現実的な順序関係の考慮
13. 手戻り作業を避ける納まりの採用
14. 後続作業による損傷を避ける計画
15. 安全施工を考えた計画
16. 確実なコミュニケーション

表4・4・2　コンストラクタビリティを改善する戦略10)

1. 改善された生産システムの採用
2. 設計の単純化と要素の組み合わせ
3. 設計の標準化と要素の繰り返し
4. 情報の利用可能性の改善
5. 情報の理解性の改善
6. 施工順序の改善
7. 仮設設備、道具の使用方法の改善
8. 施工者・設計者間のコミュニケーションの改善

③ビルダビリティ・コンストラクタビリティ

ビルダビリティは、「完成建物に要求されるすべての事項を満たすことを前提に、建築物の設計が施工を簡単にしている度合い」と定義されている注3。

ビルダビリティの3原則は「単純化」、「標準化」と「コミュニケーション」であり、設計段階で検討すべき16項目（表4・4・1）が挙げられている注4。

コンストラクタビリティは、「プロジェクトのすべての目的を達成するために、企画・設計・調達・現場作業に関して施工上の知識と経験を最大限利用すること」と定義注5され、これを向上させるための8つの戦略（表4・4・2）が示されている注6。

ビルダビリティ・コンストラクタビリティともに、設計が完了した後で設計計画や仕様書を見直すのではなく、設計・計画の初期段階におけるこれらの検討がより大きな成果をもたらすとしている。

3　構造躯体の単純化・標準化・規格化

最近の集合住宅の設計では、躯体（サポート）・内装設備（インフィル）・外装（クラディング）を分離したシステムとすることにより、より機能的な住宅を生産し供給することが求められている。このように自由なプランニングへの対応、内装・設備の更新のしやすさが求められる場合には、住空間内にできるだけ柱型や梁型の出ないシンプルな空間をつくるフラットプレート構造などが採用されている。

フラットプレート構造は、図4・4・9に示すように床

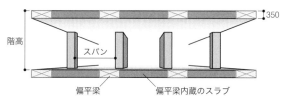

図4・4・9　フラットプレート構造の概要11)

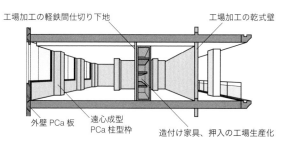

図4・4・10　フラットプレート構造における躯体の単純化・標準化による生産合理化12)

と同厚の偏平梁を配置することにより梁型の出ない空間を構成するRCラーメン構造のひとつであり、8階建てまでの建築物に使用できる。柱型はあるものの内部空間の自由度が極めて高い。また、内部の必要箇所に耐震壁を配置することで、外壁を非耐力壁とできるため、多様な外装が適用できる。

また、もともと躯体形状が単純であるが、さらに同一スパン、同一柱断面、同一階高とすることで、規格化された柱・外壁のPCa化を行うことができ、規格型システム型枠を転用する上でも有効である。

さらに、躯体天井高さが一定となるため、ALC、軽量鉄骨下地、プラスターボードなどの内装資材のプレカットが大量にできるため現場での廃棄物削減も図れる。

通常は梁と取り合いが生じるため種類が多くなる押入・クローゼットなどの木工事については、部品種類を限定した家具化が図れるため、将来の再利用も可能である（図4・4・10）。

衛生・空調配管については、躯体天井面が平らで梁貫通がないことから、さや管ヘッダー配管、プレファブ配管などの工場加工が可能なものを、より効率的に利用できる。

4　工法の特性を反映した構法計画

1990年代に開発された高層建築の自動化施工システムは、製造業のような生産方式の実現をめざし、全天候型の作業環境をつくり、その環境下で自動化やロボット化技術を全面的に導入し、工場生産された部材を自動搬送装置を用いて取り付け場所に搬送する革新的な生産システムである（図4・4・11）。

床工事では、早期に床上での作業ができるように、PCa工場で製作された大型の床PCa板を設置し、ジョイント部のみコンクリートを充填する方式としている（図4・4・12）。

鉄骨の柱や梁の接合部には自動搬送でおおよその位置に部材を運べば位置が決められるようにガイド機構を採用している（図4・4・13）。

工場生産のユニット・カーテンウォールについても、上下のユニットの接合部に落とし込み式のワンタッチジョイントを採用している（図4・4・14）。このような革新的な生産システムの導入においても、工法の特性に適した部材構成や接合部を検討するなど、構法計画の果たす役割は大きい。

図4・4・11　全天候型自動化施工システムの内観 [13]

柱鉄骨と梁鉄骨の接合

ガイド
おおよその位置に部材を持っていけば位置が決まる機構。

柱鉄骨の接合

図4・4・12　床PCa板の設置 [14]

図4・4・13　自動化施工に適した鉄骨の接合部 [15]

5 建築躯体・設備・外装のユニット化構法

内装工事は多岐の業種にわたり作業工程も多様であるため、工事ごとに煩雑な工程調整が必要となり、標準化された無駄のない生産プロセスの確立が難しい分野である。

また、設備工事は、電気・空調・衛生設備ごとに、まとめて専門工事業者に委託している場合が多く、また発注者から分離発注される頻度も高いため、躯体工事と合わせたシステム化を進めにくい分野でもある。

最近、内装・設備と分かれて作業することにより生ずる時間的な無駄を排除しコストの縮減を図るために、1職種がすべての作業を行う多能工化と部品化・ユニット化を導入する動きが見られる。

これらのユニット化では、建築部位をフレームとして設備機材を取り付け、一体化する組立技術が開発されている。また、多能工施工のための内装・設備部品の開発や施工教育にも力が入れられている。

(1)ユニット・フロア構法 （図4・4・15）

鉄骨組み立て後に各フロア上で足場を使って天井面の内装・設備工事を行うのではなく、地上で小梁鉄骨・床デッキプレート・耐火被覆・天井内設備機器・配管を1つの平面ユニットとして組み立て、鉄骨組み立て時に、一括して取り付けるユニット・フロア（フロア・ユニットともいう）が、近年、多用されている。

ユニット・フロアの採用により、製作ヤードと取り付け場所での作業を並行して進めることができ、通常より仕上げ工事に早く着手できる。ただし、ユニット・フロアは通常、柱4本で囲まれた大きさのものを、施工速度に合わせて同時に複数製作しなければならないため、現場内に広い製作ヤードを確保する必要がある。

(2)ユニット・カーテンウォール構法

外装工事の安全性向上、生産性向上を目指して、外装カーテンウォールのユニット化工法の採用も進んでいる。ユニット・カーテンウォールとして工場生産することにより、防水処理が必要となる部材接合部を減らすなど品質確保がより確実になり、また、ノックダウン方式のカーテンウォールを現場で組み立てるよりは、施工速度も向上する。

最近の高層建築の外装には曲面が多用されている。このような建築では、外部足場を設置しにくいため無足場工法を前提としたカーテンウォールのユニット化が進められている。

ユニット化にあたっては、大量のカーテンウォールを標準化したユニットとして製造・設置できるようにすることが肝要である。たとえば東京モード学園では、カーテンウォールの高さを標準化し、鉄骨柱等の高さ

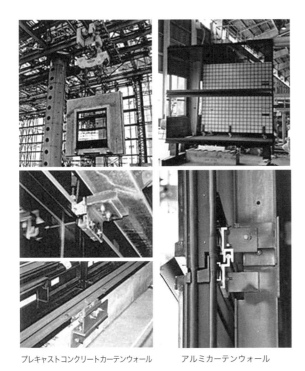

プレキャストコンクリートカーテンウォール　アルミカーテンウォール

図4・4・14　カーテンウォールのワンタッチジョイント [16]

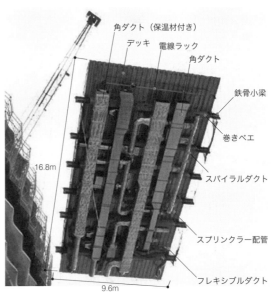

角ダクト（保温材付き）
デッキ
電線ラック
角ダクト
鉄骨小梁
巻きベエ
スパイラルダクト
スプリンクラー配管
フレキシブルダクト

16.8m
9.6m

図4・4・15　ユニット・フロア構法 [17]

を数 mm ずつ変えている。現在の加工技術によればこのような鉄骨部材の加工や寸法調整はさほど困難ではない（図 4・4・16、4・4・17）。

また、外装が曲面となる建物では、ユニット・カーテンウォールの取り付け精度を確保するために、設置場所の外周床を現場打ちコンクリートとせずに、PCa 床を用いることが多い。また、この PCa 外周床を利用して外周の安全設備を早期に設置できるため、安全性向上にもつながる（図 4・4・18、4・4・19）。

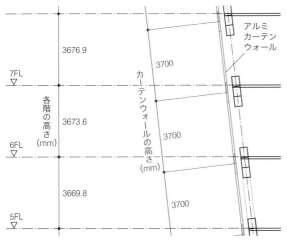

図 4・4・16　階高とユニット高さの関係 [18]

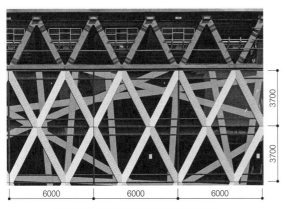

図 4・4・17　カーテンウォールの基本ユニット [19]

6　建築内装・設備の複合ユニット化構法

超高層オフィスビルなどの、同一平面計画において繰り返される内装・設備工事では、建築部位をフレームとして設備機材を取り付け一体化する建築設備一体ユニット化構法が採用される場合が多い。

(1)システムトイレ構法

工場製作したユニット部品および床を現地で組み立てることにより、トイレの内装・設備を完成させるユニット構法である。省スペース化が図れるため、リニューアル時にも適用されている。

トイレの施工は設備・内装の職種が輻輳して作業するため、このような部品化・ユニット化による省力化は有効である。なお、システムトイレでは床上配管が基本となる場合があり、排水管の勾配をとるために、パイプスペースまでの距離に注意する必要がある。

(2)キュービックトイレ構法

工場内で設備機器を含めてトイレを部屋ごと空間ユ

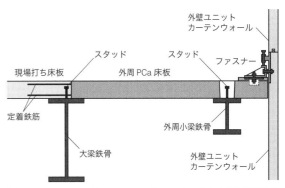

図 4・4・18　ユニット・カーテンウォールの取り付け部外周床の PCa 化

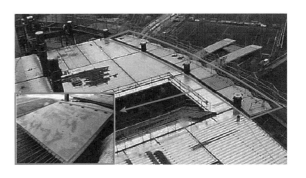

図 4・4・19　ユニット・カーテンウォールの取り付け部外周床の PCa 化の例 [20]

ニット化し、施工場所に搬入して組み立てるユニット構法である（図4・4・20）。工場生産化率が高いため現場作業の省力化と大幅な廃棄物削減が図れる。

一方、空間ユニットは車両での輸送が可能な大きさに制約され、従来構法では現場合わせで対応できる外装カーテンウォールと内壁との納まりの調整が難しくなる、ユニット間の接合部は、施工手順を考えた納まりの工夫が必要になるなど、空間ユニットとした場合の構法計画上の検討事項は増える（図4・4・21）。

(3)システム天井構法

天井工事は、電気配線および照明器具取り付けは電気工、空調ダクト配管および吹き出し口の取り付けは空調工、スプリンクラー配管およびヘッド取り付けは給排水工、天井下地およびボード張りは内装工と職種が錯綜した作業が行われている。

これを、天井材や照明器具などの仕上げ材と、空調ダクトなどの天井内設備機器を天井下地フレームに一体化したユニットとし、床上で組み立てて天井に設置

する（図4・4・22）。

このように建築内装・設備の複合ユニット化構法においては、単に現場作業の工場生産への移行ばかりでなく、現場作業における職種の統合、揚重作業と組立作業の分離による職種の作業範囲の変更、多職種によるチーム施工などの職種間協力のあり方の変更など、作業編成の合理化が目指されているものが少なくない（図4・4・23〜4・4・25）。

図4・4・20　キュービックトイレ構法[21]

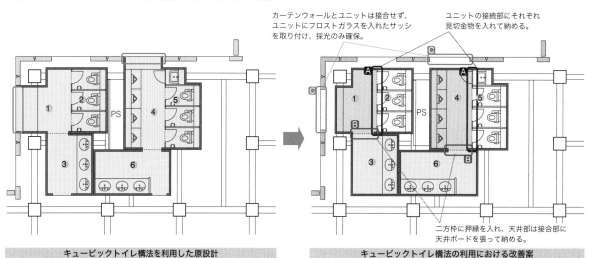

カーテンウォールとユニットは接合せず、ユニットにフロストガラスを入れたサッシを取り付け、採光のみ確保。

ユニットの接続部にそれぞれ見切金物を入れて納める。

二方枠に押縁を入れ、天井部は接合部に天井ボードを張って納める。

キュービックトイレ構法を利用した原設計

・ユニットの接合が可能な施工手順を検討し、搬送可能な大きさの6ユニットで構成。
・ただし、PCaカーテンウォールのサッシとユニットから伸びた袖壁の位置を合わせる納まりは、カーテンウォールの取り付け精度を考慮すると困難。

キュービックトイレ構法の利用における改善案

見切金物

二方枠上の接合部
（天井ボード後張り）

二方枠接合部
（押縁を取り付け）

フロストガラス入りサッシ

Ⓐの納まり　　Ⓑの納まり　　Ⓒの納まり

図4・4・21　キュービックトイレ構法の利用における接合部の工夫[22]

これは、内田祥哉によるサブシステムについての提言[注7]に示された、多くの職種をまとめてできる職種をつくること、1職種だけで取り付けができるように仕事をまとめること、そのために職種・種類の多いところを部品化・ユニット化するという考え方に通ずるものである。

また、「形の切れ目が仕事の切れ目」「接合の仕事は後からくるサブシステムの仕事」「かたい部品は先に、やわらかい部品は後で」という内田祥哉による提言も、ユニット化構法における部品構成や作業手順を考える上で重要である。

図4・4・22　システム天井構法[23)]

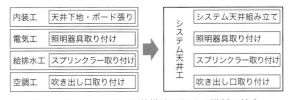

図4・4・23　システム天井構法における職種の統合

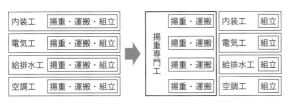

図4・4・24　キュービックトイレ構法における揚重・組立作業の分離による作業範囲の変更

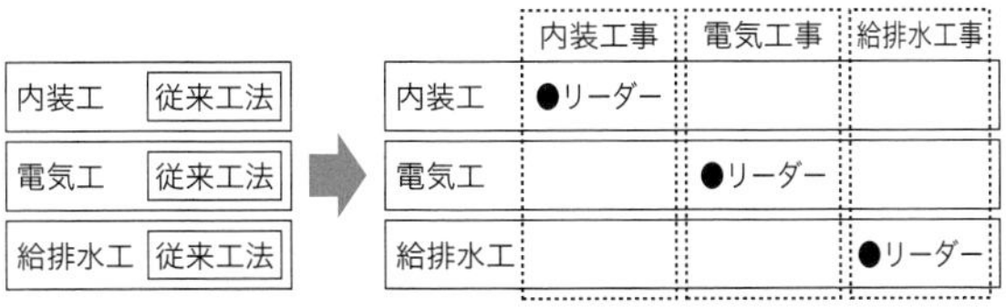

		内装工事	電気工事	給排水工事
内装工	従来工法	●リーダー		
電気工	従来工法		●リーダー	
給排水工	従来工法			●リーダー

図4・4・25　システムトイレ構法における多職種のチーム施工による職種間協力

7　構法計画におけるBIMの利用

BIMとは、「Building Information Modeling」の略称であり、コンピュータ上に単に3次元で物体の形が表現できるというだけでなく、構成される空間や各部材・機器等に、仕様・性能、コスト等の属性情報を持たせた建物情報モデルを構築したものである（図4・4・26）。

設計段階では、顧客要求や社会的要求を建築に盛り込み、コンセプト実現に向けたさまざまな発想や工夫により、建築価値の向上を目指すことが求められる。

このような場合、BIMを活用することで、3次元で建物の完成イメージをわかりやすく「見える化」できるため、従来の図面やパースなどによる説明に比べ顧客の理解をより深めることができ、早期の合意形成につながる。

BIMを用いることで、意匠・構造・設備設計における各種検討・解析を通じて設計段階で課題を明らかにし、それを解決することでさらなる品質の向上と整合のとれた設計計画や設計図書の作成ができる。

たとえば、図4・4・27のように天井内において鉄骨梁と設備ダクトなどの干渉部分の確認や、図4・4・28のカーテンウォールファスナーの納まりや必要部品の確認を3次元で把握できる

また、BIMを利用する場合、1つの図面を修正すると関連する他の図面に自動的に反映されるため、平面・立面・断面・パース間で食い違いが発生しない。

図4・4・29は、実施設計段階の鉄骨BIMをもとに、施工計画段階で鉄骨工事に必要な仮設部品や補強部材

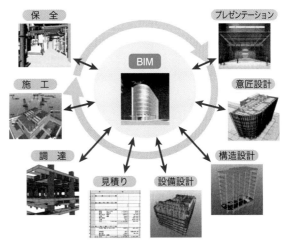

図4・4・26　BIMの概念[24)]

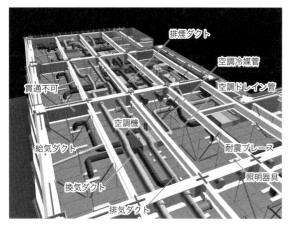

図 4・4・27　天井内の納まり検討 [25]

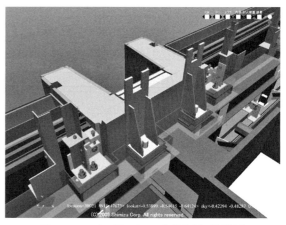

図 4・4・28　カーテンウォール接合部の検討 [26]

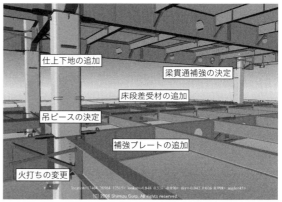

図 4・4・29　鉄骨 BIM（実施設計段階と施工計画段階）[27]

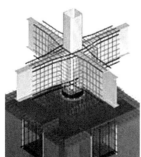

図 4・4・30　免震部の鉄筋納まり検討 [28]

を付加したもので、実際の鉄骨製作にはこのような詳細情報の確定が必要である。

　従来は、詳細施工図や模型をつくって検討していた、鉄骨や免震装置と鉄筋の複雑な納まりや PC 部材の接合部の検討も、BIM を利用することで施工手順を含めて視覚的に検討できる（図 4・4・30）。

　特に、設計施工一括プロジェクトでは、設計が終了してから施工計画を検討するのではなく、プロジェクトの初期段階から設計・施工が一体となって計画検討を行い、その情報を BIM に反映させていくことで、建物・図面情報が一元管理され、プロジェクト全体を通じて意匠・構造・設備間の整合性を確保できる。

　また、実施設計段階における設計検討が、基本計画・基本設計段階にシフトされ、初期段階で問題点の発見と解決が図れるため、手戻りも少なくなり、設計・施工の全体業務の効率化につながる。

　このように BIM を建築プロジェクトの設計から施工、さらには維持管理・保全に至るまでのライフサイクル全体で一貫して活用することにより、大きな効果が得られると考えられている。

＊注
1　UNITED NATIONS ECONOMIC COMISSION FOR EUROPE, *GOVERNMENT POLICIES AND COST OF BUILDING*, 1959.
2　古阪秀三編著『建築生産 (改訂版)』(理工図書、2017) pp.60 ～ 61
3　A. Griffith, *Buildability, the effect of design and management on construction*, 1984.
4　Stewart Adams, *Practical Buildability*, CIRIA building design report, 1989.
5　Construction Industry Institute, *Constructability Concepts File*, 1987.
6　C. H. Oglesby *et al.*, *Productivity Improvement in Construction*, 1989.
7　内田祥哉『建築の生産とシステム』(住まいの図書館出版局、1993) pp.148 ～ 156

● 1・1
1) 西田雅嗣・矢ヶ崎善太郎『カラー版 図説 建築の歴史』（学芸出版社、2013）
2) 同上

● 1・2
1) 〈建築のテキスト〉編集委員会編『改訂版 初めての建築一般構造』（学芸出版社、2014）p.173、図6・49（左上）に著者加筆

● 1・3
1) 真鍋恒博『図解 建築構法計画講義』（彰国社、1999）p.32、図2-4（下）

● 1・4
1) 西田雅嗣・矢ヶ崎善太郎『カラー版 図説 建築の歴史』（学芸出版社、2013）
2) 写真提供：富岡市
3) 写真提供：前川建築設計事務所
4) ©ercwttmn「Eames House0」2004（https://commons.wikimedia.org/wiki/File:Eames_House0.jpg、CC：表示ライセンス2.0で公開）
5) © 柳沢しげき「CentrePompidou」2004（https://ja.wikipedia.org/wiki/%E3%83%95%E3%82%A1%E3%82%A4%E3%83%AB:Pompidou.jpg、CC：表示－継承ライセンス3.0で公開）
6) ©PMRMaeyaert「Le Raincy-F-PAR-045」2007（https://commons.wikimedia.org/wiki/File:Le_Raincy-F-PAR-045.jpg、CC：表示－継承ライセンス3.0で公開）
7) public domain
8) ©gillfoto「London Zoo 40393」2014（https://commons.wikimedia.org/wiki/File:London_Zoo_40393.jpg、CC：表示－継承ライセンス4.0で公開）

● 2・1
1) 数値は国立天文台編『理科年表 平成30年』（丸善、2017）による
2) 提供：富山県農林水産総合技術センター 木材研究所・鈴木聡氏

● 2・2
1) 日本建築学会『木質構造設計規準・同解説 —許容応力度・許容耐力設計法—（第3版）』（2006）p.155、図403.1「強度比と荷重継続期間の関係」に着色し、凡例を加筆

● 2・3
1) 模型所有：通潤橋史料館
2) 川口衞 他『建築の絵本 建築構造のしくみ』（彰国社、1990）p.96（＊1、＊2は著者加筆）
3) 各架構図の出典：坪井善昭・田中義吉・東武史編『建築ノート2 空間と構造フォルム』（建築知識、1980）p.21

● 2・5
1) 国交省資料『木材を利用した耐火構造の技術的手法の整理、比較検討』（2013）をもとに作成
2) 森林総合研究所監修『改訂4版 木材工業ハンドブック』（丸善、2004）および屋我嗣良、河内進策、今村祐嗣編『木材科学講座12 保存・耐久性』（海青社、1997）を参考に作成
3) 日本建築学会『構造用教材（改訂第3版）』（丸善、2014）p.28、図4「積層材の取付け方法」のうち（c）軸ボルト
4) 左上図の出典：住宅金融支援機構 編著『【フラット35】対応 木造住宅工事仕様書 2019年版』（井上書院、2019）p.84、参考図5.2.1-1
5) 日本建築学会『構造用教材（改訂第3版）』（丸善、2014）p.18、

図1「和小屋・切妻」および図2「和小屋・寄棟」（右下の外観図は著者作成）
6) 林野庁『平成29年度 森林・林業白書』（2018）p.132、資料IV-9をもとに作成
7) Wales Forest Business Partnership, *Brettstapel production in other parts of the world; adapting techniques for utilisation of homegrown timbers in Britain*, 2014. などを参考に作成

● 2・6
1) ヴィジュアル版建築入門編集委員会 編『ヴィジュアル版建築入門3 建築の構造』（彰国社、2002）p.28、図3-12
2) 日鉄エンジニアリング株式会社ウェブサイト「日鉄エンジニアリングの鋼構造技術 — アンボンドブレース®」（https://www.eng.nipponsteel.com/steelstructures/product/base_isolation/unbondedbrace/、2019年12月1日閲覧）などを参考に作成

● 2・7
1) 異形鉄筋は、新日鉄住金エンジニアリングカタログ『異形棒鋼』を参考に作成
2) 数値等は日本建築学会『建築工事標準仕様書・同解説 JASS 5 鉄筋コンクリート工事2022』（2022年11月）による
3) 同上
4) 写真提供：日本鉄筋継手協会
5) 図は新日鉄住金エンジニアリングカタログ『建設用資材ハンドブック』（2018年4月）および東京鉄鋼カタログ『モルタル充填式継手』を参考に作成
6) 数値等は日本建築学会『建築工事標準仕様書・同解説 JASS 5 鉄筋コンクリート工事2022』（2022年11月）による
7) 同上
8) 全体図は日本建築学会『構造用教材（改訂第3版）』（丸善、2014）p.48、図6「型枠の構成」をもとに作成
9) 写真提供（左から）：JFE建材、東京富士昭、清水建設、日本カイザー
10) 写真提供：（左上）日建リース工業、（右上・右下）清水建設、（左下）三井住友建設
11) 数値等は日本建築学会『建築工事標準仕様書・同解説 JASS 5 鉄筋コンクリート工事2022』（2022年11月）による
12) 日本建築学会『構造用教材（改訂第3版）』（丸善、2014）p.46、図2「ラーメン構造」をもとに作成
13) 同p.54、図1「壁式鉄筋コンクリート造」のうち「(a) 壁式鉄筋コンクリート構造」をもとに作成
14) 清水建設資料に加筆
15) 写真提供：（一品成型）エスシープレコン、（連続成型）富士ピー・エス、（遠心成型［2枚］）戸田建設

● 2・8
1) 数値等は日本建築学会『プレストレストコンクリート造建築物の性能評価型設計施工指針（案）・同解説』（2015年2月）による
2) 数値等は日本建築学会『プレストレストコンクリート設計施工規準・同解説』（2022年3月）による
3) 数値等は日本建築学会『プレストレスト鉄筋コンクリート（III種PC）構造設計・施工指針・同解説』（2003年2月）による
4) 住友電工カタログ『SMアンボンド工法』などを参考に作成

● 2・9
1) 数値等は日本建築学会『鉄骨鉄筋コンクリート造配筋指針・同解説』（2005年7月）による

● 2・10
1) 広島第一ブロック協同組合の製品資料を参考に作成
2) 数値等は日本建築学会『壁式構造関係設計規準集・同解説（メーソンリー編）第2版』（2006年3月）による
3) 数値等は日本建築学会『壁式構造関係設計規準集・同解説（メーソンリー編）第2版』（2006年3月）および日本建築学会『建築工事標準仕様書・同解説 JASS 7 メーソンリー工事』（2006年3月）による
4) 日本建築学会『壁式構造関係設計規準集・同解説（メーソンリー編）第2版』（2006年3月）p.302 解説図2.1に著者着色および説明加筆
5) 日本建築防災協会『あなたがつくるブロック塀等は大丈夫ですか？』（2019年3月）を参考に作成
6) 数値等は日本建築学会『壁式構造関係設計規準集・同解説（メーソンリー編）第2版』（2006年3月）による
7) 同上

● 2・11
1) 清水建設資料をもとに作成
2) 新都市ハウジング協会『コンクリート充填鋼管（CFT）造技術基準・同解説』（2012年8月）の図に著者着色
3) 写真提供：新都市ハウジング協会、図の出典：新都市ハウジング協会『コンクリート充填鋼管（CFT）造技術基準・同解説』（2012年8月）の図に著者着色
4) 日本建築学会構造委員会鋼コンクリート合成構造運営委員会『柱RC梁S混合構造設計施工指針（案）の作成に向けて』（2017年8月）p.1、図-2「柱梁接合部の基本形（非梁貫通形式）」に著者着色
5) 同 p.9、図1.1「対象とする柱梁接合部のディテール」に著者着色
6) 山﨑雄介『R&D Activities with Improvement of Productivity toward Construction Innovation』（第3回国際発注・契約研究会議、2014年9月）
7) 山﨑雄介『R&D Activities with Improvement of Productivity toward Construction Innovation』（第3回国際発注・契約研究会議、2014年9月）、および山﨑雄介『複合構造による超高層建築にみる施工技術・管理技術の進化』（日本建築学会 建築生産セミナー、2015年1月）＊
8) 同上＊
9) 清水建設資料をもとに作成
10) 清水建設資料をもとに作成
11) 山﨑雄介『R&D Activities with Improvement of Productivity toward Construction Innovation』（第3回国際発注・契約研究会議、2014年9月）、および山﨑雄介『複合構造による超高層建築にみる施工技術・管理技術の進化』（日本建築学会 建築生産セミナー、2015年1月）＊
12) 山﨑雄介『複合構造による超高層建築にみる施工技術・管理技術の進化』（日本建築学会 建築生産セミナー、2015年1月）＊
13) 同上＊
※末尾に＊印を付したものは写真撮影者不明。

● 2・12
1) 写真提供：新日鉄住金エンジニアリング
2) 写真提供：巴コーポレーション（東京国際展示場東展示棟）、東京都（東京アクアティクスセンター）、竹中工務店（ワールド記念ホール、横浜アリーナ）、札幌ドーム（札幌ドーム）
東京アクアティクスセンターの写真は、東京都公式動画チャンネル『東京動画』内「【東京2020大会】東京アクアティクスセンター　第三回屋根リフトアップ工事動画」（https://tokyodouga.jp/gID345Xfhiw.html）より取得

3) 「開発進む、「超高層ビル」構造建築技術」『超高層ビル情報』2009年10月11日（http://toolbiru.web.fc2.com/topic/top-09.10.11.htm）などを参考に作成
4) 写真提供：三井不動産（左上・左下）、日本ファブテック（中上）、写真出典：三菱地所編『横浜ランドマークタワー』（三菱地所、1994）（中下）、永田町二丁目地区開発協議会『再開発地区計画のすべて：AIUEO・Nによる複合市街地の再生：永田町二丁目地区再開発／山王パークタワー』（廣済堂出版、2002）（右上・右下）
5) 清水建設資料をもとに作成
6) 写真提供：鹿島建設
7) 写真提供：清水建設
8) 写真提供：清水建設（上左・下）、大林組（上右）
9) 写真提供：清水建設
10) エスシープレコン資料などをもとに作成。写真提供：エスシープレコン（上から3枚）、大林組（上から4枚目）
11) 山﨑雄介『R&D Activities with Improvement of Productivity toward Construction Innovation』（第3回国際発注・契約研究会議、2014年9月）

● コラム
1) Yamazaki, Y., Tabuchi, T., Kataoka, M., et al., *3D/BIM Applications to Large-scale Complex Building Projects in Japan*, International Journal of High-Rise Buildings, Vol 3, No 4, Dec. 2014.
2) 同上
3) 同上
4) 同上
5) 全景写真の出典：©Kakidai「Coccoon-Tower」2016（https://commons.wikimedia.org/wiki/File:Coccoon-Tower.jpg）、CC：表示−継承ライセンス4.0で公開
架構図の出典：山﨑雄介・田淵統「情報化による生産合理化の展開」『建築技術』（No.721、2010年1月）
6) 山﨑雄介・田淵統「情報化による生産合理化の展開」『建築技術』（No.721、2010年1月）

● 3・2
1) 日本埋立浚渫協会「シリーズ『港湾土木工法の基礎知識』地盤改良(2)」『マリンボイス21』Vol.236（2004年3月）を参考に作成

● 3・3
1) 日本建築学会『構造用教材（改訂第3版）』（丸善、2014）p.101、図1「各部名称」、図5「鉄筋コンクリート造階段」、図7「鉄骨造階段」、および図9「組立式階段」（著者により部材名称等を省略）
2) 『東京都福祉のまちづくり条例　施設整備マニュアル（平成31年3月改訂版）』（東京都、2019）p.65、図4.2を参考に作成
3) 数値等は日本建築学会編『構法計画パンフレット7　手摺』（彰国社、1985）および『優良住宅部品認定基準　墜落防止手すり』（（財）ベターリビング、2016）による

● 3・4
1) 左図の出典：住宅金融支援機構 編著『【フラット35】対応　木造住宅工事仕様書　2019年版』（井上書院、2019）p.132、参考図6.3.7-2
中央図の出典：同 p.133、参考図6.3.10（左）
2) 妻木靖延、渋谷五郎・長尾勝馬 原著『新訂 日本建築』（学芸出版社、2009）p.343、図23・15

● 3・5
1) 国土交通省大臣官房官庁営繕部整備課『建築工事標準詳細図 平成28年版』5-01-7をもとに編集・加筆して著者作成

● 3・6
1) ニチハ株式会社『設計施工資料集 2019　金属製外壁材・屋根材標準施工編』p.103 および p.106 の図をもとに作成
2) 関ヶ原石材株式会社ウェブサイト「施工方法」（http://www.sekistone.com/corporation/construction/）内、「コンクリート下地　乾式工法（ファスナー工法）」参考図および「コンクリート下地　空積工法」参考図をもとに作成
3) ALC 協会『ALC パネル取付け構法標準・同解説　平成 25 年版』（2013）p.14、解説図 2.1.1（左）（著者により着色、および一部部材名称を加筆・省略）
4) 日本電気硝子株式会社『ガラスブロック壁・歩行用　設計施工マニュアル』（2019 年 4 月改訂版）p.6 下部の図をもとに作成

● 3・7
※ 本編にも記載の通り、3・7 節の図版のうち特記なきものは、『カーテンウォールってなんだろう　2016』（一般社団法人 カーテンウォール・防火開口部協会、2016）をもとに作成した。図版掲載にあたり、一般社団法人 カーテンウォール・防火開口部協会の協力をいただいた。
1) 日本板硝子株式会社カタログなどをもとに作成
2) 写真提供：AGC 硝子建材株式会社

● 3・9
1) 泰成株式会社・万協株式会社ウェブサイト「万協フロアー〈集合住宅シリーズ　割付と納まり〉」（https://www.bankyo.co.jp/product/mansions/waritsuke.html）内、「納まり例 YPE-TG タイプ　掃き出しサッシ下枠部」の図をもとに作成
2) 『JIS A 6517：2010』図 1（石膏ボードは著者加筆）
3) 吉野石膏株式会社カタログ『A-2000・WI シリーズ』（2019 年 9 月）p.5 の透視図をもとに作成
4) 『JIS A 6517：2010』図 2
5) public domain
6) 写真提供：小松ウオール工業

● 3・10
1) 写真提供：長谷工
2) 同上
3) 同上
4) 写真提供：清水建設
5) 同上

● 4・1
1) Willy Boesiger, *Le Corbusier Oeuvre complete Volume5*, Birkhauser Publishers, 1995.
2) 内田祥哉『建築生産のオープンシステム』（彰国社、1977）p.245

● 4・2
1) 大阪ガス資料をもとに作成
2) UR 都市機構ウェブサイト「KSI 住宅　〜機構型スケルトン・インフィル住宅〜」（https://www.ur-net.go.jp/architec/effective/effective_h01.html）
3) 写真提供：大阪ガス
4) 大阪ガス提供資料をもとに一部修正
5) 集工舎建築都市デザイン研究所 提供資料をもとに一部修正
6) New Wave in Building 研究会 編、澤田 誠二・藤澤 好一 企画・監修『サステイナブル社会の建築—オープンビルディング』（日刊建設通信新聞社、1998）をもとに作成。原出典はヘルシンキ工科大学 ウルップ・ティウリ准教授による
7) 左上および左下の写真提供：Talli 建築設計事務所

● 4・3
1) 図版提供：青木茂建築工房

● 4・4
1) 国土交通省関東地方整備局「BCP の概念」（http://www.ktr.mlit.go.jp/bousai/bousai00000162.html）
2) 画像提供：清水建設
3) 写真提供：清水建設
4) 下段の出典：清水建設『DN タワー 21　歴史的建築物の保存と再生』（丸善、1996）
5) 画像提供：清水建設
6) 国土交通省資料「長期優良住宅認定基準」をもとに作成
7) 山﨑雄介『R&D Activities with Improvement of Productivity toward Construction Innovation』（第 3 回国際発注・契約研究会議、2014 年 9 月）＊
8) 同上＊
9) 古阪秀三編著『建築生産（改訂版）』（理工図書、2017）による翻訳。原典は Stewart Adams, *Practical Buildability*, CIRIA building design report, 1989.
10) 同書による翻訳。原典は C. H. Oglesby *et al.*, *Productivity Improvement in Construction*, 1989.
11) 高岡敏明 他「環境と共生する PCa」『建築の技術 施工』（No.366、1996 年 4 月）の図に著者着色
12) 同上
13) 写真提供：清水建設
14) 同上
15) 同上
16) 同上
17) 山﨑雄介『複合構造による超高層建築にみる施工技術・管理技術の進化』（日本建築学会 建築生産セミナー、2015 年 1 月）＊
18) 山﨑雄介『R&D Activities with Improvement of Productivity toward Construction Innovation』（第 3 回国際発注・契約研究会議、2014 年 9 月）をもとに作成
19) Yamazaki, Y., Tabuchi, T., Kataoka, M., et al., *3D/BIM Applications to Large-scale Complex Building Projects in Japan*, International Journal of High-Rise Buildings, Vol 3, No 4, Dec. 2014. ＊
20) 山﨑雄介『複合構造による超高層建築にみる施工技術・管理技術の進化』（日本建築学会 建築生産セミナー、2015 年 1 月）＊
21) 永田町二丁目地区開発協議会『再開発地区計画のすべて：AIUEO・N による複合市街地の再生：永田町二丁目地区再開発／山王パークタワー』（廣済堂出版、2002）＊
22) 永田町二丁目地区開発協議会『再開発地区計画のすべて：AIUEO・N による複合市街地の再生：永田町二丁目地区再開発／山王パークタワー』（廣済堂出版、2002）をもとに作成
23) 写真提供：清水建設
24) 田淵統「清水建設の建築施工における BIM の活用について」『建設コスト研究』（2010 年冬号）をもとに作成。画像は清水建設提供
25) 画像提供：清水建設
26) 同上
27) 同上
28) 同上
※末尾に＊印を付したものは写真撮影者不明。

その他の参考文献 （本書制作にあたり、全体的に参考にしたもの）

- AGC 株式会社ウェブサイト 「AGC Glass Plaza」（https://www.asahiglassplaza.net/）
- A. Griffith, *Buildability, the effect of design and management on construction*, 1984.
- Construction Industry Institute, *Constructability Concepts File*, 1987.
- UNITED NATIONS ECONOMIC COMISSION FOR EUROPE, *GOVERNMENT POLICIES AND COST OF BUILDING*, 1959.
- 井口洋佑『建築構法のしくみ ―建築空間構成・木質系建物―』（共立出版、2012）
- 今村仁美、田中美都『図説 やさしい建築一般構造』（学芸出版社、2009）
- 内田祥哉編著『建築構法 第五版』（市ヶ谷出版社、2007）
- 内田祥哉 他『建築構法計画』（鹿島出版会、1983）
- 内田祥哉『建築の生産とシステム』（住まいの図書出版社、1993）
- 太田博太郎『日本建築史序説 増補第三版』（彰国社、2009）
- 大塚雅之『初学者の建築講座 建築設備 第三版』（市ヶ谷出版社、2016）
- 大野隆司『新版 建築構法計画資料』（市ヶ谷出版社、2007）
- 『カーテンウォール性能基準 2013』（一般社団法人 カーテンウォール・防火開口部協会、2013）
- 霞が関ビルディング竣工 50 年記念誌編集委員会『霞が関ビルディング竣工 50 年記念誌』（三井不動産、2018）
- 公益財団法人 建築技術教育普及センター編『集合住宅のインフィル改修 インテリアの新技術』（井上書院、2014）
- 建築社会システム委員会『建築生産における施工技術の 30 年』（日本建築学会 第 30 回建築生産シンポジウム、2014 年 7 月）
- 「建設業協会賞 50 年 受賞作品を通して見る建築 1960-2009」『新建築』2009 年 12 月臨時増刊
- 澤村仁 他『新建築学大系〈2〉日本建築史』（彰国社、1999）
- 地盤工学会『地盤調査 基本と手引き』（2005）
- 嶋津孝之編集『鋼構造［第 2 版］』（森北出版、2003）
- 生誕 100 年・前川國男建築展実行委員会 監修『建築家 前川國男の仕事』（美術出版社、2006）
- 高田光雄「二段階供給（スケルトン・インフィル）方式の課題と展望」『都市住宅学』41 号（pp.2 〜 7、2003 年 4 月）
- 建物解剖学研究会編『建物解剖学』（井上書院、2014）
- 田中俊六監修『最新 建築設備工学 改訂版』（井上書院、2010）
- 張敏 他「天然ファイバーの引張強度と寸法との関係」『木材研究・資料』vol. 30（pp.32 〜 39、1994）
- 内藤和彦、橋本雅好、日色真帆、藤田大輔編著『設計に活かす建築計画』（学芸出版社、2010）
- 日本建設業連合会関西支部編『イラスト「建築施工」改訂版』（2014）
- 日本建築学会『型枠の設計・施工指針』（2011 年 2 月）
- 日本建築学会『壁式構造配筋指針・同解説』（2013 年 2 月）
- 日本建築学会『建築工事標準仕様書・同解説 JASS10 プレキャスト鉄筋コンクリート工事』（2013 年 1 月）
- 日本建築学会『合成構造設計規準』（2014 年 1 月）
- 日本建築学会『鉄筋コンクリート造配筋指針・同解説』（2010 年 11 月）
- 日本建築学会『鉄筋コンクリート柱・鉄骨梁混合構造の設計と施工』（2001 年 1 月）
- 松村秀一編著『3D 図解による建築構法 第二版』（市ヶ谷出版社、2016）
- 南一誠「N. J. ハブラーケン教授とオープンビルディング」『建材試験情報』2017 年 7・8 月号（pp.32 〜 38）
- 木質構造研究会編『新・木質構造建築読本』（井上書院、2012）

著者略歴

【編著者】

南 一誠 （みなみ・かずのぶ）　　［担当：3·5、3·7、3·8、4·2］

1956 年生まれ。1979 年東京大学工学部建築学科卒業、同大学院および MIT 大学院修了。専門は建築構法計画、建築計画・建築設計。郵政省大臣官房建築部、建設省官庁営繕部勤務を経て、2005 年から 2022 年まで芝浦工業大学教授。現在、芝浦工業大学名誉教授。博士（工学）、S. M. Architecture（MIT）、一級建築士。著書に『しなやかな建築』『時と共に変化する建築』、作品に郵便貯金地域文化活動支援施設（千葉、青森）など。

【著者】

池尻 隆史 （いけじり・たかし）　　［担当：1·2 ～ 1·4、2·5 の一部、3·1、3·4］

1976 年生まれ。1998 年千葉大学工学部建築学科卒業、同大学院修了。専門は建築生産、建築構法、建築計画。東京理科大学嘱託助手・嘱託助教、千葉大学助教を経て 2012 年より近畿大学建築学部講師。博士（工学）。

石山 央樹 （いしやま・ひろき）　　［担当：2·1、2·2、2·4、2·5 の一部、2·6、3·2、3·9 の一部］

1975 年生まれ。1998 年東京大学工学部建築学科卒業、同大学院修了。専門は木質構造、建築構法。住友林業筑波研究所主任研究員、中部大学工学部建築学科准教授などを経て、2018 年より大阪市立大学工学部建築学科准教授。現在、大阪公立大学大学院工学研究科准教授。博士（工学）、技術士（建設部門）、構造設計一級建築士。共著書に『本質を理解しながら学ぶ建築数理』（丸善出版）など。

岡路 明良 （おかじ・あきら）　　［担当：3·3、3·6、3·9 の一部、3·10 の一部］

1963 年滋賀県生まれ。1986 年東京大学工学部建築学科卒業後、鹿島建設建築設計本部に勤務。1995 年ハーバード大学デザイン学部大学院修了。現在、鹿島建設建築設計本部。関東学院大学建築・環境学部非常勤講師。一級建築士。

村上 心 （むらかみ・しん）　　［担当：1·1、2·3、4·1、4·3］

1960 年大阪生まれ。東京大学工学部建築学科卒業後、同大学院進学、1992 年東京大学大学院博士課程満了。椙山女学園大学講師、助教授・准教授を経て 2007 年教授。1997 年 TUDelft OBOM 研究所客員研究員。2011 年より遼寧工程技術大学客員教授。専門は建築構法計画、住宅地計画など。写真家。ハイパースペースクリエータ。博士（工学）。著書に『貨幣・緑・壁』『The Grand Tour　ライカと巡る世界の建築風景』（ともに建築ジャーナル）、共著書に『建築再生の進め方』（市ヶ谷出版社）、訳書に『サステイナブル集合住宅』（技報堂出版）など。

山﨑 雄介 （やまざき・ゆうすけ）　　［担当：2·7 ～ 2·12、3·10 の一部、4·4］

1951 年生まれ。1974 年東京大学工学部建築学科卒業。清水建設建築本部、技術開発本部、技術研究所勤務を経て、2014 年から 2022 年まで芝浦工業大学連携大学院客員教授。現在、特定非営利法人国際建設技術情報研究所理事。一級建築士、一級建築施工管理技士。著書（共著）に『建築生産ハンドブック』（朝倉書店）、『建築生産』（理工図書）など。

イラスト・作図：フルハウス
　　　　　　　野村彰

改訂版　図説　建築構法

2020 年 4 月 10 日　第 1 版第 1 刷発行
2021 年 3 月 20 日　第 2 版第 1 刷発行
2023 年 8 月 20 日　第 3 版第 1 刷発行

編著者………南 一誠
著　者………池尻隆史、石山央樹、岡路明良、村上 心、山﨑雄介
発行者………井口夏実
発行所………株式会社学芸出版社
　　　　　　京都市下京区木津屋橋通西洞院東入
　　　　　　電話 075 - 343 - 0811　〒 600 - 8216
　　　　　　http://www.gakugei-pub.jp/
　　　　　　info@gakugei-pub.jp

編集担当……神谷彬大

装　　丁……KOTO DESIGN Inc. 山本剛史
印刷・製本…モリモト印刷
編集協力……村角洋一デザイン事務所